U0573209

让 我 们 一 起 追 寻

Greg King
Penny Wilson

〔美〕格雷格·金
〔美〕彭妮·威尔逊 / 著

于 筠 / 译

梅耶林悲剧
与王朝的
终结

THE TRAGEDY
AT MAYERLING
AND THE END OF
THE HABSBURGS

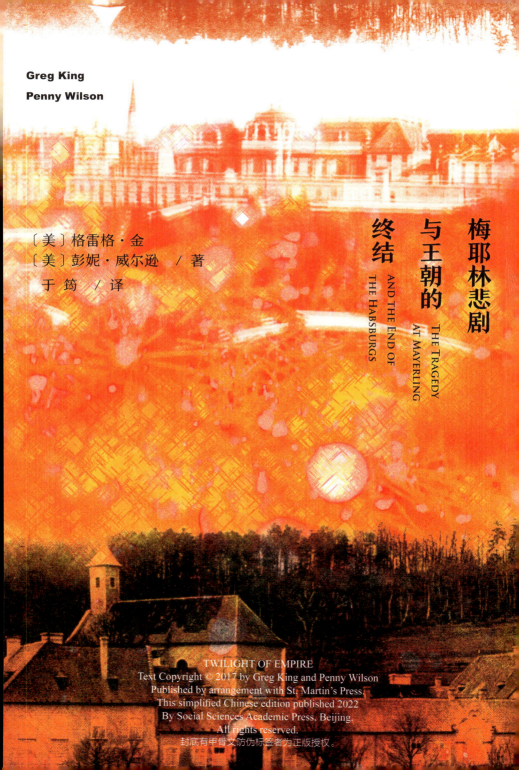

黄昏

TWILIGHT OF EMPIRE

哈布斯堡的

社会科学文献出版社

SOCIAL SCIENCES ACADEMIC PRESS (CHINA)

本书获誉

在《哈布斯堡的黄昏》一书中，格雷格·金和彭妮·威尔逊旨在就梅耶林事件给出令人满意的解释。在这方面，他们极为出色地达成了目标，对那段历史进行了清晰易懂的描述，让人读来趣味十足。

——《华尔街日报》

对悲剧发生之前复杂的历史、政治和个人经历进行了精彩的重现……金－威尔逊二人组的作品一直是充满趣味、予人启发的，他们这次探究历史悬案的作品是一部极好的典范，也尤其引人注目，因为这一不幸的事件产生了深远的涟漪效应：最终导致哈布斯堡帝国的终结和第一次世界大战的爆发。

——《书单》

作者呈现了多种理论，供读者深入思索。本书值得推荐给对帝国历史、皇室丑闻或爱情悲剧感兴趣的读者。

——《柯克斯书评》

在哈布斯堡帝国日薄西山的日子里，一段关于欲望与死亡骇人听闻的故事……皇室历史学家金和威尔逊利用文献研究法，有力揭穿了至今仍围绕着梅耶林的谣言，揭示了其中关键人物悲剧般的人生经历，并令人得以一瞥当时维也纳上流社会的状况。

——《出版人周刊》

献给休·伍尔曼斯

目　录

致　谢

即使在一个多世纪之后，有关梅耶林（Mayerling）的话 vii
题仍然充满争议。在本书的调研和撰写过程中，我们探讨了不
同的观点，提供了不同的解释，努力做到尽可能地贴近为数不
多的已知事实。要追溯数十年来饱受争议的一桩历史公案和两
起神秘死亡事件，显然并非易事；但我们相信本书成功地得出
了一些新结论，对皇储鲁道夫和玛丽·冯·维茨拉之间的情感
纠葛提供了独特的看法。

为了重述梅耶林事件，我们将本书分成了四个部分。第一
部分讲述 1889 年 1 月 28 日以前发生的事情，我们称之为悲剧
发生的背景。在第二部分，我们对悲剧的经过以及余波进行了
平铺直叙，避免加入任何矛盾的主张和唐突的分析。本书的第
三部分聚焦于一百多年来围绕该事件产生的各种阴谋论。第四
部分对事件进行了回溯，基于之前章节的描写，分析了人物的
心理动机，并对存在的诸多争议进行了全新的解读。与此同
时，对于 1889 年 1 月 30 日凌晨那栋风雪中的别墅里的事态经
过，我们也给出了自己版本的揭秘。虽然没人能确切地知道那
天鲁道夫的卧室里发生了什么，但我们相信我们的重构是正确 viii
的、符合事实的，它有心理分析的支持和法医证据的佐证，后
者先前曾被忽视。浮出水面的真相有时令人惊讶甚至震惊。从
某种意义上说，鲁道夫和玛丽都是受害者：他，遭受过心理创

伤，可能患有严重的精神疾病；她，则被身边的人视为可利用的工具。两人被卷入一曲危险而致命的华尔兹，而许多配角——包括男爵夫人海伦妮·冯·维茨拉和玛丽·冯·拉里施——在悲剧中扮演了卑鄙甚至冷酷的角色。梅耶林的故事归根结底，是一群上流人物在受损的人格下上演的精神错乱的恶劣戏码，它在帝国之都维也纳光辉背幕的映衬下发生，夹杂着神经脆弱、勒索、性病、乱伦的谣言和政治上的背叛。这桩承载着恒久传奇的悲剧已经流传了一个多世纪，而在人们通常给它加上的浪漫主义糖衣之下，还存在更令人意想不到的情节。

在讲述梅耶林事件的过程中，我们很幸运得到了许多专业同事、家人和朋友的支持，没有他们，这部书就不可能完成。布拉干萨公爵堂·杜阿尔特·皮奥殿下（HRH Dom Duarte Pio，Duke of Braganza）、霍恩贝格的索菲公主殿下（HSH Princess Sophie of Hohenberg）和保罗·A. 斯拉京（Paul A. Slatin）向我们提供了许多史料和观点，他们的先辈曾亲身经历这桩悲剧及其余波。斯拉京慷慨地与我们分享了他的祖父、宫廷特派员海因里希·斯拉京（Heinrich Slatin）博士未发表的作品《誊本》（Abschrift），他在里面撰写了自己于梅耶林的相关经历。

彭妮·威尔逊想感谢她家人的支持：她的父母，亚利桑那州图森的爱德华·奥汉隆（Edward O'Hanlon）和玛丽·奥汉隆（Mary O'Hanlon）；普罗维登西亚莱斯（Providenciales）、特克斯（Turks）和凯科斯群岛（Caicos Islands）的彼得·奥汉隆（Peter O'Hanlon）和琳内·奥汉隆（Lynne O'Hanlon）；亚利桑那州凤凰城的詹姆斯·马纳拉（James Manara）和特里西娅·马纳拉（Tricia Manara）；亚利桑那州图森的乔恩·菲利普斯

（Jon Phillips）；加利福尼亚州里弗赛德（Riverside）卡特赖特（Cartwright）家的佩姬（Peggy）、埃里克（Eric）和瑞安（Ryan）；加利福尼亚州里弗赛德的芭芭拉·威尔逊（Barbara Wilson）；加利福尼亚州温切斯特的玛丽·凯尔西（Mary Kelsey）和多米尼克（Dominic）。最后，她要无数次地感谢汤姆·威尔逊（Tom Wilson），感谢他所做的一切。

格雷格·金想感谢他的父亲罗杰·金（Roger King），感谢他一如既往的支持和鼓励。

彭妮·威尔逊要感谢在加利福尼亚州里弗赛德的城市健身房工作的雇员和同事们：马修·克劳奇（Matthew Crouch）、妮科尔·弗莱厄蒂（Nicole Flaherty）、吉奥·冈萨雷斯（Gio Gonzalez）、黑利·海兰－麦金太尔（Haley Hyland-McIntyre）、伊恩·梅尔加（Ian Melgar）、奥利维娅·默卡多（Olivia Mercado）、巴兹尔·特伦汉姆（Basil Trenham）、克里斯·威尔金斯（Chris Wilkins）、阿尔文·赖特（Alvin Wright）和特迪·耶兰（Teddy Yelland），是他们在她缺席的时候协力运营着健身房。她还要感谢吉诺·冈萨雷斯（Gino Gonzalez）、尤金·梅希亚（Eugene Mejia）、克莱顿·尼科迪默斯（Clayton Nicodemus）、克丽丝蒂·奥罗纳（Kristy Orona）、加比·佩雷斯（Gabby Perez）、珍妮弗·赖德（Jennifer Rider）、吉赛尔·威尔逊－舍尔（Jisel Wilson-Schell）和卢佩塔·威尔逊（Lupita Wilson），他们既是多年的朋友，也是健身达人。最后，她对城市健身房的会员们致以诚挚的谢意，特别是唐·劳里（Don Lowrey）、克里斯·沙佩尔（Chris Schaper）和唐娜·塞贝（Donna Zeeb）。

格雷格·金要感谢珍妮特·阿什顿（Janet Ashton）、波莱

ix

特·布卢姆（Paulette Blum）、黛安娜·埃金（Diane Eakin）、让尼娜·埃文斯（Jeannine Evans）、约瑟夫·富尔曼（Joseph Fuhrmann）教授、布赖恩·霍兰（Brien Horan）、塞塞莉娅·曼宁（Cecelia Manning）、苏珊·梅兰斯（Susanne Meslans）、斯科特·迈克尔斯（Scott Michaels）、布拉德·斯温森（Brad Swenson）和德布拉·塔特（Debra Tate），感谢他们多年来不间断的支持、鞭策及友谊。

彭妮·威尔逊想感谢霍克特（Hocutt）家的埃里克（Eric）、莉萨（Lisa）、奥斯汀（Austin），他们是夏威夷大岛之旅的完美旅伴；还有多年的老友克里斯托弗·金斯曼（Christopher Kinsman），感谢他就住在一街之隔的地方，感谢他酿的啤酒，感谢他的才华横溢。她还要感谢从 2003 年她的第一部书出版之后，关注她脸书主页的好伙伴们。他们数量太多，无法一一提及（而且她唯恐会遗漏任何一个人）；这些可遇而不可求的网友们是最出色的人物，他们睿智、善良、一心支持她，并且总是那么机智诙谐，给了她不断前行的动力。彭妮·威尔逊尤其要感谢自己的最佳读者西蒙·多诺霍（Simon Donoghue），她很期待今年（2017 年）能够与他见面，将他们深刻的哲学辩论延续到现实中来。她还要感谢独一无二的奥斯卡·希勒（Oscar Shearer），为了他们持续多年的友谊。

感谢我们的出版代理多里·西蒙兹（Dorie Simmonds），在本书的研究和写作过程中，她给了我们鼓励和建议。圣马丁出版社（St. Martin's Press）的编辑查尔斯·斯派塞（Charles Spicer）一直怀着满腔热情支持我们的创作，并促成了本书的诞生。还有副主编阿普丽尔·奥斯本（April Osborn），她总是那么和蔼亲切，为本书的完成一路保驾护航。

　　我们要感谢珍妮特·阿什顿、欧洲历史网（eurohistory. 　　x
com）的阿图罗·比彻科（Arturo Beéche）、科里纳·霍尔
（Coryne Hall）、伦敦克拉里奇酒店（Claridge's Hotel）的集团
公共关系主管奥尔拉·希基（Orla Hickey）、马琳·艾勒斯·
凯尼格（Marlene Eilers Koenig）、伊拉娜·米勒（Ilana Miller）
教授、卡伦·罗斯（Karen Roth）和卡特里娜·沃恩（Katrina
Warne），他们为故事的完善提供了各方面的建议和有价值的
信息。

　　维也纳的家族、宫廷和国家档案馆，以及奥地利国家图书
馆的工作人员都十分友好、乐于助人，为本书的研究提供了许
多便利。我们还要特别感谢华盛顿埃弗雷特公共图书馆的馆际
互借协调员琼·布莱克（Joan Blacker），她为我们创造了奇
迹，让我们有机会接触到一些对梅耶林悲剧有所记载的罕见藏
书。我们向她致以最诚挚的谢意。

　　丹尼丝·C.克拉克（Denise C. Clarke）和艾尔弗雷德·
卢克鲍尔（Alfred Luckerbauer）牺牲了他们的休闲时间，在一
个阳光明媚的复活节前往梅耶林和奥地利圣十字修道院采风，
在我们之前探访的基础上更新了许多素材。他们还为我们拍摄
了精美的照片，遗憾的是书里只收录了其中的一小部分。本书
的其他图片是由奥斯卡·希勒为我们细致整理出来的。西蒙·
多诺霍通读了我们反复修改的手稿，并就文字的表述方式及可
能的动机分析提供了关键且有见地的建议。还有马克·安德森
（Mark Andersen），他非常慷慨地分享了大量稀有而珍贵的藏
书、展览目录和其他资料，使我们的故事具备了更加丰富完善
的细节。

　　在重新审视故事的过程中，评估和理解心理动机变得至关

重要。格雷格·金的远房表亲斯蒂芬妮·普拉特（Stefanie Platt）医生给予了我们非常大的帮助，她曾在加利福尼亚州圣地亚哥（San Diego）暴力、虐待和创伤研究所/家庭暴力和性侵犯研究所（Institute on Violence, Abuse and Trauma/Family Violence & Sexual Assault Institute）的临床和法医服务部门担任主管。她对梅耶林事件涉及的人物和证据进行了评估。因为没有实际的临床谈话，普拉特医生不可能对辞世已久的人给出明确的诊断，但她的见解和观察可以引导我们进行有根据的猜测，并为主要人物的行为提供合理的解释。尽管书中的假设都是我们提出的，但如果没有普拉特医生的慷慨相助，这部书肯定会失色得多。

xi

最后，我们很荣幸地向皇家作家和历史学家休·伍尔曼斯（Sue Woolmans）致以无上的感激之情。她对这部书倾注了无可比拟的热情，并为我们提供了前所未有的帮助。她不知疲倦地反复阅读了不同版本的手稿，分享了自己的研究成果，还为我们提供了许多珍稀的书籍和资料。我们感谢她的无私奉献，能享有她的友谊，是我们的荣幸。

主要人物

哈布斯堡家族及其皇室亲属

弗朗茨·约瑟夫一世（Franz Josef Ⅰ），奥匈帝国皇帝 （Emperor of Austria-Hungary），生于 1830 年 8 月 18 日，1916 年 11 月 21 日驾崩；1848～1916 年在位；鲁道夫的父亲。

伊丽莎白（Elisabeth），奥匈帝国皇后（Empress），"茜茜"（Sisi），生于 1837 年 12 月 24 日，闺名巴伐利亚的伊丽莎白女公爵（Duchess Elisabeth in Bavaria），1854 年 4 月 24 日与弗朗茨·约瑟夫一世皇帝结婚，1898 年 9 月 10 日在日内瓦遭刺杀身亡；鲁道夫的母亲。

鲁道夫（Rudolf），奥匈帝国皇储和大公（Crown Prince and Archduke），皇位继承人（heir to the throne），生于 1858 年 8 月 21 日，1881 年 5 月 10 日与比利时的斯蒂芬妮公主结婚，1889 年 1 月 30 日殒命于梅耶林。

斯蒂芬妮（Stephanie），奥匈帝国皇储妃和大公妃（Crown Princess and Archduchess），生于 1864 年 5 月 21 日，闺名比利时的斯蒂芬妮公主（Princess Stephanie of Belgium），1881 年 5 月 10 日与鲁道夫皇储结婚；1900 年 3 月 22 日与匈牙利纳吉 – 洛尼奥伊和瓦沙罗什瑙梅尼的埃莱梅尔·洛尼奥伊伯爵（Count Elemér Lónyay de Nagy-Lónyay és Vásárosnamény）

再婚，1945 年 8 月 23 日去世；鲁道夫的妻子。

伊丽莎白（Elisabeth），奥匈帝国女大公（Archduchess），"伊莎"（Erszi），生于 1883 年 9 月 2 日，1902 年与温迪施 - 格雷茨的奥托·韦芮安德亲王（Prince Otto Weriand von Windisch-Grätz）结婚，1963 年 3 月 16 日去世；鲁道夫的女儿。

吉塞拉（Gisela），奥匈帝国女大公，生于 1856 年 7 月 12 日，1873 年与巴伐利亚的利奥波德亲王（Prince Leopold of Bavaria）结婚，1932 年 7 月 27 日去世；鲁道夫的姐姐。

玛丽·瓦莱丽（Marie Valerie），奥匈帝国女大公，生于 1868 年 4 月 22 日，1890 年与弗朗茨·萨尔瓦托大公（Archduke Franz Salvator）结婚，1924 年 9 月 6 日去世；鲁道夫的妹妹。

索菲（Sophie），奥匈帝国大公妃，生于 1805 年，闺名巴伐利亚的索菲公主（Princess Sophie of Bavaria），与弗朗茨·卡尔大公（Archduke Franz Karl）结婚，1872 年去世；鲁道夫的祖母。

xiv 卡尔一世（Karl Ⅰ），奥匈帝国皇帝，生于 1887 年，1911 年与波旁 - 帕尔马的齐塔公主结婚，1916 ~ 1918 年在位，1922 年驾崩；鲁道夫的远房堂侄。

齐塔（Zita），奥地利皇后，生于 1892 年，闺名波旁 - 帕尔马公主（Princess of Bourbon-Parma），1989 年去世。

阿尔布雷希特（Albrecht），奥匈帝国大公，特申公爵（Duke of Teschen），生于 1817 年，1895 年去世；帝国和皇家武装部队元帅（Inspector General of the Imperial and Royal Armed Forces）；鲁道夫的叔祖。

斐迪南四世（Ferdinand Ⅳ），托斯卡纳大公爵（Grand Duke of Tuscany），生于 1835 年，1908 年去世；1859~1860 年在位。

约翰·萨尔瓦托（Johann Salvator），大公，生于 1852 年，托斯卡纳大公爵斐迪南二世（Grand Duke Ferdinand Ⅱ of Tuscany）的幼子，1889 年放弃头衔并化名为约翰·奥尔特（Johann Orth），1891 年在一场航海中下落不明；鲁道夫的远房堂兄。

利奥波德·萨尔瓦托（Leopold Salvator），大公，生于 1868 年，托斯卡纳大公爵斐迪南四世的长子，1902 年放弃头衔并化名利奥波德·韦尔芬（Leopold Wölfing），1935 年去世；鲁道夫的远房堂弟。

路易丝（Louise），女大公，生于 1870 年，托斯卡纳大公爵斐迪南四世的女儿，1891 年与萨克森的弗雷德里克·奥古斯都亲王（Prince Frederick Augustus of Saxony，后来成为萨克森王储）结婚，1903 年离婚，1947 年去世；鲁道夫的远房堂妹。

米格尔（Miguel），布拉干萨公爵，生于 1853 年，1927 年去世；与鲁道夫的表妹、图恩和塔克西斯的伊丽莎白公主（Princess Elisabeth of Thurn und Taxis）结婚后不久鳏居，与玛丽·冯·维茨拉有染。

菲利普（Philipp），萨克森－科堡和哥达亲王（Prince of Saxe-Coburgand Gotha），生于 1844 年，1875 年与比利时的路易丝公主结婚，1906 年离婚，1921 年去世；鲁道夫的襟兄。

路易丝（Louise），萨克森－科堡和哥达亲王妃（Princess of Saxe-Coburg and Gotha），生于 1858 年，闺名比利时的路易丝公主

（Princess Louise of Belgium），1875 年与萨克森 – 科堡和哥达的菲利普亲王结婚，1906 年离婚，1924 年去世；鲁道夫的妻姐。

玛丽（Marie），冯·拉里施伯爵夫人（Countess von Larisch），生于 1858 年，闺名瓦勒湖的玛丽伯爵小姐（Countess Marie von Wallersee），1877 年与格奥尔格·冯·拉里施伯爵（Count Georg von Larisch）结婚，1940 年去世；鲁道夫的表姐。

维茨拉家族与巴尔塔齐家族

奥尔宾·冯·维茨拉男爵（Albin, Baron von Vetsera），生于 1825 年 2 月 28 日，1864 年 4 月 2 日与海伦妮·巴尔塔齐（Helene Baltazzi）结婚，1887 年 11 月 14 日在开罗去世；1867 年 3 月 24 日，获授奥匈帝国利奥波德勋章及世袭骑士；1869 年 10 月 2 日，获授匈牙利圣·斯蒂芬勋章；1870 年 1 月 30 日，获授奥匈帝国世袭男爵；玛丽的父亲。

海伦妮·冯·维茨拉（Helene von Vetsera），1847 年 5 月 25 日出生于马赛，是银行家特奥多尔·巴尔塔齐（Theodor Baltazzi）与第二任妻子伊丽莎·沙瑞尔（Eliza Sarrell）的女儿。1864 年 4 月 2 日与奥尔宾·冯·维茨拉结婚；1925 年 2 月 1 日去世；玛丽的母亲。

拉迪斯劳斯·冯·维茨拉（Ladislaus von Vetsera），生于 1865 年，1881 年 12 月 8 日在环形歌剧院（Ringtheater）火灾中丧生；玛丽的兄长。

乔安娜·冯·维茨拉（Johanna von Vetsera），"汉娜"（Hanna），1868 年 5 月 25 日出生于君士坦丁堡，1901 年 2 月 28 日去世；玛丽的姐姐。

玛丽·亚历山德里娜·冯·维茨拉（Marie Alexandrine

von Vetsera），生于 1871 年 3 月 19 日，1889 年 1 月 30 日殒命于梅耶林。

弗朗茨·冯·维茨拉（Franz von Vetsera），"费里"（Feri），生于 1872 年 11 月 29 日，1915 年 10 月 22 日在俄国科尔基（Kolki）的一场战役中阵亡；玛丽的弟弟。

伊丽莎白·巴尔塔齐（Baltazzi, Elizabeth），生于 1842 年，1862 年与第三代纽金特男爵艾伯特·卢埃林·纽金特（Albert Llewellyn Nugent, 3rd Baron Nugent）结婚，1899 年去世；玛丽的姨母。

玛丽·维尔日妮·巴尔塔齐（Baltazzi, Marie Virginie），生于 1848 年，1875 年与斯托考伯爵奥托（Otto, Count Stockau）结婚，1927 年去世；玛丽的姨母。

亚历山大·巴尔塔齐（Baltazzi, Alexander），生于 1850 年，1914 年去世；玛丽的舅父。

赫克托·巴尔塔齐（Baltazzi, Hector），生于 1851 年，1916 年去世；玛丽的舅父。

阿里斯蒂德·巴尔塔齐（Baltazzi, Aristide），生于 1853 年，1914 年去世；玛丽的舅父。

埃夫利娜·巴尔塔齐（Baltazzi, Eveline），生于 1854 年，1872 年与斯托考伯爵格奥尔格（Georg）结婚，1901 年去世；玛丽的姨母。

海因里希·巴尔塔齐（Baltazzi, Heinrich），生于 1858 年，1929 年去世；玛丽的舅父。

廷臣

弗朗茨·奥钦泰勒博士（Auchenthaler, Dr. Franz），皇帝

陛下的宫廷医师（Leib-und Hofarzt Seiner Majestät），生于 1840 年，1913 年去世。

海军中将卡尔·冯·庞贝尔伯爵（Bombelles, Vice Admiral Count Karl von），鲁道夫的高等宫廷侍从（Obersthofmeister），生于 1832 年，1889 年去世。

约瑟夫·布拉特菲施（Bratfisch, Josef），生于 1847 年，1892 年去世；鲁道夫常用的马车夫。

艾达·冯·费伦奇（Ferenczy, Ida von），生于 1839 年，1928 年去世；伊丽莎白皇后的侍读。

维克托·冯·弗里切中尉（Fritsche, Lieutenant Viktor von），生于 1857 年，1945 年去世；皇储秘书处的秘书（Sekretär dem Sekretariat des Kronprinz）。

少将利奥波德·贡德勒古伯爵（Gondrecourt, Major General Count Leopold），生于 1816 年，1888 年去世；鲁道夫的军校督学，其职位后来由拉图尔·冯·特尔姆伯格接任。

拉图尔·冯·特尔姆伯格（Latour von Thurmberg），约瑟夫上校（Colonel Josef），生于 1820 年，1903 年去世；鲁道夫的军校督学。

约翰·洛舍克（Loschek, Johann），生于 1845 年，1932 年去世；门房（Saaltürhüter），有时也担任鲁道夫的男仆（Kammerdiener）。

海因里希·斯拉京博士，生于 1855 年，1929 年去世；在司礼大臣官署任宫廷秘书，带领一支七人的宫廷特派团，调查梅耶林的鲁道夫之死。

赫尔曼·维德霍斐尔博士（Widerhofer, Dr. Hermann），生于 1832 年，1901 年去世；宫廷医师（Hofarzt）、皇储的私

人医生（Leibarzt des Kronprinzen）。

相关人士

玛丽·卡斯帕（Caspar, Marie），"米兹"（Mitzi），生于1864年，1907年去世；鲁道夫的情妇。

霍约斯－斯普林钦斯坦（Hoyos-Sprintzenstein），约瑟夫伯爵（Count Josef），"约斯尔"（Josl），生于1839年，1899年去世；鲁道夫的狩猎伙伴，亲历了梅耶林事件。

阿格内斯·亚霍达（Jahoda, Agnes），玛丽·冯·维茨拉的女仆。

卡塔琳娜·施拉特（Schratt, Katharina），生于1853年，1940年去世；城堡剧院（Burgtheater）的女伶，弗朗茨·约瑟夫的情妇。

莫里茨·塞普斯（Szeps, Moritz），生于1835年，1902年去世；《新维也纳日报》（*Neues Wiener Tagblatt*）和《维也纳日报》（*Wiener Tagblatt*）的编辑，鲁道夫的朋友和知己。

赫米内·托比亚斯（Tobias, Hermine），生于1865年，1929年去世；玛丽·冯·维茨拉的钢琴老师和朋友。

官员

伊什特万·卡罗伊伯爵（Károlyi, Count István），"皮什陶"（Pista），生于1845年，1907年去世；匈牙利议会成员，支持匈牙利独立。 xvii

弗朗茨·冯·克劳斯男爵（Krauss, Baron Franz von），生于1840年，1919年去世；1889年，时任维也纳警察局局长（Polizeipräsident）。

拉迪斯劳斯·冯·瑟杰耶尼－马里奇（Szögyény-Marich，Ladislaus von），生于1840年，1916年去世；鲁道夫的执行官，匈牙利王室和外交部主管。

爱德华·冯·塔菲伯爵（Taaffe，Count Eduard von），生于1833年，1895年去世；奥地利首相（Österreichs Ministerpräsident）。

卡尔曼·冯·蒂萨（Tisza，Kálmán von），生于1830年，1902年去世；匈牙利首相兼自由党领袖。

第一部分

序幕：1889年1月27日

那个周日的晚上，维也纳笼罩着一层半透明的黑色薄纱。3
雪粒从蓬松的灰粉色云层中撒下，落在宽阔的环城大道
（Ringstrasse）上，为那些能上溯到中世纪的屋宇的红瓦房顶
和庄严矗立着的巴洛克、新文艺复兴和新古典主义风格的建
筑外墙覆上了精致的白斗篷。瓦斯的火焰在铸铁街灯中闪烁，
在寒冷的空气中透出幽灵般的光晕，马匹沿着林荫大道气喘
吁吁地往来，两边是一行行在严冬里光秃秃的椴树和菩提。
维也纳在流光溢彩的地平线上闪耀着，在1月琥珀色的夜晚
中悬浮着，完全称得上是一个伟大而自豪的帝国的大都会
中心。

随着1889年的到来，欧洲皇室家族的权力和声望达到了
最高点。从拍打着西伯利亚海岸的太平洋到地中海，从寒冷的
斯堪的纳维亚峡湾（Scandinavian fjords）到爱尔兰边缘的大西
洋，沙皇、国王、苏丹、皇帝、大公爵和亲王统治着或大或小
的国家，这些国家由王朝联姻和特权共享紧密联结在一起。有
些人仍然坚守着绝对的专制权力观念，甚至那些由于时间的推
移而被迫承认宪法和摇摆议会的人，也经常秘密地怀有对国王
神圣权利的信仰。

在维也纳这座哈布斯堡王朝引以为傲的帝国首都，情况也
是如此。这是一处造作堆砌、充满戏剧幻想的所在：洛可可式 4

的宫殿，甜腻的糕点，覆着厚厚鲜奶油的咖啡，还有穿着入时的军官在施特劳斯的华尔兹乐曲中与戴着白手套的淑女不知疲倦地旋转起舞。宫殿和阅兵场、大教堂和鹅卵石广场，都在低诉着往日的辉煌；洛可可式的宴会厅外墙饰有圆形立柱，里面波希米亚水晶吊灯的棱面与四周镜子中深红、白色和金色的光芒相映生辉，或许其中曾闪烁着莫扎特或贝多芬的身影。

维也纳这座城市拥有国际都会的外观，但多瑙河流域及其周围的维也纳森林却为其增添了乡野的风貌。在 1850 年代之前，护城河边的草地上矗立着带棱堡的防御城墙和别致的城门，守护着城内狭窄的鹅卵石街道。之后，模仿第二帝国时期巴黎风格的新环城大道将中世纪的痕迹扫除一空，创造出了威风的广场、宽阔的花园，以及适合举行哈布斯堡帝国仪式的宏伟大道。在这里，维也纳的贵族以及立志进入上流圈子的野心家每天下午都乘着带顶饰的豪华马车兜风，骄傲地展示最新的巴黎和维也纳时装，"欢乐的、穿着入时的、健谈的行人接连而至、熙来攘往"，美国前总统的孙女朱莉娅·登特·格兰特（Julia Dent Grant）在游览维也纳的时候写道："萍水相逢之后，又分道扬镳。"[1]

正如其位置处于东西方之间一样，维也纳总是带有一种异国情调。士兵们两度成功击退了入侵的土耳其人；苏丹的军队于 1683 年逃离时，留下了一袋袋的咖啡，它们很快成了维也纳恒久不变的符号之一。现在，在这个 1 月的晚上，这座城市的咖啡馆如往常一般充斥着八卦、新闻和哲学谈话。一些知识分子坐在卷烟腾起的淡蓝烟雾下面，读取着布达佩斯、巴黎、伦敦、柏林甚至纽约的报纸和期刊上的信息，这些报刊上刊登了关于日渐兴起的民族主义和激烈辩论的诱人话题。[2]的确，哈

布斯堡王朝是由议会统治的，但议会是保守而反动的，一股酝 5
酿着前卫思想的暗流潜藏在维也纳文雅的表象下。然而，真正
的激进主义是罕见的。在圣彼得堡，每一棵棕榈盆栽后面都可
能潜伏着携带炸弹的虚无主义者；而在维也纳，潜在的革命分
子将他们的挫折感化为艺术、知识和文化的光芒，作曲家古斯
塔夫·马勒（Gustav Mahler）、建筑师奥托·瓦格纳（Otto
Wagner）、艺术家古斯塔夫·克里姆特（Gustav Klimt）和西格
蒙德·弗洛伊德（Sigmund Freud）的崛起都可以由这座城市
见证。

　　至少在旁观者的眼中，维也纳的大部分地区都处于一个悠
闲愉悦、欢欣鼓舞的保护层里。面对不愉快的现实，最好的做
法是忽略而非抗争：大多数维也纳人似乎"非常满足于懒散
地在生活的浪潮中随波逐流，尽可能多地去享乐，尽可能少地
去费心"，英国外交官弗雷德里克·汉密尔顿勋爵（Lord
Frederic Hamilton）如是说。[3] 与赤裸裸的野心相比，人们更喜
欢随和可亲的态度；在日常生活中，舒适和魅力比卖弄炫耀和
傲慢举止更受欢迎。奥地利政治家弗朗茨·舒塞卡（Franz
Schuselka）恰如其分地写道："对任何严肃的观察者而言，维
也纳人民似乎都沉浸在一种永远的陶醉状态中。""吃、喝、
玩乐是三大美德，也是维也纳人的乐趣所在。在他们眼中，每
天都是星期天，随时都是狂欢时间。各个地方都有音乐。数不
尽的小酒馆里日日夜夜充满着喧闹的人。到处都是成群结队的
花花公子和时髦娇娃。在日常生活中，在艺术和文学里，处处
都充斥着那种微妙而诙谐的俏皮话。对于维也纳人来说，一切
事物甚至世界上最重要的事的唯一要点，就是它能够拿来打
个趣。"[4]

　　从表面上来看，1889 年 1 月的欢乐气氛不如往常。近来，皇帝的岳父逝世，而皇室的哀悼意味着常规举行的宫廷舞会和晚宴被取消，不过私下的娱乐活动仍在继续。在这一年的 1 月 27 日，情况就是这样。这一天没什么特别的，但随着夜幕降临，维也纳的霍夫堡皇宫（Hofburg）里突然一阵骚乱。几个世纪以来，这座漫无边际的皇家宫殿经历了数百年的演变，汇集了风格迥异的侧翼建筑和多元的外墙风貌，数不清的鹅卵石庭院连缀其间。躁动的马匹在不平整的道路上嗒嗒地磨着蹄子，穿制服的马夫们给它们套上挽具，将其拴到有着黑色车顶、深绿色车底的车厢上，车轮还饰有金边，以彰显乘车人的统治阶级身份。[5] 很快，成行的马车移动了起来，一队穿着金色、银色和绿色制服的护卫在纷飞的雪中疾驰随行。[6]

　　尽管这是个周日，但街道两旁的建筑中仍然可见依稀的灯火：点燃在新哥特式的、有着高耸塔楼的市政厅（City Hall）里；照亮了文艺复兴风格的城堡剧院；闪耀于帝国议会（Austrian Imperial Council）宏伟的大理石立柱和华丽的新古典主义山形墙上，明灭于歌剧院文艺复兴风格的门廊里——没有一座建筑物的存在时间超过三十年，但它们都洋溢着各色的历史厚重感，以示哈布斯堡帝国的永久传承。尽管如此，当成队的皇家马车隆隆地奔向有着意大利式外墙的梅特涅街（Metternichgasse）3 号时，帝国首都的大部分地方很安静。在灯火通明的窗户后面，德国驻帝国的大使馆的宴会厅内流光溢彩，神采奕奕的贵客们流连在花圃和茂密的棕榈盆栽之间。帝国宫廷的哀悼被放在了一边，至少在这块德国的海外之地上——这是为了庆祝德皇威廉二世（Kaiser Wilhelm Ⅱ）的三十岁生日，他在父亲弗里德里希三世（Friedrich Ⅲ）于前年 6

月因癌症驾崩后登上了皇位。令奥地利烦恼的是，普鲁士已经成为有能力主导欧洲的力量。尽管大多数人对日耳曼竞争对手和傲慢的年轻德皇心怀鄙夷，但维也纳与柏林的军事联盟要求执政的哈布斯堡王朝对此活动显示出些许的敬意。

德国大使罗伊斯亲王（Prince Reuss）迎接着客人们，他的家族令人费解地将所有男性成员都命名为海因里希，然后加上数字编号。这位大使是海因里希七世（Heinrich Ⅶ）。在此次晚会上，宾客盈门，他的舞厅里四处都是令人印象深刻的高傲的奥地利贵族。他们大多数过着与世隔绝的奢华生活，代代近亲通婚，以防止不受欢迎的局外人进入他们闭锁的圈子。只有两百个家族——诸如奥尔施佩格（Auerspergs）、列支敦士登（Liechtensteins）、梅特涅（Metternichs）、施瓦岑贝格（Schwarzenbergs）、埃斯特哈齐（Esterházys），等等——占据了社会的最高层。[7]他们强烈的魅力、极致循规蹈矩的礼节以及对精致生活的品位——就像维也纳本身一样，都带着明显的矫揉造作。"没有人，"朱莉娅·格兰特写道，"要求他们专注、睿智或者上进，他们也从来不是那样的。"[8]这样的抱怨并不少见。"维也纳社会弥漫着严重的好逸恶劳思想，缺乏活力和主动性，"英国大使奥古斯塔斯·佩吉特爵士（Sir Augustus Paget）的妻子——沃尔布加·佩吉特夫人（Walburga, Lady Paget）如是说，"政治、宗教、文学、艺术和科学在日常谈话中几乎从不被提及。"[9]

在这个夜晚，贵族精英和外交使团的成员们在舞厅四面旋转起舞——浩瀚如海的锦缎和天鹅绒长袍，闪耀的钻石，潇洒的制服配着以黑貂或狐狸毛镶边的、令人眼花缭乱的红绿蓝色斗篷，还有金色的编发。房间的中央留出了一个空间，折扇的唰唰声和丝绸的沙沙声在人群中起伏着。英国、西班牙、意大利、巴伐利亚、俄国、法国和土耳其的大使们一边与奥地利首相爱德华·冯·塔菲、维也纳大主教克莱斯廷·冈保尔教会亲王①（Cardinal Prince Cölestin Ganglbauer）、罗马教廷大使路易吉·加林贝蒂主教（Monsignor Luigi Galimberti）啜饮香槟酒，一边满怀期待地等候着。[10]

在一个角落里，罗伊斯亲王在与科堡的路易丝亲王妃寒暄，后者的丈夫菲利普亲王则在舞厅里绕来绕去。[11]科堡家族在维也纳宫廷的地位尊贵。1881 年，路易丝的妹妹斯蒂芬妮与奥匈帝国的皇储鲁道夫完婚，并来到维也纳定居。鲁道夫与他的新襟兄很快一见如故。这两位经常一起狩猎，据说还一起进行某些不太光彩的猎艳活动。不过，维也纳的观念总是倾向于放纵自身的欲望，而有了迷人外表的加持，那就更加情有可原了。

过了 10 点不久，罗伊斯亲王得到了一个信号，他尊贵的客人已经到了；他对路易丝亲王妃道了声失陪，从角落起身去迎接最闪耀的明星。皇储鲁道夫纤瘦的双肩上担着帝国的未来和哈布斯堡王朝的荣耀，他身着板正的普鲁士第二勃兰登堡乌兰骑兵团（Prussia's 2nd Brandenburg Uhlan Regiment）的黑色绒面军礼服，以示对德皇的敬意。鲁道夫三十岁，但他的外表要成熟得多。他棕红色的头发细得有些病态，下垂的小胡子锐利得古怪，刻有皱纹的面孔透露出他的忧虑，暗淡又焦虑的双眼带着乌黑的眼圈。他的妻子回忆道，鲁道夫的表情似乎暗示

---

① 教会亲王通常指天主教的枢机主教。历史上这个词也被用来称呼掌控一个地方政权的神职人员，或是教会中拥有等同于亲王地位的人，也称作亲王主教。

了"他逐渐崩塌的内心"。[12]

在丈夫的身边，皇储妃斯蒂芬妮如雕像般轮廓优美，即使算不上姿容倾国的话，也堪称相貌出众了：翘挺的鼻子，精致的妆容，编起的金色卷发，头戴一顶钻石冠冕。她的姐姐路易丝记得，她那天穿着一条"非常精美"的灰色丝绸礼服裙。[13]斯蒂芬妮似乎很享受众人的关注，但她的举止常常显得有些局促——这是可以理解的：维也纳的主流看法是，她太自负、太呆板，并且非常不近人情地不再与丈夫同床。斯蒂芬妮意识到批评者们随时可能向她发难，因而她给一位观察者留下的印象是"过分胆怯"，一旦正式的问候结束，她就带着勉强的微笑，表现出"试图待在角落里，避开所有人"的强烈愿望。[14]

十五分钟后，当身着普鲁士陆军元帅制服的弗朗茨·约瑟夫一世走进房间时，管弦乐队奏响了奥地利国歌《天佑吾皇》（"God Save Our Emperor"）。五十八岁的奥地利皇帝和匈牙利使徒国王的体态就像士兵一般挺拔。弗朗茨·约瑟夫在十八岁就登上了王位；在绝大多数人心中，他就是唯一的统治者。他的秃顶日益严重了，灰白的短发贴在两侧；浓密的络腮胡和山羊胡遮盖着那出了名的有碍观瞻的哈布斯堡大下巴。他给人的印象是适意亲切的，但又"气场强大"，周身洋溢着帝国之君的威严，而出于礼貌和教养，他并不盛气凌人。[15]据说，在他进入舞厅时，鲁道夫向父亲深鞠一躬并亲吻了他的手。[16]

皇帝是一个人来的，他那神秘莫测的妻子不在他身边——不过，弗朗茨·约瑟夫经常独自出现在各种场合，人们早已见惯不怪。美丽、冷漠而神秘的伊丽莎白皇后，从未赢得她丈夫的奥地利臣民的喜爱。她对关于匈牙利的一切都抱有明显的同情，这引发了民怨；她还多次以健康状况不佳的名义远避到马德拉岛（Madeira）或科孚岛（Corfu），或者在英格兰和爱尔兰痴迷于时下流行的狩猎活动。随着岁月的流逝，她在宫廷里露面的次数越来越少；哪怕她最近没有经历丧父之痛，也很少有人期待能在那天夜晚的德国招待会上见到她。

当斯蒂芬妮与人寒暄时，鲁道夫的视线突然落到了妻姐路易丝身上。他抛下妻子，像被附身了似的穿过舞厅。"她在那儿！"他对路易丝耳语道。路易丝完全清楚他在说谁。[17]事实上，许多人正毫不掩饰地盯着那个刚刚走进舞厅的、穿着浅蓝色镶黄色花边礼服的纤瘦少女，她的外表"得到了普遍的赞美和注意"。[18]一枚情人结形状的钻石胸针在她的胸前闪耀，随着她的每一次呼吸而闪闪发光；一枚月牙形的钻石饰品点缀着她颇具"艺术造型风格的"深褐色发辫；还有一只蓝宝石手镯——皇储的馈赠——装点着她的手腕。[19]科堡的路易丝回忆道，十七岁的男爵小姐玛丽·冯·维茨拉"姿容华丽、容光焕发"，浑身上下都"勾魂夺魄"，并且她对自己"完满而张扬的美丽力量"确信不疑。[20]

舞厅里立刻骚动起来：在盛行各种八卦传闻的维也纳宫廷，所有人都知道玛丽·冯·维茨拉是鲁道夫皇储的新晋情妇，不过可能没有人会想到，她会不知羞耻地公然炫耀这段关系，她那双黑眼睛始终注视着她的情人。几位高贵的女士不以为然地瞪着她；其他人似乎对欣赏在眼前展开的令人尴尬的场景饶有兴趣。[21]玛丽冒失地走到鲁道夫的密友和狩猎伙伴约瑟夫·霍约斯伯爵（Count Josef Hoyos）的身旁，令他有些措手不及，因为"她的美令人头晕目眩。她的眼睛显得比平时还要大些，而且闪着神秘的光"。她有些反常地与他攀谈着，话题主要是关于鲁道夫的狩猎活动和他在梅耶林的别墅，但霍约斯回忆说，"她整个人似乎都在燃烧"。[22]

当他的情妇在房间对面盯着他时，鲁道夫难以置信地看着眼前这一切；几个小时前，玛丽曾冷冷地向一位友人透露，她希望那天晚上皇储妃斯蒂芬妮会注意到她，并感到嫉妒。[23]年轻的男爵小姐成功地吸引了注意力，不过她的情人并不太喜欢这种场面。"唉，如果有人能帮我摆脱她就好了！"鲁道夫大声对路易丝说。路易丝认为，他处于一种"神经衰弱的状态"。她试图通过评论玛丽拔群的美貌来宽慰他，但鲁道夫似乎并不感兴趣。最后他从妻姐身边走开，喃喃道："我就是甩不掉她。"[24]

一小时后皇帝离开了，但鲁道夫和斯蒂芬妮还在场，他们都看到玛丽·冯·维茨拉款款地踩着锃亮的镶木地板，径直走到舞厅的中央，并欣喜地发现几乎所有的目光都集中在自己身上。鲁道夫终于走近她，他们交谈了几句；在外人看来，这对恋人在谈话的时候显得异常严肃。[25]沃尔布加·佩吉特认为，皇储看起来很"沮丧"和"悲伤"，几乎无法"忍住眼泪"。[26]当他回到斯蒂芬妮身边继续问候客人时，他意识到所有的目光都集中在自己身上，显得更加不安了。玛丽在母亲海伦妮·冯·维茨拉男爵夫人和姐姐汉娜的陪伴下，随参见皇储的行列移动着，离皇储妃越来越近。最后她们终于面对面了，惊慌失措的斯蒂芬妮站在丈夫的身边，而丈夫冷淡地向自己的情妇点头致意。宴会厅里的气氛也紧绷到了极点。[27]

鲁道夫过于注重礼仪，因此不会公然怠慢他的情妇，他再次与这位年轻小姐交谈了几句，她则毫不掩饰地对他微笑着。然后，玛丽挑衅地盯着斯蒂芬妮。根据一份警方报告，她直立

11 在皇储妃面前，没有鞠躬；见此情况，海伦妮扯住她女儿的手臂，迅速将她往下拽，使其行了个笨拙的屈膝礼。²⁸ 舞厅里没有人知道，他们刚刚目睹了一场盛大皇家戏剧的最后一幕，而这出剧注定要震惊世界：八十个小时后，鲁道夫和他的情妇就要走向人生的终点。

第一章

这是弗朗茨·约瑟夫执掌皇位的第四十年，但即使在
1888 年 12 月大举庆祝时，他也一定在担忧着未来。他一直维
系着危机四伏的帝国；"联合的力量"（*Viribus Unitis*）这一方
式通常被他用来描述他的统治。这种联合是虚幻的，各方的恭
顺造就的和平不断受到来自弗朗茨·约瑟夫的匈牙利、波希米
亚和斯拉夫臣民们日益增长的民族主义的威胁。旧秩序还能维
系多久？

实践并保存哈布斯堡的传统，是弗朗茨·约瑟夫一生的使
命。自 13 世纪以来，哈布斯堡王朝一直是欧洲最杰出的天主
教王朝。军事征服并不是他们的强项；相反，他们的影响力通
过恰到好处的联姻在整个大陆传播。人们常说："让其他人去
发动战争吧。你们，快乐的奥地利人，结婚吧！"[1] 在权力鼎盛时
期，哈布斯堡家族及其姻亲们不仅统治着神圣罗马帝国，还占
据着奥地利、匈牙利、波希米亚、西班牙、那不勒斯、米兰、
法国和荷兰的宝座。他们拥有值得夸耀的伟大统治者——查理
五世皇帝（Emperor Charles V）、玛丽娅·特蕾莎女皇
（Empress Maria Theresa）——以及一些身世颇为悲惨的人物，
包括玛丽娅·特蕾莎的那个不幸的女儿玛丽·安托瓦内特
（Marie Antoinette）。但一个接一个的，这些王国、公国和领地
中的大多数都切断了与维也纳的联系。1806 年神圣罗马帝国

14 覆灭后，哈布斯堡家族中既有奥地利的皇帝，又有匈牙利、伦巴第和威尼斯的国王，这些混杂的国土被人为地统一在黄黑色的皇家旗帜下，并由极其脆弱的政治之线联结在一起。[2]

弗朗茨·约瑟夫的身体里没有一根马基雅维利（Machiavellian）的骨头，但他性格坚毅的母亲索菲大公妃（Archduchess Sophie），已向世人证明了她是由更加坚硬的材料锻造而成的。索菲是邻国巴伐利亚的国王约瑟夫·马克西米利安一世（King Maximilian Ⅰ Josef）的女儿，她的丈夫是奥地利的弗朗茨·卡尔大公，斐迪南一世（Ferdinand Ⅰ）（不幸患有癫痫和智力障碍）的继承人。[3]因坚信自身拥有超凡智慧，索菲很快掌控了随和谦逊的丈夫。1848 年，当革命横扫欧洲时，法国和巴伐利亚的国王被驱逐下了宝座，维也纳和布达佩斯的暴力示威迫使斐迪南退位，而索菲是最清楚地认识到危险的那位。考虑到她那意志软弱的丈夫无力镇压叛乱分子，她说服弗朗茨·卡尔放弃了王位继承权，由十八岁的儿子弗朗茨·约瑟夫继承王位。

索菲放弃了她唯一成为皇后的机会，但其实只是换了种形式来掌握权力。官员们称她是帝国朝廷里"唯一的男人"，因为她迅速掌控了她的儿子，并成为他在一切事务中不可或缺的顾问。[4]弗朗茨·约瑟夫相信是母亲的远见拯救了皇室，便一味地遵循她的指示——这造成了灾难性的影响。作为一个顽固的反动派，索菲敦促她的儿子通过颠覆匈牙利国家宪法和支持少数民族来反抗占主导地位的马扎尔人（Magyars），与日益增长的匈牙利民族主义做斗争。布达佩斯的议会对此的反应是，拒绝承认弗朗茨·约瑟夫为国王，并于 1849 年 4 月任命拉约什·科苏特（Lajos Kossuth）为独立匈牙利共和国的元首。弗

朗茨·约瑟夫的帝国处于内战的边缘，他依靠沙皇尼古拉一世
（Nicholas Ⅰ）派遣来的俄国士兵残忍地粉碎了叛乱。[5]叛乱被
镇压之后，弗朗茨·约瑟夫将匈牙利视为一个被征服的国家：
在他统治的前五年，为了实践他的信条，"对那些不服从的
人，哪怕是王公或神职人员，都必须毫不留情地追捕和惩
罚"，年轻的皇帝下令处决了成千上万的人。[6]1853年2月，在
皇帝例行的下午散步途中，一个名叫亚诺什·利贝尼（János
Libényi）的匈牙利裁缝袭击了弗朗茨·约瑟夫。利贝尼的准
头很差，皇帝避开了袭击，没有受到严重的伤害。但弗朗茨·
约瑟夫利用这一事件向马扎尔民族主义者传达了一个明确的信
息：利贝尼将作为叛徒在维也纳被公开处以绞刑。[7]

15

在母亲的怂恿下，弗朗茨·约瑟夫发动了一场对奥地利的
意大利诸公国的不明智战争，从而开启了他在皇位上的第二个
十年。伦巴第、那不勒斯、托斯卡纳（Tuscany）、摩德纳
（Modena）、西西里岛（Sicily）和帕尔马（Parma），一个接一
个地失掉，蒙羞的皇帝不光彩地撤回了维也纳。抗议者涌上街
头，要求弗朗茨·约瑟夫禅位给他的弟弟马克西米利安
（Maximilian）；弗朗茨·约瑟夫只得向他的臣民保证在1861年
出台一部新宪法，这才挽救了他的王位。但是，他保留了巨大
的权力：他可以在议会休会期间制定并实施法律，可以随意解
散议会，还可以毫无理由地解雇官员。即使有宪法，弗朗茨·
约瑟夫也从未放弃他的信念，即上帝授予了他君权，并赋予了
他维持秩序的繁重职责。[8]

赢得的和平是暂时的。皇帝试图推动自己成为德意志三十
九个邦国的元首，这使他与普鲁士首相奥托·冯·俾斯麦
（Chancellor Otto von Bismarck）产生了冲突，后者坚决维护普

鲁士至高无上的地位。在 1866 年的七周战争（Seven Weeks' War）中，维也纳对抗柏林。匈牙利公开反叛支持普鲁士，奥地利在柯尼希格雷茨（Königgrätz）遭受了耻辱性的失败；察觉到了奥地利的软弱，哈布斯堡统治下的最后一个意大利公国威尼斯也脱离了维也纳。匈牙利同样利用七周战争之后的混乱，趁机胁迫维也纳。弗朗茨·约瑟夫签署《1867 年协议》（Ausgleich in 1867），在奥地利和匈牙利之间达成妥协，赋予了马扎尔人相当大的自治权，并成立了二元君主制的奥匈帝国，这才勉强地保全了他残存的领土。

16　　还有更多的坏消息从墨西哥传来，弗朗茨·约瑟夫的弟弟马克西米利安和他的妻子夏洛特（Charlotte）1864 年在法国的支持下，不明智地接受了新帝国的皇位。这一意想不到的事件仅仅持续了三年，法国皇帝拿破仑三世（Napoleon Ⅲ）就停止了对墨西哥的支持。墨西哥叛乱分子推翻了皇帝：1867 年 6 月 19 日，他们将马克西米利安押到克雷塔罗（Querétaro）的一堵墙边，令行刑队处决了他。这场悲剧让夏洛特精神失常。她被诊断为精神病，余生都被软禁在比利时的一座城堡里，头顶上戴着一顶华丽的金银冠冕，追忆着过往的幻影。[9]

　　羞辱性的军事失败、领土的丧失、镇压之后又被迫让步，以及个人生活的悲剧——这些成了弗朗茨·约瑟夫统治时期的标志。"奥地利皇帝，匈牙利、波希米亚、达尔马提亚（Dalmatia）、克罗地亚（Croatia）、斯拉沃尼亚（Slavonia）、加利西亚（Galicia）、洛多梅里亚（Lodomeria）和伊利里亚（Illyria）使徒国王；耶路撒冷国王，奥地利大公，托斯卡纳和克拉科夫（Cracow）大公，洛林（Lorraine）、萨尔茨堡（Salzburg）、施蒂里亚（Styria）、卡林西亚（Carinthia）、卡尼奥拉

（Carniola）和布科维纳（Bukovina）公爵，特兰西瓦尼亚
（Transylvania）大公……"这些只是他全部头衔的一半。[10]他的
怪诞帝国拥有大约四千五百万人口，包括奥地利德国人、马扎
尔人、捷克人、罗马尼亚人、摩拉维亚人（Rumanians）、波
兰人，以及1878年后加入的南斯拉夫人（斯洛文尼亚人、克
罗地亚人和塞尔维亚人），还有被占领的巴尔干半岛的波斯尼
亚（Bosnia）和黑塞哥维那（Herzegovina）的穆斯林。哈布斯
堡帝国是一座语言、种族身份、战争民族主义情绪和冲突信仰
的巴别塔，因习惯蹒跚而行，仅存的联结是维也纳的君主；而
在同一时间，大不列颠、德意志帝国，甚至落后的俄国正在进
行着现代化，发展着工业、经济和军事力量。

"你看到的我，"弗朗茨·约瑟夫曾对美国总统西奥多·
罗斯福（Theodore Roosevelt）说，"是保守派的最后一位君
王。"[11]那个十八岁登上皇位的精力充沛的英俊年轻人如今已五
十八岁，他的一名侍从——阿尔贝特·冯·马尔古蒂男爵中将
（Lieutenant General Baron Albert von Margutti）说他是"天命所
归的皇家名声和声誉的捍卫者"。[12]弗朗茨·约瑟夫用"充满礼
节的优雅"来创造"一种将自己与他人区隔开的距离感"。[13]他
很和蔼，却高高在上，始终维持着清晰的阶级意识。马尔古蒂
回忆说，皇帝甚至认为"对他而言，握手是一种表达至高敬
意的方式，因此他一定不能随意与人握手"。[14]

虽然每个人都认同皇帝很有魅力和礼貌，但他那圆融的外
表之下，隐藏了一个独裁者的灵魂。"关于他的一切，"一位
廷臣回忆说，"包括他的记忆在内，必须无可挑剔、不容挑
战。"[15]弗朗茨·约瑟夫为自己的自制力感到自豪，而且他极少
偏离他惯常的柔和、对话式的语调。但是，尽管皇帝时而会因

17

为不满而发表意见，他并不容许其他人那么做。"不得体的表情""手势"甚至冲动的笑声都被视为"对他的帝国尊严的亵渎"。[16]对哈布斯堡尊严的怠慢——真实的或想当然的——实际占据了弗朗茨·约瑟夫许多的注意力。他曾将一项认为警卫不应再向马车车厢里的哈布斯堡婴孩举枪致敬的提议当成对皇室的侮辱。[17]如果有官员的奖章没戴正、纽扣没系好或饰带歪斜着就胆敢出现在他面前，弗朗茨·约瑟夫会"愤怒得发抖"。[18]有一个故事完美地体现了这种对外在礼仪的痴迷：一天晚上，患了重感冒的弗朗茨·约瑟夫在一阵剧烈的咳嗽中醒来，他咳得很厉害，以至于无法呼吸。在这种极其紧急的情况发生时，得到消息的医生赶到了皇帝的床边；而弗朗茨·约瑟夫虽然呼吸困难，但仍然设法斥责了这个可怜的人，因为他没有换成宫廷礼仪所要求的传统双排扣长礼服。[19]

弗朗茨·约瑟夫生活在自我设置的孤立中。除了打猎，他没有真正的兴趣，并将大多数的艺术、音乐和文学视为对时间的浪费。[20]"我们的皇帝，"他唯一的儿子尖刻地写道，"没有一个朋友，他的性情和气质不允许。他独自一人站在巅峰。他与仆从讨论每个人的公务，但急切地避免提及任何其他话题，因此他对人民的想法和感受，以及国家的思潮和舆论知之甚少……他相信我们现在处于奥地利历史上最幸福快乐的时代之一，这就是他被正式告知的事情。"[21]官员们促成了这种认知的隔离，使弗朗茨·约瑟夫相信他的人民很幸福。他们隐瞒了能驳斥这一点的信息，甚至还印制了特别版的日报，精心剔除了不安的因素或可能引发烦恼的事态形势。[22]

与维也纳蓬勃发展的知识分子思潮形成鲜明对比的是，皇帝对其观点的简洁性感到自豪。"对他而言，"一位廷臣说，

"只有最原始的概念存在。美丽、丑陋、死亡、生存、健康、年轻、年老、聪明、愚蠢——这些都是独立的概念，他无法将一个概念与另一个概念联结起来……他缺乏细致入微的思考。"[23]这种非黑即白的方法主导着他。对于弗朗茨·约瑟夫来说，"人民"分为两类：一类是忠诚但无名的公民，他们为帝国统治欢呼，面孔模糊不清；另一类是同样面目模糊的反叛者和革命者群体，他曾于 1848 年对抗过他们，在匈牙利、意大利，如今轮到了脆弱的帝国内部。古老的责任概念驱使弗朗茨·约瑟夫不断地前进，直面一场又一场的灾难，在一个充满敌意的现代世界中开辟出一处严格有序的庇护所。

用日常的案头工作填满他的日子，能帮助弗朗茨·约瑟夫逃避不幸的婚姻。在他登基的最初几年，年轻英俊的皇帝可以自由地临幸一群经过特别挑选的"卫生的"年轻贵族小姐，她们在某种意义上构成了维也纳后宫。[24]但很快他的母亲坚持要他结婚——索菲已经有了最合适的候选人，这个候选人不仅是虔诚的天主教徒，而且对索菲来说也很容易掌控：海伦妮公主（Princess Helene），索菲的妹妹路德维卡（Ludovika）和她丈夫马克斯（Max）的十个孩子中的一个。马克斯的头衔是巴伐利亚的公爵（Dukes in Bavaria），属于旁系贵族，有别于更加尊贵的巴伐利亚公爵（Dukes of Bavaria）。这对于一个已经很薄弱的基因库来说有点过于危险了：不仅仅在家族中被称为"奈奈"（Nené）的海伦妮是弗朗茨·约瑟夫的表妹，她的姨母卡罗利娜·奥古斯塔（Karolina Augusta）也嫁给了奥地利的第一位皇帝弗朗茨一世（Emperor Franz Ⅰ）。而她的索菲姨母是弗朗茨·卡尔大公的妻子——这意味着索菲成了自己姐姐的儿媳妇。巴伐利亚的维特尔斯巴赫家族（Bavarian Wittelsbachs）

不仅以性格怪异闻名，还有常见的乱伦联姻——包括之前已经缔结的二十一桩与哈布斯堡王朝的联姻——这造成了脆弱的性情和不稳定的情绪。

然而，索菲和路德维卡几乎没有考虑过这些隐忧，在1853年夏天安排了她们的孩子在阿尔卑斯山的度假胜地巴德伊舍（Bad Ischl）见面。当弗朗茨·约瑟夫看到海伦妮十五岁的妹妹伊丽莎白时，索菲和路德维卡姐妹俩精心安排的计划被打乱了。这个在家族中被称为"茜茜"的年轻女孩美貌夺目，有着浅棕色的眼睛和长长的栗色头发。她成长在相对简朴的环境中，父亲的哥特式帕森霍芬（Possenhofen）城堡位于慕尼黑郊外的施塔恩贝格湖（Lake Starnberg）边，在那里，奶牛在玫瑰园中徘徊，家具也是旧式的。与围绕着弗朗茨·约瑟夫的那类精致的年轻小姐相比，茜茜显得热情洋溢、令人耳目一新。当弗朗茨·约瑟夫宣布他想娶伊丽莎白时，已习惯于儿子对自己言听计从的索菲震惊了：她断言，要成为奥地利皇后，这个年轻女孩太不成熟、太缺乏教育、太情绪化也太敏感了。但索菲说得越多，弗朗茨·约瑟夫就越坚持。[25]当他最终向他的表妹求婚时，伊丽莎白在震惊中接受了，但仿佛预见了将来的事情，她很快就崩溃流泪了，抽泣着说："如果他不是皇帝就好了！"[26]

1854年4月24日傍晚，当弗朗茨·约瑟夫引着他的新娘站在维也纳奥古斯丁教堂的圣坛前，伊丽莎白感到恐惧，短暂地逃离了婚礼的招待会，随后面带泪痕地出现。[27]她害怕她的新婚之夜，并试图将自己隐藏在一大堆枕头后面：弗朗茨·约瑟夫在前两个晚上迁就了她的不安全感，但在第三天占有了他的妻子。[28]伊丽莎白对所有的事情都充满激情，只有性爱除外。

她感到羞辱，因为所有人都了解她的房事；事实上，她的婆婆索菲大公妃显然毫不避讳地公开向儿子询问具体的细节。[29]

索菲很快成了伊丽莎白的宿敌。两位骄傲的女性，争夺着弗朗茨·约瑟夫的注意力并争取着情感上的支配权，很快就开始互相厌恶。皇后的一名侍女说，索菲试图"介入夫妻俩之间，总是迫使皇帝在母亲和妻子中做出选择，没有爆发公开的冲突完全是上帝的恩典。她想要去除皇后对皇帝的影响"。[30]新皇后习惯了以前在帕森霍芬的自由生活，感觉自己被困在了一只镀金的笼子里。哈布斯堡家族世代恪守着以刻板闻名的西班牙宫廷礼仪，这是从他们16世纪统治伊比利亚时期留存下来的。习惯了人们对她俯首帖耳的索菲固执于繁文缛节，坚持儿媳要以顺从的态度学会、尊重并遵循每一个陈旧的仪式，不可以打一丝折扣。每当伊丽莎白反抗的时候，索菲就会厉声指责："显然皇后以为自己还在巴伐利亚山区。"[31]

伊丽莎白反对这种试图教导她履行皇后职责、遵守宫廷礼节的行为，也因在晚餐时摘下手套、频繁骑马以及表现出明显的羞怯等事情吸取了教训。索菲在儿媳的住处安排了一群贵族女士，她们的主要职责就是监视伊丽莎白，并在维也纳的社交圈子传播她行差踏错的事迹。[32]索菲越坚持，伊丽莎白就越固执，她会生闷气、蔑视自己的职责，拒绝对她"讨人厌"的婆婆做出哪怕是微小的让步。[33]弗朗茨·约瑟夫尴尬地被夹在中间，因为他的妻子和母亲都向他喋喋不休地抱怨对方。[34]

不论伊丽莎白有多么不情愿，她还是为丈夫诞下了四个孩子，履行了她的主要职责，尽管皇家育婴院很快成了她与索菲大公妃的另一个战场。孩子们一出生，就被从母亲的怀抱中夺走送到育婴院，在那里索菲是说一不二的。伊丽莎白在他们的成长过程中没有任何发言权，因此她的母性本能并没有被激发。相反，她徒劳地将孩子视作一个"诅咒"，她说："他们到来，就会驱走我的美丽。"[35]

21 　　弗朗茨·约瑟夫拒绝介入二人的争执，但他仁慈地纵容了妻子自私的任性行径。越来越郁郁寡欢的伊丽莎白逃避着自己的职责：她很少在宫中露面，宁愿和自己的动物、诗歌和一个小圈子的密友待在一起。如果她感觉身体不适，抑或她头发的状态看起来不是最好，抑或她有了创作灵感——伊丽莎白经常用各种借口突然取消出席舞会、晚宴和招待会，不在意伤害别人的感情或损害自己的名声。[36]弗朗茨·约瑟夫深爱着他美丽的妻子，用热情洋溢的浪漫书信淹没了"我最亲爱的天使茜茜"，向她保证着自己全心全意地爱她，同时恳求她不要太沉迷于骑马，并请求她"经常在城市里露面"，免得疏远了他的臣民。[37]但沉溺于忧愁抑郁的皇后根本不在意他的恳求。自身基因中可能携带着疯狂因子，这一想法令伊丽莎白感觉着迷又挫败。有一次，当弗朗茨·约瑟夫问起她最想要的生日礼物时，伊丽莎白严肃地表示，他应该给她"一所装备齐全的疯人院"，以便她对精神病人进行深入研究。[38]她还有更加令人不快的怪癖，其中包括豢养了一个名叫鲁斯蒂莫（Rustimo）的非洲小男孩。他是波斯国王的赠礼，皇后十分宠溺他，任他予取予求，给他穿上精美的服装，仿佛对待一件珍贵的玩具。正如历史学家布里吉特·哈曼（Brigitte Hamann）所指出的，他是"一个笑话"，只是用来激起众怒的——等到鲁斯蒂莫不再驯顺的时候，皇后就冷酷地把他送走了，"就像对待一只没学会规矩的猴子"。[39]

　　伊丽莎白无法享受她丈夫充满激情的性欲，她退却了，而索菲——绝不会错过任何对她儿子施加影响的机会——怂恿弗朗茨·约瑟夫到别处寻求浪漫的安慰，而他也很快违背了自己的婚姻誓言。[40]不像他年轻时那样，现在与弗朗茨·约瑟夫发生关系的女性既没有经过精心挑选，也没有"卫生"要求的限制。尽管事情的经过并不清楚，但弗朗茨·约瑟夫很可能在1859年年底感染了淋病，并传染给了妻子。伊丽莎白的关节肿胀，皮肤上出现红疹，她为此深受折磨。据传闻，在一系列的医生秘密会诊后，她被确认染上了性病。[41]

伊丽莎白还年轻，为自己的美丽感到自豪，但她的丈夫在别处寻花问柳。从这一事件开始，她有意识地决定按照自己的想法生活，这些想法几乎不会因为皇后这一职务的责任或妻子和母亲的角色而让步；也许是出于内疚感，弗朗茨·约瑟夫放任她几近放弃了自己的职责。[42]她开始四处游历，离开维也纳前往马德拉岛，在那里度过了1860年的冬天，官方宣称她是为了寻求治疗贫血的方法。随后，她在科孚岛和马耳他长期逗留，再度回到维也纳已是将近两年之后了，但她从未在维也纳停留太久，而是通过撰写病态的诗歌和漫游欧洲来不停寻求安慰和消遣，足迹从上流社会的度假胜地延伸到英格兰的田野，在那里她近乎狂热地纵马狩猎。

皇后还为有关匈牙利的一切狂热，这种激情很可能是由她的婆婆对该国的憎恶所驱动的。皇后拥有一小撮马扎尔密友，尤其是她与潇洒的久洛·安德拉希伯爵（Count Gyul Andrássy）间的友谊，让维也纳人言啧啧。在七周战争结束后，她接手了马扎尔人的事业，推动她的丈夫与匈牙利签署了新的妥协方案，创造了二元君主制。[43]为了庆祝这对夫妇1867年在布达佩斯的加冕，匈牙利向弗朗茨·约瑟夫和伊丽莎白赠

22

予了一处乡村宅邸——巴洛克式的格德勒宫（palace of Gödöllö），皇后在匈牙利时，越来越多地在这里度过她的时光。弗朗茨·约瑟夫的让步暂时赢回了伊丽莎白：1868 年，她在布达佩斯生下了她的最后一个也是最受宠爱的孩子——一个名叫玛丽·瓦莱丽的女孩。

"我蒙受了太多烦扰、误解和毁谤，在宏大的世界里伤痕累累。"伊丽莎白曾如是说。[44]心情压抑的她，寄托于寻求永恒的青春。在 1870 年以后，她就拒绝任何人为她画肖像了，希望人们只记得她年轻貌美的样子。她为自己长得惊人的秀发感到自负，拒绝剪短它，尽管它的重量总压得她头痛。她每周洗一次头发，之后她的侍女必须在梳理之后清点伊丽莎白掉落的头发数量。[45]皇后睡觉时要在面部覆上生切小牛肉厚片，以防止皮肤松弛；她在橄榄油中沐浴；她还拒绝使用枕头，害怕会生出皱纹。[46]每天早上她都称体重：哪怕重了一盎司，伊丽莎白就会只进食清汤、牛奶、葡萄酒、从一块牛肉里挤出的汁液和生鸡蛋。她在房间里安装了健身装置，每天都锻炼好几个小时，由此很快患上了厌食症。[47]

到了 1888 年，经过三十四年的婚姻，弗朗茨·约瑟夫和伊丽莎白都变得愤世嫉俗。"婚姻，"伊丽莎白称，"是一种荒谬的制度。一个十五岁的孩子被如此出卖，许下她尚无法理解的誓言，并永远无法反悔。"[48]她的侍读艾达·冯·费伦齐认为伊丽莎白尊重弗朗茨·约瑟夫，"但我怀疑她是否爱他"。[49]深情如皇帝，也曾坦率地说起他婚姻的"痛苦经历"。[50]他不停地在给妻子的信中倾吐自己的心声，但伊丽莎白经常冷淡地回应他，找借口避开丈夫和维也纳；她曾经威胁地写道，他如果不喜欢她的"习惯"，可以把她"打发走"，再另觅良配。[51]

弗朗茨·约瑟夫泰然接受了这一切。"我能做的只有随遇而安，继续耐心地承受习以为常的孤独。"他悲伤地给妻子写道。[52]他埋首于工作中，按部就班的生活方式本身就能安抚他条理性的思绪。皇帝每天清早四时许就会起身，由男仆伺候着装，六点就雷打不动地出现在书房，那里挂有一幅由弗朗茨·克萨韦尔·温特哈尔特（Franz Xaver Winterhalter）绘制的伊丽莎白皇后的迷人肖像，幽灵似的让他惦念着缺席的妻子。觐见和汇报占据着他的日程，他只有在下午的散步时间才能喘口气。弗朗茨·约瑟夫的口味很简单，常吃炖牛肉和猪肘配啤酒。除了必须主持宫廷仪式或出席歌剧演出的夜晚，皇帝通常在九点钟就寝。[53]

也许伊丽莎白为弗朗茨·约瑟夫做过的最体贴的一件事，就是为丈夫寻觅了一个情妇——女伶卡塔琳娜·施拉特。1860年之后，弗朗茨·约瑟夫就开始四处留情，据说还有了几个私生子女，但事实证明他与施拉特的关系绝非一般。[54]1884年，他在维也纳城堡剧院的一场演出中初次注意到了这个年轻漂亮的女伶。[55]伊丽莎白察觉到了丈夫的心思，于是约施拉特喝茶，委婉地解释了她想要四处游历，而在她外出期间必须有人照顾她的丈夫。施拉特对此心领神会，于是伊丽莎白很快就心安理得地离开了维也纳。[56]

在接下来的三十年里，施拉特成了弗朗茨·约瑟夫身边最接近于真正的红颜知己的人。尽管得到了丰厚的馈赠，但她并不渴求物质，反而给皇帝提供了情感上的安慰，成为他逃离帝国烦扰的避难所。有少数历史学家援引1888年两人互通的言辞拘谨的书信，坚称皇帝和女伶从来都不是情人关系。[57]然而，施拉特曾向皇帝如实报告她的生理期，毕竟在这段关系开始的

24

时候，皇帝只有五十多岁。[58] 正如传记作者琼·哈斯利普（Joan Haslip）在描述这段友情时所写的那样："人们不禁怀疑，这段感情是否真的总是柏拉图式的。"[59]

如今，这位拥有无趣习性和专断气质的皇帝已在位四十年。经历了意大利各公国领地的丧失、对普鲁士的军事失败以及匈牙利的政治勒索，弗朗茨·约瑟夫没有多少值得庆祝的理由。当周年纪念日到来时，伊丽莎白缺席了——这已然成了常态，而丑闻和失望沉重地压在皇帝的肩膀上。不过，他的国家处于和平状态，还有一连串的声音使他相信，他的臣民们都心满意足。也许弗朗茨·约瑟夫相信未来的局势会更好；但这样的幻想即将被粉碎，君主制的核心将遭到撼动，无人预见的悲剧将直击皇室家族的心脏。

第二章

最先降生的是一名女婴，她 1855 年出生，名字取自她的
祖母索菲；第二年，伊丽莎白皇后又生下了女儿吉塞拉。索菲
在两岁时死于麻疹的并发症，而吉塞拉的继承顺位则排在哈布
斯堡家族所有在世的男性成员之后。[1]1858 年 8 月 21 日，101
响礼炮终于向世人昭告了皇后诞下男婴的消息，喜讯是从维也
纳近郊大约 15 英里外的拉克森城堡（Schloss Laxenburg）传来
的。[2]弗朗茨·约瑟夫宣称，孩子"体格强健、身体结实"，不
过他私底下觉得这新添的儿子相貌着实丑了点。[3]但帝国终于有
了一位继承人。从这孩子出生起，弗朗茨·约瑟夫就对他寄予
了厚望。他被冠以一长串的头衔：奥匈帝国皇太子，皇储，大
公，奥地利、匈牙利和波希米亚亲王。他还拥有同样一长串的
名号——哈布斯堡-洛林的鲁道夫·弗朗茨·卡尔·约瑟夫
（Rudolf Franz Karl Josef of Habsburg-Lorraine），这是为了向 12
世纪王朝的开创者——哈布斯堡的鲁道夫伯爵（Count Rudolf
of Habsburg）的辉煌功绩致敬。

像之前的两个姐姐一样，鲁道夫被从母亲的怀抱带到了育
婴院，索菲大公妃在那里以铁腕执行着烦琐的西班牙宫廷礼
仪：伊丽莎白不能亲自照顾儿子，母子俩的接触很有限，并且
必须由索菲在一旁监督。鲁道夫的保姆——寡居的韦尔登男爵
夫人卡罗利娜（Baroness Karolina von Welden）由索菲而非伊

26 丽莎白选定，负责像母亲一样照顾他。鲁道夫管她叫"沃沃"（Wowo），她给鲁道夫带来了幼年时期为数不多的安定感。[4]

在大不列颠，维多利亚女王（Queen Victoria）将她的私人家庭生活理想化，以此来赢得民心；这样的概念对哈布斯堡皇室来说是全然陌生的。他们没有任何将自己人性化的愿望，也不打算在生活中树立家族团结的榜样来感召民众。皇帝对职责的全心投入，以及皇后因家事不顺而产生的对游历欧洲的热衷，让鲁道夫感到十分茫然。他很少能和父母一起相处，甚至在难得有此机会时，他们的见面时间也被严格控制在一小时，而后韦尔登男爵夫人就要把他送回育婴院。[5]

弗朗茨·约瑟夫对待年幼的儿子就像对待军校学员一样，认为他需要接受训练，需要纪律的约束，这样才能"展现出足够的勇敢、刚毅和勤勉"。鲁道夫四岁时曾因害怕躲避了一群喧哗的士兵，为此弗朗茨·约瑟夫写信告诉儿子，这是"一种耻辱"。[6]天性内敛、不习惯情感外露的皇帝对待儿子的态度总是亲切中带着疏离。弗朗茨·约瑟夫始终放不下皇帝的身份，而他角色的至高无上意味着他首先是统治者，然后才是父亲。他也不愿打破礼节，唯恐滋生不得体的亲昵：事实上，鲁道夫的小妹玛丽·瓦莱丽将父子之间的关系描述为"不自在的"。[7]甚至连鲁道夫的家庭教师都曾因为弗朗茨·约瑟夫的疏远态度而进言，恳请皇帝在和皇储谈话时要考虑到他"敏感的内心"，并且以"慈爱而不是严厉"的态度对待他。[8]

在鲁道夫的人生中，伊丽莎白皇后成了一种充满矛盾感和不安感的存在，她还经常令仇恨侵染母子二人罕有的共处时光：一旦索菲大公妃走进房间，伊丽莎白就会迅速避开，留下鲁道夫在她们的主权斗争中充当一枚迷惘的卒子。[9]鲁道夫崇拜他的母亲：她是位有魔力的美人，在他的生活中如浮光掠影般来去。她是他理想中的典范，他仰慕她，渴望得到她的爱和呵护，而伊丽莎白却没能给他足够的关注。1863 年，鲁道夫得了一场伤寒，而伊丽莎白在得知消息后，仍不愿意缩短在巴伐利亚的旅程，是索菲照料鲁道夫直到他痊愈的。[10]总是在外旅行的伊丽莎白会给儿子写信说"别忘了妈妈""要经常想着妈妈"，但考虑到她的实际表现，这并不能给鲁道夫带来情绪上的安全感：她经常隔好多时日才回复他的信，说她忙着旅行、骑马，甚至是去剧院，所以无暇顾及他。[11]即使她回信了，也不忘表明这只是应付差事。"我刚写了一封长信给可爱的小吉塞拉，"她给三岁的鲁道夫写道，"所以跟你没什么可说的了。"[12]承受了多年的这般对待，鲁道夫会抱怨他的母亲"不再关心任何事情"，除了她自己的利益。[13]

当时流行的维多利亚时代的印刷品和温情的明信片上所描绘的那种幸福家庭生活，与哈布斯堡王朝的继承人是无缘的。他的父亲太冷淡无趣，而他的母亲则更关心自己的消遣，不顾及她唯一的儿子。这让鲁道夫感到紧张和焦虑：在年幼时，他的健康状况已经不佳。在气质上，他继承了母亲的特质：忽而迷人又亲切，忽而沉默又沮丧。当要求得不到满足时，他经常勃然大怒。鲁道夫也会利用人的心理：他不喜欢对抗，为了避免情绪化的场景，他在不得已的时候会表现出随和的一面。从小，他就学会了借口病痛和假装头疼来摆脱不舒服的场合，逃避不愉快的义务。[14]

六岁时，鲁道夫被强行从亲爱的"沃沃"和姐姐吉塞拉身边带走，开始接受正式教育，而这将他仅存的安定感也摧毁了。[15]就像育婴所一样，讲堂成了伊丽莎白皇后和索菲大公妃之间持久战的另一处战场。索菲断然回绝了皇后推行自由式教育的愿望，她声称："伊丽莎白本身就缺乏教养、行事莽撞，怎么能指望她来培育伟大帝国的继承人？"[16] 在母亲的建议下，弗朗茨·约瑟夫任命利奥波德·贡德勒古少将担任儿子的督学，他的使命是令"容易紧张"的皇储变得坚强起来。[17]

作为一名职业军人，贡德勒古素来以过度的虔诚、严厉的言辞和无谓的残忍著称。[18] 奉了皇帝的命令，贡德勒古很乐意对鲁道夫施加精神上和肉体上的虐待。他会在夜里潜入男孩的房间并扣响扳机，将鲁道夫从睡梦中惊醒。[19] 每天早上 6 点，他就在庭院里点上灯，让鲁道夫进行军事训练，雨雪无阻。[20] 有一次，贡德勒古把他年幼的学生带到动物园锁进一只笼子里，然后大声恐吓说要放一头野猪来咬死他，惊得鲁道夫尖叫连连。[21]

这种野蛮的教养方式让六岁的鲁道夫心力交瘁：他常做噩梦，还总尿床。[22] 1865 年 5 月，饱受折磨的鲁道夫终于倒下了：宫廷的说法是他患了白喉，但其实这个男孩的病很可能是精神衰弱。[23] 就连只沉浸在自我世界中的皇后也终于意识到了危险，坚持要解除贡德勒古的职务。当弗朗茨·约瑟夫拒绝违背母亲的意愿时，伊丽莎白对他下达了最后通牒。"我无法对这样的事情坐视不管，"她写道，"要么贡德勒古离开，要么我离开……在一切有关孩子的事宜上，我希望唯有我才拥有充分和无限的权力，包括决定他们身边人的任免和他们的居住地，完全控制对他们的教养权。总之，唯有我才能决定孩子们的一切，直到他们长大成人。"[24]

面对如此强硬的要求，弗朗茨·约瑟夫让步了。在赢得她的战役之后，伊丽莎白重新退回了以自我为中心的生活中——

"她对鲁道夫的关心无法维持太久",她的一位传记作者这样写道。[25]皇帝用伊丽莎白指定的自由派上校约瑟夫·拉图尔·冯·特尔姆伯格取代了贡德勒古。像贡德勒古一样,四十五岁的拉图尔·冯·特尔姆伯格也是职业军官;他甚至在 1849 年与意大利军队的作战中失去了一根手指。但与前任督学不同的是,拉图尔·冯·特尔姆伯格温文尔雅,对他的年轻学生有着与生俱来的同情心。在刚接任督学时,他觉得鲁道夫就像"一条挨了鞭子的狗"。[26]他成了鲁道夫的知己,几乎称得上是鲁道夫仅有的值得信赖的朋友。

29

弗朗茨·约瑟夫坚信,鲁道夫"绝不能成为一个自由思想者,但他应该完全了解当今时代的情况和需求"。[27]鉴于拉图尔·冯·特尔姆伯格的自由派名声,皇帝的担忧是有必要的。"授业的大方向是向皇储介绍学术界和公众生活中的所有思潮,对此我不敢苟同,"皇帝的一位副官写道,"指派给皇储的都是自由主义信念最为坚定的教授和导师,而且令人遗憾的是,依照既定的宫廷规矩,他须完成学业。"他担心"皇储年轻的、容易激动的头脑,不成熟的观念,以及没得到善用但无疑极高的天分",将致使鲁道夫被"不符合未来君主保守主义特征的思想和倾向"所吸引。[28]

各方的期望让鲁道夫不堪重负:作为未来的皇帝,他必须成为哈布斯堡有史以来最有见识、最有手腕、最有学问的皇子。正如维多利亚女王和艾伯特亲王(Prince Albert)试图将他们的儿子威尔士亲王艾伯特·爱德华(Albert Edward)塑造成"人中典范"那样,弗朗茨·约瑟夫也在他的儿子身上寄予了不切实际的期望。在这两起例子中,不得松懈的压力和期望都造成了精神崩溃,让男孩们焦虑、紧张,并最终变得离经叛道。

拉图尔·冯·特尔姆伯格选择了具有卓越成就和自由倾向的人物来教授皇储。不过，问题不在于师资，而在于数量：近五十位授课者以蜻蜓点水般令人应接不暇的进度，推进着一系列毫不相关的课程。从早上 7 点到晚上 8 点，鲁道夫接受着导师们的轮番轰炸：奥地利、匈牙利、波希米亚和欧洲其他地方的历史，世界历史，语法，文学，地理，算术，政治，经济学，法理，自然科学，军事历史与战略，拉丁语、法语、马扎尔语、捷克语、波兰语、英语和克罗地亚语。此外，还有体操、游泳、骑马、击剑和舞蹈，以及音乐和艺术。[29]鲁道夫对最后两项科目毫无兴趣。在涉及艺术时，他和他的父亲一样，不喜欢歌剧和交响乐，对文学缺乏共鸣，也不懂得鉴赏画作。[30]

对于这样的教育体系，弗朗茨·约瑟夫是过来人，所以他不觉得让鲁道夫承受沉重的课业负担有什么不妥。但是，他年轻时是一个服从命令的、情绪内敛的、才智平庸的学生；而鲁道夫跟他并不相同。拉图尔·冯·特尔姆伯格曾抱怨说，课程的密集推进和重点的迅速切换让鲁道夫无法"系统性地思考"。[31]另一位导师写道，鲁道夫"倾向于对手头的问题浅尝辄止"；再加上他"缺乏在观察和思考方面的专注力，也欠缺演讲和口头表达的精确性"，这个年轻的学生始终没有形成对信息进行批判性分析和评估的能力。[32]

然后是宗教。天主教义的课程强化了内疚感和永久忏悔的必要性，这种心态侵蚀着鲁道夫焦虑的精神世界。当十岁的他被要求进行生平第一次忏悔时，他突然陷入了无法控制的内疚的啜泣中，拉图尔·冯·特尔姆伯格认为这种状态是令人不安的，与任何孩子气的违纪行为完全无法相提并论。但这种表面上的虔诚很快就变成了愤世嫉俗。作为一个男孩，鲁道夫像对待讨厌的日常琐事一样对祈祷敷衍了事；到十五岁时，他对天主教本身提出了质疑。[33]"神职人员，"鲁道夫在一篇关于中世纪的文章中写道，"总是与骄傲的贵族联手，利用他们对人民的影响，不允许任何自由思想的发展；教会选择了对自身有危险的方式，因为人们最终会意识到他们是被如何对待的，并认识到赎罪券和神职人员使用的其他用来中饱私囊的手段才是对上帝的亵渎。"[34]鲁道夫宣称他丝毫"不关心教会对国家的影响"，并且厌恶"一切强化教会影响的趋势。我宁愿把我的孩子送到一所由犹太人管理的学校，也不要他去教会学校"。他认为，一个强大的天主教会将导致"不幸的后果"。[35]并且，鲁道夫在给母亲的远房表弟、巴伐利亚国王路德维希二世（King Ludwig Ⅱ）的信中写道："我认为我们的基督教信仰被教会局限在一种狭隘的形式中，这对于任何受过教育的人来说都是不可接受的，因为他们的智力已经达到了一定发展阶段，使他们能够超越日常生活，有逻辑地思考和提出问题。"[36]成年的鲁道夫私底下成了一个坚定的无神论者，也就不足为奇了。

鲁道夫的话反映了他好奇的本性，但他很难理解自己的焦虑和抑郁倾向。他在十五岁时写下的一段笔记揭示了他混乱的精神状态：

> 各种各样的想法在我的脑海中肆虐，令人困惑，一整天我的大脑都沸腾不止、劳碌不停。一个（想法）出去，另一个（想法）进来，每个都掌控了我，每个都告诉我一些不同的东西：有时是平静和快乐的，有时是如乌鸦般

034 / 哈布斯堡的黄昏：梅耶林悲剧与王朝的终结

漆黑邪恶、充满了愤怒的；它们斗争着，真相从斗争中缓慢地浮现。我一直在想：它将如何结束？我们是精神，还是动物？动物，这就是我们。我们人类是从猿类进化而来的，还是一直作为独特的物种存在的？我经常问自己：你已经是一个疯子了，还是即将成为疯子？我意识到我总会知道我想要知道的一切，但有一件事是肯定的：一个人必须始终努力，始终奋斗，以实现更多，没有止境，不是为了头衔、荣誉和财富这些——就把这些留给贪婪的、血统能追溯到基督诞生的种族吧。而我，渴求的是知识。[37]

拉图尔·冯·特尔姆伯格从未向皇帝展示过这样的段落，因为毫无疑问，他会对儿子的思绪感到震惊。从表面上看，鲁道夫是位张扬的自由派。他在十五岁时还写道：

法国大革命期间，国王、贵族和神职人员因他们及其祖先的罪孽遭受了惩罚。惩罚是暴力血腥的，但这是一场必要而有益的灾难。政府已经改变，向共和国迈进了一步。君主制已经失去了曾经的力量，只能依附于人民的信任和热爱……现在君主制是一个庄严的废墟，在短期内仍然可以屹立不倒，但终将彻底湮灭。它已经存在了数个世纪，只要民众还能盲目地接受领导，就没什么问题。如今，就快要结束了。所有人都是自由的，在下一次的冲突中，废墟将会逐渐崩塌。[38]

几年后，他则断言："我们的时代需要新的观念。保守主义无处不在，尤其是在奥地利，而这是政权垮台的开端。那些鼓吹保守主义的人是最危险的敌人。"[39]

鲁道夫的这些观点，部分来源于其内心的真诚理念；但他对父亲陈旧的宫廷秩序和顽固的保守立场的反叛心理，也是诱因之一。当涉及自身的特权地位时，他与父亲的立场一致。改变是必要的，不过对鲁道夫而言，改变必须在现有的君主制框架内实施：这个曾萌生自由主义思想的年轻人，认同弗朗茨·约瑟夫的信仰，即哈布斯堡王朝的君权是上帝授予的。[40]拉图尔·冯·特尔姆伯格曾抱怨，自由主义者鲁道夫"开始认为自己是全能上帝的化身"。[41]

鲁道夫的政治观点也前后不一。他起初支持捷克人，后来又憎恶波希米亚的民族主义，将之视为对维也纳权力的威胁。[42]他还对奥地利在巴尔干地区充当的角色怀有矛盾的心情：有时，他认为哈布斯堡王朝应当允许其统辖的南斯拉夫人建立半自治的国家，以抵制俄国的影响及其潜藏的扩张野心；有时，他似乎又认为奥地利对巴尔干半岛的干预，只会带来政治上和军事上的麻烦。[43]

鲁道夫继承了母亲对匈牙利的热爱，他曾写道，"黑暗的密林有着令我无法抗拒的魅力"，他惊叹于那里的落日美景："铅灰的夜色与正在消逝的白昼之间横亘着一条橙色的锦带，稀疏的明星点缀其上；淡蓝的水汽和轻柔的薄雾萦绕着低矮的树林和沼泽，呈现出鬼魅般变幻不定的形状。"[44]鲁道夫的匈牙利历史和语言教师是本笃会（Benedictine）神父贾辛丝·亚诺什·冯·罗瑙伊（Jácinth János von Rónay），这是一种破格的安排，因为罗瑙伊曾参加了1848年反对奥地利统治的叛乱，弗朗茨·约瑟夫还签署过这个"叛国者"的死刑令。[45]尽管罗瑙伊支持更充分的马扎尔自治权，鼓吹建立由波希米亚人和摩

33

拉维亚人组成的帝国的第三个自治王国，但他最终放弃了这种令人不安的分裂主义观点。[46]秉持着哈布斯堡必将永远承袭圣斯蒂芬冠冕之信念的鲁道夫，又接受了自由主义梦想的影响，如此他便陷入了矛盾挣扎之中。

拉图尔·冯·特尔姆伯格的教职止于 1877 年。他认为自己的学生是"一道谜题"。一方面，他说"自己从未见过比鲁道夫更有天分的人"；但另一方面，他又抱怨鲁道夫缺乏个性。[47]7 月 24 日，在差一个月满十九岁的时候，皇储迎来了成年礼。如果鲁道夫被允许进入大学深造，那么凭借着充满求知欲的头脑，他无疑将受益匪浅，但这与哈布斯堡的传统相悖。于是，鲁道夫在学问上始终处于一知半解的状态，不善于评估相互冲突的信息，导致其在处理政治问题时，很容易做出轻率的判断。

成年后，鲁道夫有权每年从政府的皇室专款中领取 45000 古尔登的津贴（相当于 2017 年的 287550 美元）。[48]这一数额相当可观：当时大学教授通常的年薪是 2000 古尔登（相当于 2017 年的 12780 美元）左右。然而，他那爱好游历的母亲一次欧洲度假的花费，经常相当于他年金的三倍。[49]按惯例，弗朗茨·约瑟夫会赐予成年大公们在维也纳的宅邸；但对自己的儿子，他却只提供了霍夫堡瑞士宫（Schweizerhof）侧翼的一处单身套房，使鲁道夫不得不跟他住在一个屋檐下，仿佛是有意强化太子的从属地位。

皇帝还任命了一群军官作为儿子的新扈从，指派海军中将卡尔·冯·庞贝尔为皇储高等宫廷侍从，其父海因里希曾为弗朗茨·约瑟夫搜罗情妇。[50]这一选择对于易受影响的鲁道夫来说是灾难性的。庞贝尔被时人称为"寡廉鲜耻的、天生的狗腿子"和"天底下最爱寻欢作乐的人",他以父亲为榜样,创造条件让鲁道夫去尽情享受女人和酒精带来的欢愉。一个侍臣曾抱怨道,庞贝尔"轻而易举地向皇储敞开了每一扇世俗诱惑的大门",将"靡菲斯特(Mephistopheles)①的角色扮演得近乎完美",诱使鲁道夫"去尝试一切冒险活动,只有想不到的,没有他们做不到的"。[51]

　　1878 年年初,鲁道夫前往大不列颠,并希望能有机会与正在那里骑马狩猎的母亲相聚。但是,颇以自己出众的骑术为豪的皇后却引起了母子间的不睦。鲁道夫充其量算是一个平庸的骑手;伊丽莎白担心他会出丑,于是告诫儿子,让他在猎场上可别冒昧地尝试与自己一决高下。[52]"我一定会当心别骑到猎犬身上,"鲁道夫讽刺地回应,"我们的民众并不觉得摔断脖子是什么英雄行为,我可不想因为这种事情毁掉自己的公众形象。"[53]他们的关系一度变得很僵,就算同乘一列火车,伊丽莎白也不愿与鲁道夫独处。[54]

　　尽管如此,鲁道夫的大不列颠之行还算顺利,维多利亚女王的"平易近人"令他感到愉快,女王则担心他"长得有点太高了,体格不太结实"。[55]但随后对爱尔兰的访问就不尽如人意了。在都柏林城堡为鲁道夫举行的一场欢迎舞会上,他居然没有被安排席位,而都柏林的总督和市长都不愿让出自己的位子。在前往晚宴的途中,市长加塞在他前面,此时,鲁道夫再也无法忍受,尽管相关人等向他道了歉,他还是在第二天就离开了。[56]他的坏心情最终在他母亲面前爆发。关于伊丽莎白和

35

---

① 又译梅菲斯特、梅菲斯、墨菲斯托等,是一个小说人物,指引诱人类堕落的恶魔。

她最亲近的狩猎伙伴——昵称为"贝"的乔治·米德尔顿上尉（Captain George "Bay" Middleton）的关系，有不少流言蜚语；而鲁道夫一时失言，指责母亲像个傻瓜似的被她帅气的英国朋友给迷住了。他的话令伊丽莎白出奇愤怒；她"内心酸苦难言"，坚称再也不会信任自己的儿子了。[57]

回到奥地利，每一位哈布斯堡大公都要履行的职责——参军——正等待着鲁道夫。弗朗茨·约瑟夫任命他为帝国和皇家第 36 步兵团上校，驻扎在布拉格，而此前皇帝已经将军团里的自由派军官都换成了可靠的保守派。[58]指挥官弗里德里希·霍策少校（Major Friedrich Hotze）称赞鲁道夫"非常杰出"，指出"他温暖的心和崇高的品格超越了他的年龄"。然而霍策也看到了皇储"鲁莽冲动"的天性，如果失去明确的既定目标，他就会漫无目的地虚掷时光。[59]

鲁道夫曾坚称："我属于军队，无论身体还是灵魂。"[60]但最了解他的拉图尔·冯·特尔姆伯格认为，皇储"几乎缺乏每一项"成为优秀军人的必要品质。他那纪律严明的父亲会执着于最微小的军事细节，而鲁道夫不太遵守纪律，也疏于打造积极的形象。[61]一位同僚军官曾经抱怨说，鲁道夫在演习期间显得"疲惫、无聊、心不在焉"。他不重视军团的报告，而是"茫然地凝视天空"，靴子溅上了泥土更能吸引他的注意力。在检阅过程中，一名侍从官收到鲁道夫的召唤，急匆匆地拿着擦靴布赶来，仔细地为他拭净了靴子。这段插曲结束后，鲁道夫继续"凝视天空，对周围发生的事情漠不关心"。[62]

36 　　当他二十岁的时候，鲁道夫已经长成了一个中等身材的年轻人，尽管相貌不是特别英俊，但称得上优雅迷人：一小撮山羊胡和络腮胡与他那微微卷曲的红棕色头发相呼应。[63]淡褐色的眼睛随鲁道夫的心情而变化：在 1878 年的会面之后，俄罗斯贵族凯瑟琳·拉齐维乌亲王妃（Princess Catherine Radziwill）回忆起他的眼神时说，其中有"某种悲伤的神色"，伴随着一种沉思的、近乎悲伤的微笑。[64]但他细瘦的身板和经常苍白的面孔，总笼罩着一种特别的格调。[65]鲁道夫言谈中带着维也纳贵族特有的口音，混合成一种独特的语调和喉音；他经常突兀地"从一个主题跳转到另一个主题"。[66]拉齐维乌亲王妃认为，鲁道夫继承了母亲的魅力，但他文雅礼貌的举止"相当冷淡，并透着一丝屈尊纡贵之感"。[67]

聪慧、阅读广泛、对科学感兴趣，同时是一名才华横溢的作家，鲁道夫给很多人留下了深刻的印象。"他很聪明，"伊丽莎白皇后的侍女——玛丽·费斯特蒂奇伯爵夫人（Countess Marie Festetics）写道，"但他毕竟还年轻，没有得到任何指导。"[68]鲁道夫的某位导师曾因为他露出"狡猾的表情"而训斥他，并告诫说："我能从你眼中看到你内心的想法，不要让那些想法玷污了你的存在。"[69]鲁道夫的情绪反复无常是出了名的。"上一刻还文雅而害羞，"他的一个堂兄回忆道，"下一刻就一意孤行地做出异想天开的邪恶之举，就像野蛮的东方暴君。"[70]

弗朗茨·约瑟夫欣赏儿子的才智，但并不认可他：他将鲁道夫的好奇、常常天马行空的想法和自由主义的观点视为任性的反叛。他们之间的情感鸿沟始终没能弥合，父子之间表面上保持着令人愉快的和缓关系，将不安全感和相互的不信任掩盖起来。直到最后，鲁道夫都渴望得到父亲的认可，但弗朗茨·约瑟夫始终没能信任自己的继承人，或让其去承担任何真正的责任。

伊丽莎白皇后曾认为她的儿子是个"坏心眼的男孩"，也是一个"非常危险的敌人"，并警告说："如果他有机会，他会攻击任何人。"[71]鲁道夫基本上是独自长大的，由保姆和导师照料，但没有真正意义上的亲密家庭关系。六岁前他最亲近的人是姐姐吉塞拉，但在他开始接受教育以后，两人的相处时间就很少了；1873 年，吉塞拉嫁给了巴伐利亚的利奥波德亲王，从此姐弟俩极少见面。十岁的年龄差意味着鲁道夫与他最小的妹妹玛丽·瓦莱丽几乎没有共同语言：事实上，虽然他们住在一起，但玛丽·瓦莱丽承认她经常连续几个月见不到她的兄长。[72]鲁道夫也不会与她交心：玛丽·瓦莱丽是他们母亲的心肝宝贝，是最得宠的孩子，总是陪在母亲身边，她得到的关注和喜爱都是鲁道夫享受不到的。"我爱的只有你一个人"，伊丽莎白曾这样对小女儿倾诉。[73]鲁道夫怨恨这种明显的偏心，因此常冷淡地对待玛丽·瓦莱丽。从玛丽·瓦莱丽的立场来说，她抱怨兄长总是端着皇储的架子，甚至与自己的家人都保持一定的距离，从不与他们推心置腹。[74]鲁道夫认为自己凌驾于维特尔斯巴赫家族之上，不希望有人冒犯他皇储的尊贵身份，这在他母亲的巴伐利亚亲属中间引发了巨大的反感。[75]

二十年的人生经历，使鲁道夫成为一个极端矛盾的年轻人。他继承了前所未有的特权，也经历了给他带来心理创伤、情感缺口的童年时期。家庭生活没有给他任何安慰：疏远的父亲、缺席的母亲和奥地利宫廷的繁文缛节，只会强化他孤立和异化的感觉。不得章法的教学体系唤起了他敏锐聪慧头脑中想象力的火花，却没能让他养成分析矛盾信息并进行逻辑推理所需的技能。自由主义的倾向与他自身立足的专制观念发生了碰撞，导致他对于未来的想法充满矛盾。正是这样一个情感脆弱的年轻人，其瘦削的肩膀承担着他父亲动荡帝国的命运。

第三章

"爱情，"十五岁的鲁道夫写道，"对一切生命体而言，都
无疑是世间最美好的事情之一。"[1]一年前，拉图尔·冯·特尔
姆伯格带他来到一个鱼类孵化场，在那里医生向他传授了生命
繁衍的知识。[2]根据传言，弗朗茨·约瑟夫命侍从安排了一个健
康而谨言的年轻女子，让儿子和她初试云雨，将抽象的概念变
成了现实的体验。[3]

一场完美的风暴迅速席卷了鲁道夫。"将这样一个年轻人
赚到手的诱惑是多么大啊！"他母亲的侍女担心道。[4]鲁道夫很
快发现了年轻、财富和等级所带来的特权。德国驻维也纳大使
馆的一名参赞说，"女士们争先恐后地投入皇储的怀抱"。许
多妙龄女性认为，"向年轻、优雅、有魅力的皇子投怀送抱"，
就像在尽某种"爱国义务"。[5]

鲁道夫的一个堂兄说，他"对女人很狂热"，并且找不到
任何需要自我约束的理由。[6]威尔士亲王在评价这个在 1878 年
年初访问伦敦的十九岁年轻人时说："就他的年龄而言，鲁道
夫对性事的了解令人惊讶。他懂得比我都多。"[7]鲁道夫对自己
的爱好毫不掩饰，而且也不在乎对方是否已婚；他与叔父卡
尔·路德维希大公（Archduke Karl Ludwig）的第三任妻子玛
丽亚·特蕾莎大公妃（Archduchess Maria Theresa）的风流韵
事，让夫妇二人本就欠佳的关系进一步恶化。[8]但这并不意味着

鲁道夫乐于长久维持一段关系：在利用地位将女性诱哄上床之后，他通常会失掉兴趣，很快转移到新的关系中。[9]

一位廷臣回忆说，鲁道夫认为"女性只适合在社会秩序中扮演既定的角色"，换言之，就是顺从的妻子和母亲。他的态度是嘲讽和轻蔑的。鲁道夫宣称，女性是"自我妄想的永恒受害者"，为了追求浪漫，她们愿意放弃任何原则。[10]他的认知反映了厌女症的影响。"女人太没劲了！"他曾抱怨道，"除了给我逗个乐儿或唱个曲儿外，她们能把我无聊死。说实话，她们也没别的长处了吧？"[11]

鲁道夫与情人们的关系都是肉体的，从不投入感情；他以某种探究的、公事公办般的视角来看待她们。他会把性伴侣的名字都记录下来，红色墨水表示被征服的处女，黑色墨水则用于其他对象。他创造了一套等级分明的体系来犒赏他的性伴侣，严格程度堪比宫廷的西班牙礼制。属于王室豪族的、有资格与皇室通婚的仕女，会得到一枚镌刻有他的签名和盾徽的银烟盒；能出入宫廷但不够格与皇室通婚的女贵族也会收到烟盒，但上面没有签名，仅印着鲁道夫的名字和盾徽；而对那些身份低微的女性，给她们的烟盒上连盾徽也没有，只有鲁道夫的名字和大公冠冕的图案。[12]送出一枚银烟盒，不可避免地标志着关系走向终结，往往还会伴随着温和却无从转圜的最后致意：鲁道夫曾告诉一个将贞洁献给他的姑娘，不要忘记"是我引领你探究了爱情的神秘"。[13]他那"将人从记忆中抹除的习性"也适用于猎艳的对象。"一旦送出了烟盒并在名册中登记完毕，"一个相关人士写道，"事情对他来说就结束了，因为这些女人再没什么能给他的了。他的性放纵是出于好奇，而不是满足肉体需求的冲动。当她们不再新奇的时候，他的注意力就转移了。"[14]

不过，有些人不是那么容易被打发的。1880 年，人们相信皇储与他的哈布斯堡远房堂姐、托斯卡纳大公爵斐迪南四世的女儿玛丽亚·安东尼娅（Maria Antonia）秘密成婚，女方当时已经怀有身孕。据说在她患上了肺痨这种不治之症后，皇帝废除了这桩婚姻；玛丽亚·安东尼娅于 1883 年离世，传闻称1881 年她诞下了鲁道夫的儿子。[15]同时还有传闻，在这一年与维也纳女伶约翰娜·布斯卡（Johanna Buska）的私情也使鲁道夫多了一个私生子。[16]鲁道夫显然不会为这些事态而烦恼：事实上，他的外孙温迪施-格雷茨的弗朗茨·约瑟夫亲王（Prince Franz Josef von Windisch-Grätz）曾声称，外祖父有三十多个私生子女。[17]母亲们会收到不菲的封口费，而那些孩子很快就被遗忘了。

鲁道夫甚至会把密友们的妻子当成猎艳的对象。1870 年代后期，传言说他与经常一起狩猎的朋友——科堡的菲利普亲王（下文有时简称"科堡"）的妻子路易丝亲王妃有染。[18]菲利普亲王来自德国萨克森-科堡和哥达贵族的奥地利分支，有人说他是"令人生厌、矮胖、近视、生性粗俗的家伙"。[19]他体格健壮，蓄着络腮胡子，像鲁道夫一样热衷于追求性享受，并且很可能乐于迎合鲁道夫那些贪得无厌的趣味。有位女士说，科堡在维也纳总是"惹得流言纷纷"，他有"很耐人寻味的名声"，吹嘘说自己了解"各种趣闻逸事的内情，无论是外交的还是私人的"。[20]

1875 年，三十一岁的科堡迎娶了他十七岁的远房堂妹、比利时国王利奥波德二世（King Leopold II）的长女路易丝公主。在新婚之夜，路易丝被丈夫出格的性热情吓到了，她穿着

睡袍逃出了寝宫，躲进一间温室。她的母亲玛丽·亨丽埃特王
后（Queen Marie Henriette）向女儿灌输了婚姻的义务，并将
她送回科堡的怀抱。[21]路易丝最终给丈夫生了两个孩子，并逐
渐在维也纳开拓了自己的生活圈，利用丈夫的财力将自己打造
成时尚界的弄潮儿。科堡对自己的婚外情毫不掩饰，而路易丝
也不遑多让，不过她比丈夫要谨慎得多。[22]

42

　　鲁道夫餍足于接连不断的风流韵事，因而长期以来都对结
婚这件事心存抵制。"我不是当丈夫的料，"他曾对拉图尔·
冯·特尔姆伯格说，"只要我能做主，我就不会结婚。"[23]但到
了 1880 年，弗朗茨·约瑟夫坚持要他成家，因为关于儿子的
名声，维也纳已经有太多的谈资。根据 1839 年的"哈布斯堡
家族规章"，鲁道夫必须迎娶一位与其地位同等的天主教徒，
这将新娘的人选范畴缩小到了巴伐利亚、西班牙、萨克森、葡
萄牙或比利时王室，以及被皇室看作门当户对的帝国贵胄。[24]
弗朗茨·约瑟夫首先推荐的是萨克森的玛蒂尔达公主
（Princess Mathilda of Saxony），鲁道夫拒绝了，认为她过于发
福。皇帝随后提名西班牙的欧拉利娅公主（Infanta Eulalia of
Spain），但她的相貌身材平庸，让鲁道夫没什么兴趣。[25]

　　科堡的路易丝亲王妃提供了另一种可行的方案。"我有个
长得和我很像的妹妹"，她告诉鲁道夫。[26]比利时并非正统的王
国：1831 年才建立君主制，统治者来自德国的萨克森－科堡
和哥达家族的分支，缺乏王朝的光辉。不过，这里的姻亲关系
举足轻重：利奥波德二世国王是维多利亚女王的表弟；他的妻
子玛丽·亨丽埃特王后在婚前是奥地利女大公；弗朗茨·约瑟
夫的弟弟马克西米利安已经娶了比利时的夏洛特公主，尽管她
有精神病，很难说是理想的对象。弗朗茨·约瑟夫委派驻布鲁

塞尔的奥地利公使博胡斯拉夫·霍泰克伯爵（Count Bohuslav Chotek）从中斡旋，这位伯爵的女儿就是命途悲惨的索菲，她是鲁道夫的堂弟和继承人、同样命途悲惨的弗朗茨·斐迪南大公（Archduke Franz Ferdinand）的未来妻子。[27]由于父亲一再坚持，加上大部分的可能性已经被否决了，鲁道夫勉为其难地在1880年春天动身前往比利时。

出生于1864年5月的比利时公主斯蒂芬妮像鲁道夫一样，经历了不幸的童年。利奥波德二世国王对女儿们漠不关心，对妻子轻慢以待，在宫中炫耀他的风流韵事。[28]在唯一的儿子离世后，利奥波德对女儿们公开地表示憎恶；斯蒂芬妮后来写道，父亲的"冷酷无情、偏袒无义、言而无信"，让她的年少时光黯淡而枯燥。[29]除了自己的风流韵事，利奥波德唯一关心的就是通过残酷压榨刚果自由邦（Congo Free State）来积累巨额财富。弗朗茨·约瑟夫本人曾公开表达过对他的厌恶，称他为"一个彻头彻尾的恶人"。[30]

在1880年3月初鲁道夫抵达布鲁塞尔时，斯蒂芬妮只有十五岁。她比鲁道夫略高，眼睛不大，容貌不算出众，金色的头发和白皙的肤色是她的长处。弗朗茨·约瑟夫的一个侍从说，她"总是对每个人都报以友好的微笑或善意的话语"。[31]斯蒂芬妮从小被灌输了身为公主的高贵意识，她可以同未来的丈夫一样矜贵自持，同时也拥有和他相似的魅力。她不是那种在批判性回忆录中经常出现的平庸角色：斯蒂芬妮阅读广泛，富有艺术才能，并且思维敏捷。这些都是她的优点，但像鲁道夫一样，她也是顽固多疑的。另外，她不可能赞成皇储的反教会倾向：当涉及宗教时，斯蒂芬妮是位循规蹈矩的天主教徒。[32]

利奥波德国王将斯蒂芬妮召进他的书房。"奥地利皇储是来向你求婚的，"他宣布，"你母亲和我都很赞成这桩婚事。我们希望你能成为将来的奥地利皇后和匈牙利王后。"[33]毫无心理准备的斯蒂芬妮惊呆了，接着就被推入了一个房间去见她的访客。她写道："皇储算不上英俊，但我觉得他的外表看起来很顺眼。"然而，她感觉"在他望向我的时候，眼神并不真诚柔和。他也不愿别人直视他的脸。他的嘴巴很宽，半掩在不算浓密的络腮胡子底下，令人感觉有些难以捉摸"。[34]在两人会面数天之后，鲁道夫向斯蒂芬妮履行了求婚的职责，而她也不负众望地应允了。即使鲁道夫并不完全符合她心目中白马王子的形象，斯蒂芬妮还是被他承诺的梦幻愿景所吸引。"一个诱人的新世界在我的想象中展现，"斯蒂芬妮回忆道，"一个灿烂的世界，我应当在其中肩负起崇高的使命。"[35]

44

这桩婚约险些被取消，因为玛丽·亨丽埃特王后撞见了鲁道夫和他的新晋情妇女伶安娜·皮克（Anna Pick）厮混——在追求斯蒂芬妮的同时，他竟将情妇带到布鲁塞尔来陪伴他。[36]但王国的野心最终战胜了道德的顾虑，订婚消息如期公布了。尽管是受到了父亲的强迫，鲁道夫却表现了不同寻常的乐观态度：他对拉图尔·冯·特尔姆伯格说斯蒂芬妮"漂亮、善良、聪明、非常有教养"，有"成为帝国忠实的女儿和臣民、一个好奥地利人"的潜质。[37]几天后，他宣称自己"陶醉于幸福和满足之中"，他的未婚妻是"一个真正的天使、一个善良忠诚的人，她爱我，她会成为一个聪敏的人生伴侣。今后，她将充满耐心与关爱，在我一切的艰难事业中，与我站在一起"。[38]

弗朗茨·约瑟夫松了一口气，但伊丽莎白皇后不这么认为。"比利时可出产不了好东西，"她抱怨并补充说，"夏洛特的经历还不足以说明这一点吗？"[39]她前往布鲁塞尔为婚约的缔结道贺，然而她的祝贺缺乏诚意，并丝毫不掩饰对利奥波德二世夫妇的鄙夷。皇后还嘲笑儿子的未婚妻，当众批评斯蒂芬妮的着装是"缺乏品位的最高境界"；她的轻蔑态度过于明显，以至于连鲁道夫都埋怨母亲的不友好行为。[40]伊丽莎白没有给鲁道夫任何的支持和引导，而是"辜负了他"，她的一位传记作者如是说，"在他人生的关键时刻，她令他失望了太多次"。[41]

斯蒂芬妮为未来的职责做好了准备，但时年十五岁的她尚未初潮，婚礼只得被推迟了一年。[42]利奥波德二世又节外生枝，拒绝向女儿提供多于她姐姐夏洛特在二十多年前得到的10万古尔登的嫁妆（相当于2017年的639000美元）；受到侮辱的弗朗茨·约瑟夫给了斯蒂芬妮一笔额外的款项，并同意从他自己的基金中给予她一笔年度津贴。[43]"那就是个贪财的商贾，"皇帝这样评价比利时国王，"我受不了这样的人。"[44]

1881年5月10日，鲁道夫与斯蒂芬妮在维也纳的奥古斯丁教堂成婚，交换了曾属于他们共同的先祖玛丽亚·特蕾莎女皇的戒指，礼炮的轰鸣震动着窗棂。斯蒂芬妮回忆说，利奥波德国王夫妇"喜悦得红光满面"，而伊丽莎白皇后不仅指责新娘是"笨拙的呆子"，还当众洒泪。[45]在前往拉克森堡度蜜月的途中，鲁道夫沉默寡言，斯蒂芬妮则对"与一个几乎不认识的男人独处"感到紧张。到了拉克森堡，她发觉宫室又寒冷又昏暗，没有布置鲜花，也没有任何庆祝的迹象。鲁道夫在新婚之夜占有了他的新娘。"多么痛苦的折磨！"斯蒂芬妮回忆道，"太可怕了！我完全不知道自己将要面临什么，只是作为无知的孩子被领到了圣坛前。我的幻想、我少女的梦想，破灭了。"[46]

最初的失望很快随着时间的推移消失了。甚至斯蒂芬妮后

45

来也承认，她的婚姻并非"从一开始就不愉快。它不符合少女的理想，缺乏深挚的精神联结，充其量是一段缺乏真情实感的包办婚姻。不过，尽管有许多不如意，我还是竭尽所能地去理解皇储的本性"。[47]在鲁道夫的妹妹玛丽·瓦莱丽看来，斯蒂芬妮"对丈夫的爱慕已近乎崇拜"。[48]鲁道夫在军队服役期间，这对夫妇很快在布拉格安顿下来，虽然斯蒂芬妮抱怨丈夫在军队的职责占据了他大部分的时间，但至少在最初的几年里，鲁道夫会在见不到面的日子给妻子寄去温柔而热忱的书信：他称斯蒂芬妮是"最亲爱的天使"，并在署名时自称"可可"（Coco）。[49]他在给拉图尔·冯·特尔姆伯格的信中写道："我非常爱她，她是唯一能敦促我去做许多事情的人。"[50]然而，斯蒂芬妮很快就失落地发现，鲁道夫外表的虔诚只是故作姿态。"他对上帝没有真正的敬畏，"她写道，"他缺乏使命感和责任感，因此后来当他需要面对生活的考验时，就无法依靠宗教信仰和道德约束的力量。"[51]

1883 年 9 月 2 日，斯蒂芬妮在拉克森堡分娩。所有人都希望她能生男孩；实际上，鲁道夫在写给斯蒂芬妮的信中，曾满怀期待地谈起尚未出世的儿子，并打算给孩子起名叫瓦茨拉夫（Václav）。[52]当得知自己诞下的是女孩时，斯蒂芬妮泪流满面；鲁道夫安慰了她，但他提过的那些有关"瓦茨拉夫"的事，让斯蒂芬妮确信丈夫一定很失望。[53]女婴的名字取自匈牙利的圣伊丽莎白（Saint Elisabeth of Hungary）和她的皇祖母，家人们都叫她伊莎，这是匈牙利语中"伊丽莎白"的昵称。"母女都很平安，"鲁道夫写信给一位友人说，"斯蒂芬妮还是那么光彩照人，完全不像刚生完孩子。小家伙有 7 磅重，很健康敦实，头发浓密，活力十足：她声音洪亮，喝奶喝得非常多，一点儿都不费劲。"[54]

这段短暂的田园牧歌生活终结于 1883 年 12 月，鲁道夫被弗朗茨·约瑟夫任命为维也纳第 25 步兵师的指挥官，于是夫妇二人不情愿地回到了帝国首都。这次变动，标志着鲁道夫的人生开始一路螺旋向下。在布拉格，他是王朝的唯一代表，没有谁会去挑战他的地位；而在维也纳，他的父亲凌驾于所有人之上，每天的境况都在提醒着鲁道夫，他处于从属地位，并缺乏政治影响力。[55]

皇帝没有给鲁道夫和斯蒂芬妮在维也纳安排专属的宫殿，夫妇俩只能与皇帝待在同一屋檐下，住进了霍夫堡瑞士宫侧翼的套房，这加深了他们的无力感。斯蒂芬妮觉得这些房间"阴暗沉闷、不宜居"，内饰和家具的"品位很差"。尤其令她惊惶的是这里没有室内管道系统：她得站在一个便携的橡胶浴盆里洗澡，用木桶倒水来冲洗；仆人们抬着用过的便壶经过走廊时，"碰到的人想躲都没地方躲"。斯蒂芬妮忍受不了这些传统，于是自己出资修缮了两个盥洗室。但室内没有电，也没有煤气：用来照明的是"可怕的石蜡灯，一直散发着臭气"，并且呛人，不知道什么时候就会炸碎。房间里总弥漫着厨房做饭的气味，食物本身也令人倒胃口；在斯蒂芬妮"冒大不韪"地雇用了法国厨师以后，宫廷认定她的行为是对奥地利美食的亵渎。[56]

斯蒂芬妮无力隐藏自己的幻灭感；而伊丽莎白皇后当初嫁到维也纳时一直在抱怨她的婆婆，现在又开始抱怨起自己的儿媳妇来。"她完全不屑于为斯蒂芬妮提供任何帮助或建议，"一位历史学家指出，"索菲大公妃是干涉得太多了，伊丽莎白则是完全不闻不问。她冷淡疏远的态度，让人无法与她亲近。"伊丽莎白看不起斯蒂芬妮，公然嘲笑她"心胸狭隘、肤浅偏执"。[57]宫廷诸人纷纷追随伊丽莎白，斯蒂芬妮的批评者越来越多。她"缺乏女性特质""没魅力也不性感""丑陋、专横、呆板、愚蠢""有把事情做错的完美直觉"，一位相关人士夸张地评论道。[58]人们讥讽她的衣着和外貌：她总是那么笨拙，与维也纳圆融的社会氛围格格不入；她的眼睛太小、相隔太近，她的笑容太过骄矜。[59]

政治的无力、各方的疏远、势利的批评都对鲁道夫和斯蒂芬妮的婚姻产生了影响。也许是两人在性格上和脾性上的巨大差异，让他们无力抵挡来自各方的压力。鲁道夫习惯在哲学和政治讨论中打发时间；斯蒂芬妮则追求时尚，并享受着作为未来皇后的角色。然而，嫌隙不是一开始就有的：就连斯蒂芬妮都承认，他们曾享有快乐的时刻和回忆，即使这段关系始终"缺乏深挚的精神陪伴"。她尝试以自己的方式"去适应他，对他的计划、活动和品味产生兴趣，希望能让我们的日子过得更融洽"。[60]

鲁道夫逐渐退缩到自己的世界，据拉图尔·冯·特尔姆伯格回忆，"溜须拍马的寄生虫"占据了他的生活，他沉溺于"永不停歇的享乐"中，"行为颇不端正"。[61]到了1885年，他有三分之二的时间都在与那群忠实的寻回犬和猎犬，以及一小撮亲信密友打猎，包括他的襟兄——科堡的菲利普亲王。[62]斯蒂芬妮知道鲁道夫最喜欢在某个小酒馆里消磨过夜，听周围的工人们哼唱流行情歌，于是她也参与过一次。那些"名声不佳"的地方令她感到震惊，而她的丈夫显然是其间的常客。她坐在满是烟味的房间里，持久不散的大蒜气味充斥鼻腔，男人们玩着油腻的扑克牌，女孩们则在桌子上伴着齐特琴的乐声彻夜跳舞：这可不是未来的皇帝皇后该待的地方，斯蒂芬妮对此表示极为反感。"我就是理解不了，皇储能在这种地方得到什么乐趣"，她后来写道。[63]

在皇室联姻中，忠实是稀缺品，而鲁道夫也不例外，很快就出轨了。鲁道夫不满足于惯常的猎艳，不知餍足的本性使他——还有菲利普亲王——成了维也纳最成功和最臭名昭著的鸨母"狼夫人"约翰娜（Frau Johanna Wolf）宅子的常客，她手下年轻漂亮的姑娘遍布欧洲各国的首都。[64]狼夫人总能给鲁道夫提供多情奔放的床伴。[65]1885 年，狼夫人向鲁道夫引荐了她新近招募的二十一岁的米兹·卡斯帕。尽管不算绝色美人，但凭借小麦色的皮肤和外放的魅力，米兹很快成了鲁道夫最宠爱的情妇。她傍上鲁道夫之后并未改行，仍是"这座城中名头最响、身价最高的妓女之一"，但这并不妨碍鲁道夫在黑穆尔街（Heumühlgasse）10 号给她买了一栋价值 60000 古尔登（相当于 2017 年的 383400 美元）的宅子，还赠给她大量的金钱和珠宝。[66]

在维也纳帝国八卦的温床中，鲁道夫的出轨行径不可避免地传到了斯蒂芬妮耳朵里；她的姐姐路易丝以及宫廷内的众多女士们，竞相向她复述着皇储近来的轻率举动。[67]流言蜚语像长了翅膀似的传遍了整个欧洲。维多利亚女王向她的一个孙女吐露，鲁道夫"活得非常荒唐"，而"可怜的斯蒂芬妮……很不开心"，她的遭遇让她不可能对丈夫"有任何的尊重或爱意"。[68]一天夜里，在从剧院回霍夫堡的路上，斯蒂芬妮发现鲁道夫的马车正等在一位伯爵夫人的宅邸门外，当时这两人正打得火热。皇储妃当即从自己的马车里下来，坐进了她丈夫的车，并命令车夫将她送回宫；那辆被当街弃置的座驾，成了她

49

对鲁道夫无声但昭然的谴责。没过多久，人们就开始对这件事嚼起了舌根；弗朗茨·约瑟夫勃然大怒，但不是对他的儿子，而是对儿媳——他在愤怒中召见了斯蒂芬妮，责备她让皇室当众蒙羞。[69]

斯蒂芬妮在宫中备受嘲讽。遭受冷遇、无法得到丈夫关怀和喜爱的妻子，成了众人鄙夷的对象。"我没法同情她，"玛丽·瓦莱丽女大公在日记中写道，"鲁道夫怎么可能爱这样一个冷酷而傲慢的女人？"[70]伊丽莎白皇后看不到儿子行为的失当，反而嘲笑不得她欢心的儿媳妇是"乡巴佬"，斯蒂芬妮的"长假发辫"、"善妒"和"不可理喻"都成了她抨击的目标，她还表示自己"根本不想看到这个人"。[71]这一尴尬的境地对斯蒂芬妮而言并不陌生：她父亲利奥波德二世曾用无数的情妇来羞辱她的母亲，而她自己的丈夫现在也是如此迫害和侮辱她，使她沦为全维也纳的笑柄。

在宫里得不到同情的斯蒂芬妮只得向一位耶稣会圣职人员求助。她确信，如果神父能与鲁道夫谈谈皇储的职责，她的丈夫就会放弃浮浪的生活方式；她甚至请神父去说服鲁道夫再度与她同房，这样她就能给他生一个儿子——可想而知她在说出这席话时有多么尴尬。那个可怜的神父不负使命地面见皇储并提出了斯蒂芬妮的请求，但这种不合时宜的干涉惹恼了鲁道夫。[72]他指责斯蒂芬妮派人监视他，并从家里搬出，住回他在霍夫堡宫的单身套房。他将套房打造成富有异国情调的土耳其沙龙，在此度日。这里的地上铺着虎皮，天花板做成帐篷状，雕饰华丽的桌子上摆着水烟袋。[73]他还禁止斯蒂芬妮踏入他的领地：如果她胆敢违背，鲁道夫就会对她高声喧嚷，直到她受辱逃离。[74]鲁道夫规定，斯蒂芬妮的私人信件寄出之前必须经他过目；当他不在场时，她除了侍女之外谁都不能见。[75]夫妇俩的见面越来越多地演变为大声争吵，据说他们还经常把瓷器和玻璃花瓶摔碎一地，留给仆人去默默清理干净。[76]

不久，在 1886 年 2 月初，鲁道夫突发急病。皇帝后来命人销毁了儿子的医疗档案，并对帝国药剂师的许多页处方进行了删除或篡改。[77]不过，依然有确凿的线索可以还原当时的情况。公众得知的说法是鲁道夫患有严重的风湿病和膀胱感染。[78]事实上，根据皇家医师弗朗茨·奥钦泰勒 2 月 16 日的诊断，鲁道夫得了性病。[79]

后来有消息称鲁道夫染上了梅毒。[80]他的尸检报告已经无从查考，但是一份摘要被泄露给当时的媒体，暗示他的大脑有某种不知名的异常病症。[81]1921 年，担任弗朗茨·约瑟夫副官的阿尔贝特·冯·马尔古蒂男爵说，有一名验尸医生发现鲁道夫脑部患有"麻痹性痴呆"，这是由梅毒感染引起的。马尔古蒂声称，消息得到了宫廷医生约瑟夫·克泽尔（Josef Kerzl）的确认，而后者却说，他是从主持尸检的宫廷医生赫尔曼·维德霍斐尔那里得来的消息。[82]此外，从 1886 年起，鲁道夫偶尔会接受氯化汞处方的治疗，这在当时是对付梅毒的唯一方法。[83]然而，梅毒的诊断不太符合时间线："麻痹性痴呆"是描述晚期梅毒即三期梅毒常见症状的医学用语，但哪怕是在未经治疗的情况下，从最初的感染到大脑的破坏，也需要经过好几年的时间。

再看看鲁道夫接受治疗的另一个处方，事情大概就说得通了。起初，奥钦泰勒医生用硫酸锌和吗啡来给鲁道夫镇痛；然后在 2 月 16 日，处方里加入了柯拜巴脂。这种药物对梅毒没有疗效，却是一种最常见的治疗极恶性淋病菌株的方法。[84]典型的淋病症状包括排尿疼痛、膀胱感染、尿液浑浊，还有阴茎及阴囊上的病变。关节疼痛和眼睛发炎的症状也很常见，而鲁道夫已经开始遭受这些症状的折磨。[85]

考虑到鲁道夫与包括狼夫人的妓女在内的众多可疑女性的性接触，他感染淋病并不奇怪。这在奥地利军中很多见：有资料估计，皇帝麾下 10% 到 20% 的士兵都患有性病。[86]鲁道夫患上这种疾病，对其本就脆弱的神经而言，不啻沉重的负担。淋病可以治疗，但无法痊愈：痛苦的症状会不定时地复发，并且毫无预兆。它不仅意味着耻辱，甚至还可能致命——因为许多患有性病的人宁愿自杀，也不想承受道德的损毁和未知的恐惧。[87]

更糟的是，鲁道夫把病传染给了妻子。[88]斯蒂芬妮在亚得里亚海的小岛洛克鲁姆岛（Lacroma）上突然发病，感到"难以忍受的痛苦"。[89]"我对我的症状并没多想"，她后来说，起初还以为是比较严重的腹膜炎。"上头有命令，一切都不得声张，医生们也宣誓保密。"两位妇科医生来给她做检查：斯蒂芬妮这才知道，"是皇储把病传染给了我"。[90]淋病导致的盆腔炎症摧毁了她的输卵管——她再也无法生育了。[91]

惊骇震怒使斯蒂芬妮对鲁道夫所剩无几的感情彻底化为齑粉，她的丈夫让她感染了无法治愈的痛楚疾病，并剥夺了她的生育能力。曾经她对丈夫的风流韵事忍气吞声，但如今他放荡的行径毁掉了她在宫中存在的理由：为哈布斯堡皇位诞育男性继承人。确诊淋病意味着今后她将无依无靠，她的处境变得更加糟糕。[92]

从 1886 年开始，鲁道夫依赖剂量不断增加的、危险的混合药物（包括吗啡、鸦片和可卡因）来缓解痛苦的症状——

那些处方都是由宫廷医生开具的。[93]这一事件至今仍会引起奥地利的不安，有学者称宫廷药剂档案中的处方并不足以导致药物成瘾，而药方记录是公认经过篡改了的。[94]鲁道夫能以镇痛为由，轻易说服医生为他开药；他还有一大票损友，可以毫不费力地给他搞来各类药品。除了日益增加的药物，鲁道夫还摄入了不少干邑和香槟，这使他的精神更加恍惚。[95]

没过多久，这种生活方式的恶果就显现出来。到了1886年夏天，鲁道夫变得无精打采、精神萎靡，眼底带着暗沉的黑眼圈。斯蒂芬妮写道："他越来越神经紧张、脾气暴躁，最终彻底精神崩溃。"他常夜不归宿，一旦回到家，又总是"处于最难以相处的状态"。[96]鲁道夫的舅父——巴伐利亚的卡尔·特奥多林公爵（Duke Karl Theodorin in Bavaria）在当年7月曾描述，皇储似乎成了一个"狞恶的人"。[97]

鲁道夫对他的浪荡行径造成的恶果毫不在意：尽管明白自己的婚姻关系十分紧张，他却依然给斯蒂芬妮寄去亲昵甚至充满情欲的信件，暗示他渴望和解，还询问她的月经期。[98]"我想我们可以共度温存的一晚，"他曾写信告诉妻子自己的归期，并补充道，"能再次相拥入眠，该有多好啊。"[99]但斯蒂芬妮对他的信任早就不复存在。"我很清楚，"她回忆道，"皇储已经彻底与我分道扬镳，坠入了一个不同的世界。"斯蒂芬妮称，婚姻生活"变得令人无法忍受"，她结交情人，以作为对皇储的报复。[100]1887年夏天，斯蒂芬妮初识了三十八岁的鳏夫阿图尔·波托茨基伯爵（Count Artur Potocki），他英俊潇洒，斯蒂芬妮很快就和他产生了暧昧关系。然而与丈夫不同的是，斯蒂芬妮行事谨慎：她让姐姐路易丝当中间人，来安排她与"哈姆雷特"——这是她对波托茨基的代称——的会面。[101]显

53

然，鲁道夫自顾不暇，没能察觉出妻子的出轨，而斯蒂芬妮对这段名存实亡的联姻早已不抱期望。

人们开始注意到皇储紧张的精神状态，以及他在履行公务时漫不经心的态度。[102]鲁道夫一消失就是数小时。为了甩开父亲派来追踪他行迹的探子，他会从霍夫堡单身套房的窗户爬出去，沿屋顶露台疾行，然后顺着一道狭窄的台阶下到老奥古斯汀堡垒（old Augustiner Bastion）的一扇小铁门处。到了那里，他会钻进一辆不起眼的马车，车夫约瑟夫·布拉特菲施是他在出逃行动中的盟友。布拉特菲施出生于 1847 年，在维也纳一家出租马车行当车夫，因为身材矮胖，人称"小饺子"。他还是位略有名气的歌手，擅长演唱鲁道夫热衷的伤感歌曲。[103]

布拉特菲施尽职尽责，将鲁道夫送往维也纳最醒龊的夜生活场所，皇储在那些地方饮酒作乐，并与妓女公开交欢。[104]但强效的药物与酒精混合，给他的身体造成了令人难以启齿的机能损害。如今，这个以性征服为荣的男人常常不举；根据米兹·卡斯帕的说法，他只有喝醉了才能勃起。[105]这对人生中已经充满了失败感和挫折感的鲁道夫而言，无疑是雪上加霜。

1887 年 3 月 3 日，鲁道夫起草了他的第二份遗嘱。十年前，他在第一份遗嘱中曾对政治压迫的危险予以警示，也流露出享受生活乐趣的态度，他的结尾是"最后，向维也纳所有美丽的女士告别，我曾深深地爱过她们"。[106]鲁道夫的第二份遗嘱并没有什么私人的想法，只是说明了该如何分配他的遗产。他意识到自己的婚姻已经完了，因此明显地冷落了妻子，要求父亲来担任自己独生女的法定监护人。[107]

第四章

1887年春天，维也纳，一个妙龄少女在自己的卧房里翩
然忙碌着，兴奋地为一场伦敦旅行做着准备。她"美貌惊
人"，有着"浓密的深色秀发"、深色的眸子和引以为傲的
"柔软苗条的身段"，举手投足间带着矫揉的、猫咪似的优
雅。[1]女仆来回穿梭，把丝袜、缎面鞋和来自维也纳施皮策
（Maison Spitzer）高定时装的精致礼服铺在床上，悬挂于床头
的圣母像俯瞰着这一景象。阳光透过悬着的珠帘缝隙洒进来，
屋里人正紧张、焦急地褪下腕上的手镯。梳妆台上摆满了水晶
香水瓶、成套的妆奁和带天鹅绒内衬的珠宝盒——塑造美丽、
无瑕而耀眼的外在形象所需的一切装备，应有尽有。[2]维多利亚
女王将在几周后举行登基五十周年的金禧庆典；虽然这个维也
纳的少女作为低阶贵族，并无资格出席真正的皇室场合，但她
期待着参加在伦敦的贵族宅邸举行的舞会，还有奥匈帝国大使
馆的盛大晚宴和招待会。年仅十六岁的男爵小姐玛丽·冯·维
茨拉已然下定决心，要在此次伦敦之行中大出风头、有所
斩获。

此时，同在维也纳的皇储妃斯蒂芬妮则十分恼火。她原本
也计划去伦敦参加维多利亚女王的金禧庆典，与丈夫一道代表
弗朗茨·约瑟夫出席各项仪式。斯蒂芬妮没有见过玛丽·冯·
维茨拉，但在过去几周她已经从姐姐路易丝亲王妃、鲁道夫的

前导师拉图尔·冯·特尔姆伯格以及哈布斯堡的皇室亲戚们那里听到了许多传言。根据这些消息，玛丽几个月前在维也纳的一次舞会上遇见了皇储。皇位继承人无法抵御女色的诱惑是出了名的，而这位卖弄风情的年轻小姐对他明目张胆的挑逗，使人们很快纷传她对鲁道夫别有用心。[3]

不久后的 5 月初，斯蒂芬妮听说年轻的男爵小姐即将启程前往伦敦。表面上看，玛丽·冯·维茨拉是去探望她的两位姨母：一个是纽金特男爵夫人伊丽莎白；另一个是与第二任丈夫奥托·冯·斯托考伯爵一起生活在伦敦的伯爵夫人玛丽。但传闻认定她的真实动机是希望与鲁道夫重续前缘，趁着皇储在英格兰的机会当上他的情妇。"我没法容忍这些，"斯蒂芬妮向卡塔琳娜·施拉特坦承，"我不会去伦敦的。到时候肯定有一连串的羞辱等着我呢！"[4]

斯蒂芬妮拒绝参加庆典，让弗朗茨·约瑟夫大为震惊；他恳请儿媳改变主意，但无济于事。这堪称"最令人不快的丑闻"，鲁道夫十分恼火，据说连维多利亚女王都对这一失礼感到生气。[5]鲁道夫独自前往伦敦，参加了王室仪仗游行和威斯敏斯特教堂的感恩赞（Te Deum），并出席了白金汉宫的国宴，以此向欧洲大陆在位时间最长的君主表示敬意；不过，大部分时间他都与英国王储威尔士亲王艾伯特·爱德华待在一起，他们在性癖和消遣方面趣味相投，结伴流连于奢华时髦的俱乐部，彻夜玩乐。[6]

一天下午，鲁道夫随威尔士亲王前往温莎城堡，维多利亚女王为她尊贵的访客授予了嘉德勋章。鲁道夫写道，女王"非常友好"，在别勋章的时候"抚弄了我的外套，痒得我险些笑出声来"。[7]如果说鲁道夫在温莎城堡的经历很愉快，那么

在其他地方，他就不那么合群了。奥匈帝国驻伦敦大使馆的秘 57
书卡尔·金斯基伯爵（Count Karl Kinsky）注意到，鲁道夫在
官方活动中紧张不安，这显而易见。"毫无疑问，"他写道，
"我之前就发觉了这一点，而他这次的紧张一目了然。"[8]一位
美国外交官的妻子早先见过鲁道夫，她觉得，他现在"跟以
往不同了，看起来老气横秋、没有朝气，明显对官方安排的
娱乐活动感到厌烦，因而他总是设法尽快从晚宴和招待会上
脱身"。[9]

　　或许他有充分的理由感到不安。参加奥匈帝国大使馆的晚
宴和招待会意味着要会见嘉宾——而在这些场合，嘉宾也包括
玛丽·冯·维茨拉和她那位对于社交野心勃勃的母亲海伦妮。
母女俩身为到访伦敦的奥地利贵族，知道自己不曾涉及什么重
大丑闻，没有理由被拒绝，于是极力争取各项活动的入场券。
但这并不意味着维茨拉家族有多洁身自好：海伦妮的名声很
差，大使的妻子拉约什·卡罗伊伯爵夫人（Countess Lajos
Károly）直言不讳地表示，不得不招待"这样的人"令她感到
厌恶。[10]鲁道夫对玛丽没什么印象，再次见到她也不会给他造
成困扰。但是，他曾经与玛丽的母亲有过私情：一段见不得光
的历史纠葛最容易让危险的流言蜚语急速发酵，而整个维也纳
社会都对这种致命的含沙射影汲汲以求。

　　八年前，二十岁的鲁道夫与父母在匈牙利的格德勒消暑。
周围的土地上遍布贵族的乡村庄园，其中包含很多皇后骑术圈
子的活跃成员和潜在人选。后者往往身家丰厚、野心勃勃，时
刻寻觅着进阶之机，神秘而富有异国情调的巴尔塔齐兄弟就在
其列。他们都为骏马而疯狂。最年长的亚历山大拥有一处远近
闻名的马厩，驯养的良驹中有赢得 1876 年德比（Derby）的基

什贝尔（Kisbér）；老二赫克托不仅会以大手笔投注赛马，本人也是小有成就的骑手；老三阿里斯蒂德是维也纳精英赛马俱乐部的一名官员，在纳帕耶德拉（Napajedla）的摩拉维亚（Moravia）马场饲养着优良的纯种马；就连被称为"帝国最优雅的绅士"的老四海因里希也对马极为狂热，他在帕尔杜比采（Pardubice）附近专门修建了障碍赛马道，供家族的珍贵种马和母马驰骋。[11]

58　　巴尔塔齐家族魅力四射，出手大方，成了马术圈子里备受欢迎的成员：在英格兰，他们打入了威尔士亲王的圈子；有据可查的是，1874 年，在莱斯特郡（Leicestershire）的贝尔沃城堡（Belvoir Castle）狩猎时，巴尔塔齐兄弟第一次得到了伊丽莎白皇后的接见。[12]亚历山大·巴尔塔齐很有手腕地与皇后的马术密友贝·米德尔顿成了朋友，从而获取了来自皇室的关注。[13]他和弟弟们在匈牙利采取了同样的迂回策略，逐渐融入了尼古劳斯·埃斯特哈齐亲王（Prince Nikolaus Esterházy）的圈子，而亲王的庄园恰巧与格德勒毗邻。对马匹的相同爱好再次让伊丽莎白皇后注意到了他们，而皇后的侍女玛丽·费斯特蒂奇对此极为厌恶。"必须非常警惕"，费斯特蒂奇在她的日记里写道，巴尔塔齐家的人"都很机灵……聪明、富有，长着同样迷人的眼睛；没有人确切了解这些人的根底，他们很富有，但极力钻营，这让我感到不舒服。那几兄弟都热衷于运动，骑术杰出并且到处表现；他们对于我们来说很是危险，因为他们是典型的英格兰人，也因为他们的那些马！"[14]

　　玛丽·费斯特蒂奇对巴尔塔齐家族的怨怼，也有她个人的因素。1879 年夏天，阿里斯蒂德和赫克托再次与埃斯特哈齐一同消暑，还带着他们的姐姐、三十二岁的男爵夫人海伦妮·

冯·维茨拉。如同她风度翩翩的兄弟们，海伦妮也是神秘而富有异国情调的；但作为已婚女子，她的名声堪忧：她不仅爬上了保罗·埃斯特哈齐亲王（Prince Paul Esterházy）的床，还与玛丽·费斯特蒂奇的兄弟维尔莫什（Vilmos）有染——至少谣言是这样说的。[15]现在，得知鲁道夫就住在格德勒，她便将目光投向了新的战利品，在附近租了一栋别墅住下，并开始公开追求皇储。

费斯特蒂奇伯爵夫人在日记中写道："维茨拉夫人正对皇储展开热烈追求。这本来没什么要紧的，老天在上，她的相貌并不美；但她太狡猾了，善于利用每一个人……她执意进入宫廷，以提升自己和家族的地位。"就连对儿女私情向来不甚关心的皇帝也很反感她，抱怨道："这女人追求鲁道夫的样子真是太离谱了……鲁道夫走到哪，她就跟到哪。今天她甚至向他赠送了信物，真是不择手段啊。"[16]

从不拒绝异性献殷勤的鲁道夫，对男爵夫人的把戏自然是顺水推舟。一天晚上，他让费斯特蒂奇伯爵夫人邀请海伦妮来格德勒。费斯特蒂奇表达了她的震惊。"哦不，尊贵的殿下！"她断然说道，"我不允许。她可以在其他地方与殿下您幽会，但绝不能在我的起居室里。我没兴趣与她社交。迄今为止，我始终同她保持距离，并且打算继续这么做。"[17]男爵夫人矢志不移的追求显然成功了，鲁道夫欣然拜倒在她的石榴裙下，但这一胜利是短暂的。[18]起初，伊丽莎白皇后还持着比较善意的态度，理由是她觉得儿子对海伦妮"有喜爱之情，他俩很合得来"。[19]但男爵夫人轻率的举止和外露的野心很快招致了皇后的愤怒，这段关系不久就被掐灭了。

这段夭折的攀龙附凤故事究竟缘起何处？追溯起来，海伦

59

妮从 1847 年降生人世起，就注定要沐浴在野心的熏陶之中。来自黎凡特的巴尔塔齐家族几个世纪以来作为商人和银行家而活跃；同哈布斯堡王朝一样，他们通过恰到好处的联姻拓展着家族的影响力、积攒着财富。海伦妮的父亲特奥多尔·巴尔塔齐（Theodor Baltazzi）是苏丹阿卜杜勒·阿齐兹一世（Abdul Aziz Ⅰ）的私人银行家，母亲伊丽莎·沙瑞尔（Eliza Sarrell）则是英国驻君士坦丁堡副领事的女儿；伊丽莎是特奥多尔的第二任妻子，两人育有十个子女。尽管出生在马赛，海伦妮大部分的少女时光却是在奥斯曼帝国的首都度过的，她在那里是备受欢迎的人物。海伦妮的外表的确算不上特别出众：她有深色的眼眸和满头的乌发，但尖锐的五官和微驼的肩膀妨碍了她跻身真正的美人之列。[20] 毋宁说，她的最大资本是父亲的巨额财富：特奥多尔·巴尔塔齐给他的子女们留下了约 1000 万古尔登（相当于 2017 年的 6400 万美元）的遗产，海伦妮因而成了君士坦丁堡最富有的年轻姑娘。[21] 1864 年，在她母亲去世一年后，海伦妮嫁给了比自己年长二十二岁的法定监护人奥尔宾·冯·维茨拉，双方都对这桩婚姻的效益怀揣希冀。由于海伦妮是英国国教徒，婚礼在英国大使馆的小教堂举行。[22] 瘦削秃顶的维茨拉是奥地利大使馆派驻奥斯曼宫廷的秘书；弗朗茨·约瑟夫不仅任命他的父亲格奥尔格担任在匈牙利的帝国和皇家上诉法院的副总管，还让他在外交使团中一路升迁。对海伦妮这样充满野心的女性来说，皇室的关注意味着大好的前途，而维茨拉无疑相信女方的财富能在将来为己所用。[23]

维茨拉的外交生涯让他辗转于多个国家：1868 年在圣彼得堡任参赞，然后是临时代办；1869 年在里斯本任特派公使；1870 年在达姆施塔特（Darmstadt）的黑森大公国（grand duke of Hesse）任奥匈帝国公使。[24]然而，维茨拉并没有运用他看似最有力的资本：妻子的社交野心和家族财富，这本该为他外交官的声誉和地位锦上添花。令人费解的是，海伦妮竟从未陪同她的丈夫赴任，甚至很少去探望他。这种看似奇怪的疏漏安排，实则是明智的：一位外交官的妻子必须谨言慎行，而海伦妮有婚外情的不雅名声，这招致的风言风语将损害丈夫的职业生涯。维茨拉杜绝了任内丑闻的发生，并因为对哈布斯堡王朝的忠诚服务而获得了回报。1867 年，弗朗茨·约瑟夫授予他帝国的利奥波德勋章（Imperial Order of Leopold），并擢升他为世袭骑士；三年后，即 1870 年 1 月 30 日，他又被授予世袭男爵头衔，尊称"冯"被附在维茨拉的姓氏上。[25]这称得上光耀门楣，但在社会等级上并无实质进阶。"男爵的头衔，"沃尔布加·佩吉特写道，"在贵族圈子里几乎不为人知；它专门用来颁发给高等金融家，有很浓的犹太色彩。"[26]

在投身外交生涯期间，维茨拉也保障妻子能享受优渥的生活环境。他在维也纳的舒特尔街（Schüttelstrasse）二号购入了一栋大宅，安置海伦妮和一双儿女：1865 年出生的拉迪斯劳斯和 1868 年出生的乔安娜（昵称"汉娜"）。1872 年，夫妻俩又迎来了第二个儿子弗朗茨（昵称"费里"）；但舒特尔街维茨拉府邸最有名的孩子是在 1871 年 3 月 19 日降生的。出生八天后，这名女婴在圣约翰内波穆克教堂（Church of Saint John Nepomuk）受洗，并得名玛丽·亚历山德里娜。[27]当时的维也纳同欧洲大陆的大多数地方一样，着迷于一切英式的东西：香氛、肥皂和糖果等舶来品风靡一时；男人们热衷于户外运动，穿着英式粗花呢狩猎；得体的英国保姆是照顾孩子的首选。在这种社会风气下成长起来的玛丽·亚历山德里娜没有什么突出

61

的个性，但颇为擅长追逐流行时尚。

维多利亚时代的社会习俗和对年轻女孩的期望决定了她们所受的教育是有限的。即使是玛丽这样的帝国低阶贵族，也永远不需要掌握谋生技能：对她的培养目标，是塑造一位得体、适嫁的年轻淑女。她不需拥有独立的思想和成熟的心智：最好是娴静端庄、精通社交礼节，而不是咄咄逼人、自命不凡，这样才能吸引理想的夫婿。玛丽的学习偏重于阅读、写作、历史、算术和宗教课程；托比亚斯（Tobias）姐妹教导她音乐，姐姐加布里埃莱（Gabriele）教她唱歌，妹妹赫米内（Hermine）则教她弹钢琴。玛丽的母亲教她英语，来自巴黎的加布里埃尔·迪布雷（Gabriel Dubray）教她法语。[28]迪布雷后来回忆说，年轻的玛丽有"一颗金子般的心"，并富有"慷慨精神"，曾经把自己刚收到的糖果转赠给她。[29]

看起来，奥尔宾·冯·维茨拉在玛丽的人生中没有发挥太多的作用。在 1872 年卸任外交职务后，他的健康每况愈下；由于肺部虚弱，他开始在远离家人的埃及度过冬天。[30]1880 年，弗朗茨·约瑟夫任命他为开罗公共债务委员会（Public Debt Commission）的奥地利特派员并常驻埃及，海伦妮则留在维也纳。不过，为了安抚在社交上野心勃勃的妻子，奥尔宾为家人提供了一处新住所：他在塞勒希安街（Salesianergasse）租了一栋华丽的巴洛克式小宫殿，位于维也纳优雅的第三区（Third District），这里是许多外国大使馆的所在地。[31]

62　　无后顾之忧的海伦妮，开始施展她的征服手腕。作为低阶贵族，维茨拉家族游离于维也纳精英社会的边缘，最显赫的圈子对他们的态度是既不排斥也不接纳。巴尔塔齐的金钱再多，也买不来身份高贵的祖先：唯有传承了所谓"十六枚徽章"——八代不间断的父系和母系贵族祖先——的家族，才有资格出入宫廷。"上层社会的唯一通行证是血统，"一位外交官写道，"出身不高的维也纳人，想跨越阶层比登月还难。"[32]

海伦妮·冯·维茨拉没法融入精英的名利场，但她在更具包容性的新派次级社交圈子闯出了名声。这一新兴团体吸收了公职人员、低阶朝臣、小贵族和富有的实业家，其中许多是犹太人。[33]他们挥金如土，租住在环城大道两旁的宫殿，在里面布满精美的画作和雕塑，穿戴和炫耀巴黎时装，举办奢华的晚宴和舞会。[34]在大多数的维也纳正统贵族眼里，这些终日汲汲营营的人都动机不纯。老派贵族将"时髦人士"视为贪婪且心机深沉的社交攀附者，一听到他们的名字就会"嫌恶不快地别过脸去"。[35]

借助巴尔塔齐的财富，海伦妮·冯·维茨拉在这个地位略显尴尬的圈子里站稳了脚跟。"所有时髦的维也纳人，"一位贵族写道，"都是维茨拉豪宅的宾客。即使女士们总爱讲女主人的坏话，她们还是很享受她的晚宴，因为维茨拉夫人思虑周全、手腕圆滑，总能安排她的客人如愿见到她们想见的人。她的名声并不是通常意义上的好，但是……对一位大笔花钱来娱乐别人的女士而言，这是可以被原谅的。"[36]

海伦妮·冯·维茨拉穿着昂贵的礼服，雇用法国厨师，并且极为热情好客，很快就跻身维也纳最有趣的社交名媛之列，尽管这一名声仍存在些许疑点。《维也纳沙龙报》（*Wiener Salonblatt*）说，她的派对让上流社会"非常感兴趣"。[37]一些比较具备冒险精神的贵族欣然踏入海伦妮·冯·维茨拉的门槛，来自德国和英国的大使甚至向她发出了回请，但维也纳的老派

63

贵族依然极少邀请她登门。[38]

也有少数贵族向她敞开大门，不过，他们所期待的娱乐活动都会对海伦妮的名誉造成不可挽回的损害。根据传闻，她与为数不少的情人打得火热，其中至少有一位是哈布斯堡的大公。[39]人们窃窃私语地说，她的婚外情对象要么是鲁道夫性格乖张的堂弟奥托大公，要么是年轻的欧根大公；据说那段私情结束于 1886 年 1 月，她生下了一个女婴伊洛娜（Ilona），孩子很快就被送出了维茨拉家，被托付给一对谨慎的夫妇，后者得到了一定金额的经济补贴。[40]

在 1881 年年底，因为一场意想不到的悲剧，奥尔宾回到了维也纳。来自维也纳鲁道夫·弗里斯军事学院（Rudolf Friess Military Academy）的五名军事学员，包括十六岁的拉迪斯劳斯·冯·维茨拉，获得了 12 月 8 日环形歌剧院奥芬巴赫（Offenbach）《霍夫曼的故事》（*The Tales of Hoffmann*）的赠票，这是对他们模范服役的奖励。当晚的演出中，舞台的煤气灯发生爆炸，致命的火焰席卷了拥挤的观众席。出口拥塞导致人们无法逃生，有人从窗户跳出，也有人被踩踏倒地。拉迪斯劳斯·冯·维茨拉是 386 名在迅猛的火势中被活活烧死的罹难者之一；海伦妮在看到长子残缺的袖扣之后，才辨认出了他的遗体。[41]

玛丽在兄长意外离世时只有十岁，不过她似乎借助年轻的活力很快走出了阴影。为了躲开那些令人心碎的回忆，维茨拉家族长租下了施瓦佐城堡（Schloss Schwarzau），那是一座位于维也纳郊外山区的 17 世纪巴洛克式别墅。玛丽每年都会来到这里消夏；具有讽刺意味的是，1911 年，奥地利的最后一任皇帝卡尔，就是在此处迎娶了他的新娘齐塔。[42]1882 年秋天，返回维也纳的玛丽进入圣心院女子学堂（Sacre Coeur Institute for Young Ladies），在这所修道院学校接受中等教育。[43] 除了学问之外，修女们还提供艺术和舞蹈方面的指导，并传授女红和礼仪——总之，就是培养贵族少女作为未来的妻子和母亲所必需的一切技能。[44]

成长为妙龄少女的玛丽，身材适中、举止优雅，对自身的魅力深信不疑。凯瑟琳·拉齐维乌亲王妃对她的描述是"美貌绝伦"，"长着一双勾魂摄魄的美目，令人见之忘俗"。[45] 玛丽的眼眸是深色的，一如她那浓密的秀发——为了突出脖颈和肩膀的线条，她总是将头发高高盘起。维多利亚时代的人物摄影庄严、拘谨、正式，很少能捕捉到即使是公认的美丽特征；留存下的照片显示，时人倾向于夸大玛丽的身体特征。一家报纸称："男爵小姐算不上传统的古典美女。"[46] 她的鼻子太小、太翘了，并不是非常吸引人；她的嘴唇太饱满、太红润了，牙齿太尖了。[47] 她的眼睛确实是最出色的，但脸盘椭圆，脖子也太厚实。英国大使夫人说她"有点矮胖，肩膀一高一低"。[48] 而且玛丽发育得很快，有些太快了：她的胸脯过分丰满，也许在异性眼中是有魅力的，却让她的身材显得不太匀称。[49]

诺拉·富格尔公主（Princess Nora Fugger）回忆说，海伦妮·冯·维茨拉"非常疼爱玛丽"，并且在子女中最偏爱她。[50] 这引发了不少家庭纠纷：一位友人说，玛丽总是与姐姐汉娜"拌嘴"，因为性格沉稳的汉娜看不惯那些卖弄风情的行为。[51] 当时的社会上有许多野心昭著的"虎妈"，她们都像美国镀金时代的女家长阿尔瓦·范德比尔特（Alva Vanderbilt）一样，为了提升家族的财力和地位，冷酷地为女儿缔结功利的婚姻，不论当事人是否情愿。故而，海伦妮对玛丽倾注的关心很难说是源自母爱：她的"唯一野心"，据富格尔公主所言，"就是要让最小的女儿嫁入维也纳豪门。为了达到目的，她不惜使用一切手段"。[52] 海伦妮向女儿无情地灌输了这种观念，让玛丽从小就懂得只有飞上枝头才能提升家族的社会地位。"妈妈并不爱我！"玛丽曾向友人抱怨道，"从我还是个小女孩起，她就把我当成筹码，准备在最有价值的时候抛出去。"[53]

玛丽生性机敏，带着点狡黠淘气的幽默感，加上轻柔优美的嗓音，无疑赋予了她一定的诱惑力，这种魅力使她经常成为人们目光的焦点，这正是她乐于见到的。[54] 但多年来享受的宠溺娇惯，冲昏了玛丽的头脑：一位友人认为她是个"被宠坏的孩子"，有着"冲动的东方脾气"和"起伏不定、急躁不安"的性格，时常会大发雷霆。[55] 沃尔布加·佩吉特说她"傻气""自负"，一位廷臣则记得玛丽"极为情绪化、充满野心"。[56] 尽管会弹钢琴，会用法语作诗，但玛丽"实际上对学识才艺没有丝毫兴趣"。[57] 流于肤浅很难说是玛丽的错：寄予她的教育和期望决定了追求深刻是不合时宜的。除了昂贵的服装之外，玛丽唯一的热情就是秘密地阅读她的使女阿格内斯·亚霍达私下带给她的"伤风败俗且措辞下流的法国小说"，她曾经向加布里埃尔·迪布雷承认，那是"唯一让她感兴趣的读物"。[58]

这样一位不同凡响的妙龄女郎，在维多利亚女王的金禧庆典前不久抵达了伦敦；她的存在令斯蒂芬妮备感不安，皇储妃宁愿外交失仪、触怒皇室，也不想目睹男爵小姐追求自己的丈夫。玛丽的这次伦敦之行显然没有取得什么成果，尽管毋庸置疑，她在奥匈帝国大使馆举行的几场招待宴会中与鲁道夫攀谈上了。庆典当日，玛丽与父母和姐弟一起挤在阳台上，花了七个小时观看盛大的皇家游行队伍进入和离开威斯敏斯特教堂。[59] 接着她们一行人游览了巴黎，住在旺多姆广场（Place Vendôme）的莱茵酒店（Hotel du Rhi）。"你们国家首都的热浪简直要让我窒息而死了！"玛丽写信给在维也纳的加布里埃尔·迪布雷说。她参观了卢浮宫，沿香榭丽舍大道购物，还乘马车在时髦人物扎堆的布洛涅森林公园（Bois de Boulogne）游逛，尽管她抱怨只看到了"一样打扮的人，戴着一样的大帽子"。[60]

66

那年秋天，玛丽姐弟三人与母亲在施瓦佐城堡收到了开罗发来的一封紧急电报：10月28日，奥尔宾·冯·维茨拉突发中风。海伦妮立即带着儿女们动身前往埃及，但这段旅程耗时长达两周。他们于11月15日抵达开罗，才知道奥尔宾已经在一天前去世了。海伦妮没有把丈夫的遗体运回维也纳，而是将他葬在了开罗的一处天主教墓地。[61]

为了处理维茨拉家的产业，海伦妮和孩子们在开罗逗留了三个月，这段日子也见证了玛丽的惊人转变：从天真单纯的学生到性情轻佻的小姐。她没花太多时间去哀悼父亲：一位英国外交官回忆，他经常看到玛丽喜笑颜开地在谢泼德酒店（Shepheard's Hotel）的球场上打网球。[62] 当略有闲暇的时候，她又纵情投身于一连串的风流韵事之中，成为八卦传言的对象。玛丽发觉了自己对异性的影响力，在举手投足之间流露出"挑逗、肉欲的魅惑"。[63] 她很快把修道院学校的教育抛到脑后，以勾人的目光、扭动的腰肢和浑身散发的"性感火热气息"为傲。[64]

一位友人说，玛丽"本能地擅长卖弄风情……有背德的倾向"，是"天生的尤物"，而这些特质在开罗炽热的阳光下绽放了。[65]她衣着性感、言语轻佻，曾拜访过她的凯瑟琳·拉齐维乌亲王妃回忆说，她"相当开放地谈论着连成年人都羞于启齿的话题"。玛丽总喜欢吹嘘自己的浪漫征服史，这不仅"有失体面"，还给人留下了鲜明的印象："关于男女之情，她绝不懵懂，而是对一切都了然于胸。"男士们恭维她，女士们则嗤之以鼻：对此玛丽并不以为耻，而是"付之一笑，不屑理会外界对她为人和举止的评价"。[66]在一封寄给奥地利友人的"浪漫而轻率的信件"中，玛丽炫耀了自己的情场得意：当她 1888 年年初重返维也纳时，另一位友人隐晦地提起了她的性体验，说玛丽"已不再是曾经的纯洁女孩"。[67]

现在是征服哈布斯堡首都的时候了；然而，现实即将给予玛丽一记严厉且令人心酸的当头棒喝。所有梦寐以求的宫廷舞会或顶级的贵族派对，都将她拒之门外。百折不挠的玛丽加入其他年轻弄潮儿的队伍，身着时髦优雅的巴黎时装，每天早晚沿着环城大道和时尚的卡特纳大道（Kärntnerstrasse）散步或兜风。她还是歌剧院和戏剧院的常客，尽管维茨拉家族没有资格在贵族专属的剧院正厅包厢就座，玛丽仍然用施皮策时装屋的奢华礼服来盛装打扮。[68]她在各种派对上的存在感吸引了社会新闻栏目的注意，它们纷纷登出她的时髦打扮。如果玛丽在一场活动上穿了貂皮外套，《维也纳沙龙报》的读者们就会得知，"维茨拉男爵小姐不再喜欢狐狸毛了"。[69]

但是，任何报刊版面都不能为玛丽或她的家族带来宫廷社交活动的入场券。在这种野心无处施展的环境里，玛丽为自己搏出了名声——可惜她的声誉对社会地位的进阶有害无益。玛丽蔑视规则：在那个年代，在德梅尔糕点屋享用下午茶或在帝国酒店用餐都是贵族专属的权利，就连维也纳最富有的银行家都不会涉足这些禁区，担心会冒犯贵族阶层的特权；但年轻的男爵小姐从没有此类顾虑。[70]她全身心投入交际花的角色，正如历史学家弗雷德里克·莫顿（Frederic Morton）所写的，这位妙龄少女"表面上维持着体面，实则有策略地变换着依附的目标。男人们可以与这个甜姐儿分手，但她的下一任对象永远比之前的更显贵"。[71]

玛丽用肆无忌惮的挑逗、柔和诱人的细语、别有深意的微笑，赢得了"滥情轻浮"的名声。[72]维也纳的街头巷尾流传着她的浪漫情事：年轻的、年长的，已婚的、单身的——玛丽在追求男性方面显然没什么顾忌。[73]根据佩吉特夫人的记录，人们在背后议论着玛丽与这位或那位绅士的私情，怀疑对象有匈牙利人、波兰人，也有奥地利人；玛丽被谴责为"放荡的女孩"，"时刻在勾引男人"。[74]维也纳贵族阶层视她为"洪水猛兽"，因为她无疑是城中"堕落"女性的最突出代表，"完全无视宗教或准则的约束"。[75]玛丽喜欢溜冰，于是正经的母亲们都告诫自家的女儿，要不惜一切代价避免与她交往。如果在冰场上遇到年轻的男爵小姐，一定要立刻离开，否则会连累自己的名声。[76]

玛丽不是纯洁无辜的，但也并非冷酷而工于心计的投机分子。受情绪的掌控、兴奋的驱使，并为各方的关注而得意忘形，这名十六岁的女学生不仅成了自身欲望的受害者，也成了她母亲野心的牺牲品。海伦妮·冯·维茨拉不仅没有对女儿进行管束，似乎还有意将她推向一个又一个潜在目标的怀抱。有一次，她以善解人意的小女儿为诱饵，将英俊而显贵的富格尔亲王（Prince Fugger）邀请到了自家宅邸。在维多利亚时代，

68

为了符合社交道德礼仪，监护女伴的在场是不可或缺的；但海伦妮向来按照自己的规则行事。亲王刚在客厅落座，海伦妮就向他引见了玛丽，然后借故离开房间，让这两人独处。等门一关，玛丽就从沙发上跳起来，攀上了亲王的膝头。没过多久，亲王的家族就抱怨他的举动有损家族声誉，反对他再踏足维茨拉府邸。[77]

玛丽的兴趣不多：时装、浪漫故事——包括她爱读的浮夸奔放的法国爱情小说——以及现实中与维也纳男士们进行的危险游戏；然后就只有赛马了，这一品味正是源于巴尔塔齐家舅父们的熏陶。在狭长的两侧栽满栗子树的普拉特公园（Prater）尽头，是令玛丽流连忘返的弗雷德瑙赛马场。每年春天，时髦精美的马车和衣着高雅的骑手穿行在摇曳着紫罗兰和樱草的野草地上，远处传来军乐队在露天咖啡馆里演奏的乐声，依稀夹杂着人们集会结社的高谈阔论。[78]弗雷德瑙从不缺乏表演者和观众，这里是时尚的风向标、财富的集散地。人称"草坪天使"的玛丽总是在看台区徘徊，啜着香槟，欣赏着健壮的马匹。1888 年 4 月 12 日，披着金线刺绣的黑斗篷的玛丽，发现了另外的仰慕对象——坐在皇室包厢观看赛马的皇储鲁道夫。[79]

借着香槟，二人重新结交：她的深色眼眸秋波流转，他则接受了这位胸脯丰满的少女的示爱。对神思倦怠的皇子而言，这不过是逢场作戏；但是对年轻的男爵小姐来说，这不啻美梦成真：她一直在收集鲁道夫的纪念明信片，像许多奥地利女孩一样崇拜着他。[80]火热的激情占据了玛丽的身心：她飞奔回家，在记事本中写下了这次邂逅，并且忙不迭地告诉她的女仆阿格内斯："今天我见到了皇储。他是多么英俊啊。"[81]加布里埃

尔·迪布雷记得，玛丽突然开始"带着极大的热情"谈论鲁
道夫的事。她的步履变得轻盈，"态度和情绪明显不一样
了"。[82]这是一项激动人心的全新挑战，充满了最让玛丽着迷的
浪漫戏剧元素。她开始追求皇储。

第五章

　　春去夏来，玛丽·冯·维茨拉的头脑一直在发热。邂逅鲁道夫后，她神魂颠倒，少女的幻想一发不可收拾。每天下午她都要去普拉特公园沿着宽阔的林荫路兜圈子，希望能遇到鲁道夫的马车。皇储的一个眼神或一丝笑容都使她满怀希望，但迄今他们的关系还没有什么实质进展。

　　在追求皇储的过程中，玛丽很快找到了愿意助其一臂之力的盟友——鲁道夫的表姐玛丽·冯·拉里施伯爵夫人。出生于1858年的玛丽小姐本是一名私生女，她的父亲是伊丽莎白皇后的兄长、巴伐利亚的路德维希公爵（Duke Ludwig in Bavaria），母亲则是公爵的情人、女伶亨丽埃特·孟德尔（Henriette Mendel）。在她出生一年后，巴伐利亚国王马克西米利安二世（King Maximilian Ⅱ of Bavaria）授予了她的母亲瓦勒湖男爵小姐的称号，之后她的父母才缔结了不平等的贵庶婚姻。伊丽莎白同情年轻漂亮的侄女得不到贵族阶层的认可，于是逐步将她纳入了自己的生活圈子。很快，这位"眼眸迷人却轻率鲁莽"的金发小姐成了皇后身边的红人，她陪伊丽莎白旅行、骑马，倾听姑母的烦心事。[1]

　　为了扮演恭顺单纯的侍从角色，玛丽小姐费了不少心思；但她心里始终充斥着"无力感和反抗的怒气"，"对这种强加于她的生活方式怀有隐隐的怨恨"。[2]对巴尔塔齐家族怀有敌意的玛丽·费斯特蒂奇伯爵夫人，也同样憎恶伊丽莎白的侄女。

72

"她有些地方让我觉得不舒服，"伯爵夫人在日记里坦言，"我能感觉到她的虚伪和不真诚。"[3] 也许费斯特蒂奇的担忧是有理由的：十六岁时，玛丽小姐开始频繁地与表弟鲁道夫调情；尽管只是贵庶通婚的私生女，她却似乎将皇后的青睐当成了自己有资格成为皇储妃候选的证据。虽然玛丽小姐后来声称自己并不喜欢鲁道夫，但显然她花了不少力气去争取皇储的注意力。据说，行事本就不怎么规矩的鲁道夫，已经对表姐的情意有所回应了。为了终止这一危险局面，伊丽莎白皇后终于在1877年迅速安排玛丽小姐嫁给了低阶贵族军官格奥尔格·冯·拉里施伯爵。[4]

新晋的拉里施伯爵夫人认为丈夫"一脸麻子"，"无聊得无可救药"，但她在婚事上没有发言权，不得不依照皇后的要求行事。[5] 起初，她沉溺于用丈夫的微薄家产赌博；当她花光了钱、债台高筑以后，她的注意力又转向了鲁道夫。她掌握着表弟的秘密——事实上，她掌握着皇室的所有秘密——只要能达成目标，她不惜掀起流言蜚语的浪潮。鲁道夫知道，那双迷人的眼眸蕴含着并不迷人的、轻率而邪恶的用心：为了消遣解闷或谋取名利，拉里施会毫不犹豫地传播流言、制造麻烦。

鉴于拉里施这种挟私报复的前科，不难想见，鲁道夫很快就对他这个举止无常的表姐施以贿赂，来供她偿还债务，并请她缄口不言。尽管拉里施后来声称此类指控是"荒谬"的，但在鲁道夫离世后浮现的证据足以反驳她的说法。[6] 皇储用金钱换来一时的清净；但更加卑鄙的是，他竟然又反过头来，向玛丽·冯·拉里施索要好处。给鲁道夫介绍新情人并给他安排幽会，据说就是拉里施为获得表弟的经济援助而提供的"某些服务"之一。[7]

73　　玛丽·冯·拉里施对玛丽·冯·维茨拉和她的家人们并不陌生：具有讽刺意味的是，十年前，伊丽莎白皇后在格德勒将侄女介绍给海伦妮·冯·维茨拉男爵夫人，之后她们经常在匈牙利碰面。到了 1883 年，放浪的拉里施与男爵夫人的弟弟、已婚的海因里希发生了婚外情，他的骑兵团就驻扎在帕尔杜比采的拉里施庄园附近。[8]很快，拉里施发现自己怀了巴尔塔齐的孩子，不过，她得知巴尔塔齐同时与女伶燕妮·格罗斯（Jenny Gross）有染，顿时心生嫉妒。根据玛丽·费斯特蒂奇的说法，在 1883 年与 1884 年之交的那个冬季，一天夜里，海因里希·巴尔塔齐的两个情人在维也纳的歌剧院狭路相逢。怀孕的拉里施泼辣地出言侮辱女伶，接着两人在楼梯上大打出手，震惊的旁观者不得不出手将她们分开。[9]

　　1884 年 11 月，拉里施生下了巴尔塔齐的女儿玛丽·亨丽埃特；又在 1886 年 2 月生下了儿子海因里希·格奥尔格（Heinrich Georg）。性情和顺的格奥尔格·冯·拉里施从未质疑过孩子父亲的身份，尽管首都的许多人都知道他妻子的不忠行径。[10]作为海伦妮的朋友、海因里希·巴尔塔齐的情人以及玛丽的两个私生表亲的母亲，玛丽·冯·拉里施就这样与维茨拉家族紧密联系在一起；而维茨拉家族积极地试图通过拉里施的宫廷特权来提升家族的社会地位、攀上更高的目标。

　　两位野心外露、寡廉鲜耻的女性——海伦妮和拉里施，结成了危险且最终将导致致命后果的联盟。尽管海伦妮·冯·维茨拉后来声称伯爵夫人"滥用了她的信任"，促成鲁道夫和玛丽的私情是"会错了意"；但她对拉里施的所作所为实际上是很清楚的。[11]十年前的海伦妮·冯·维茨拉显然攀上了皇储的床榻，而如今，她似乎已经将自己最小的女儿推向了同样的道路。可以确定的一点是，就像拉里施所写的那样：海伦妮·冯·维茨拉"充分知晓"玛丽的迷恋之心，并且觉得这是"天大的玩笑"。[12] 经常招待维茨拉家人的德国驻维也纳大使馆参赞安东·蒙茨伯爵（Count Anton Monts）也认同海伦妮·冯·维茨拉从一开始就对这桩私情了如指掌。[13]

　　拉里施坚持的说法是，玛丽是自己搭上鲁道夫的，而她得知他们的关系后感到非常惊讶。[14] 这纯属无稽之谈。玛丽·冯·拉里施撮合这两人的动机很强烈——为了钱。海伦妮·冯·维茨拉给了她大量的贿金，还有来自巴黎顶级女装设计师查尔斯·沃思（Charles Worth）的昂贵礼服：即使这样，贪得无厌的拉里施尤嫌不足，动不动就狮子大张口。一次她告诉年轻女孩，如果想再次和鲁道夫见面的话，就得给她 25000 古尔登（相当于 2017 年的 159750 美元）。然而，收到了这笔钱的伯爵夫人马上又要求额外的 10000 古尔登（相当于 2017 年的 63900 美元），来进一步为他俩牵线搭桥。在另一边，她还不停地向鲁道夫索取数量相当可观的钱财。[15]

　　在这一整个卑劣的勾当里，唯一真正无辜的——如果有无辜之人存在的话——就是玛丽。她是被母亲和拉里施联手利用的牺牲品，浑然不觉抑或一厢情愿地成了她们危险游戏中的卒子。尽管海伦妮和拉里施都公然否认，这场灾难兆始于 1888 年的春天。[16] 当时，玛丽一度完全依赖拉里施来促成与鲁道夫的会面。伯爵夫人每隔几天就会从海伦妮的宅邸里把她接走，要么是晌午去购物，要么是下午去普拉特公园，而这些短途出行总能将她带到皇储面前。[17] "玛丽·冯·拉里施不在城里，"玛丽曾对赫米内·托比亚斯倾诉说，"所以我见不到他了。我

74

望眼欲穿，急切地盼望着她回来……我度日如年，自从与他见面谈话以来，我的爱意越来越深。我日夜都在想着怎样才能见到他。"[18]

　　每一次相遇，都只会更加激起玛丽的幻想。"如果不能见他或者跟他讲话，我就活不了了。"她对托比亚斯坦白道。在普拉特公园乘马车兜风时，她曾与鲁道夫"偶然"遇到。玛丽坚持认为，鲁道夫是专门为了她而来的。[19]日益发展的恋情几乎不再是秘密：有一次，斯蒂芬妮悄悄跟踪丈夫到普拉特公园，目睹了他与拉里施、玛丽在一起。[20]"鲁道夫和这女孩约会，就在维也纳！"斯蒂芬妮对卡塔琳娜·施拉特抱怨道。皇储妃宣称，玛丽"应当被送到学校或其他能教导她尊重神圣诫命的地方！"[21]

　　1888 年 6 月，海伦妮将两个女儿带到了英格兰。玛丽很不情愿，她始终放不下鲁道夫。她对加布里埃尔·迪布雷承认："离开维也纳后我一直浑浑噩噩的，如今我与维也纳已远隔万水千山。我的心情很沉重，希望能很快返回家乡。遥远的距离却让我把事情看得更清楚了，这挺有意思的。"[22]

　　英国社会总归要比维也纳古老而僵化的贵族体系更容易攻破。海伦妮的姐姐伊丽莎白嫁给了第三代纽金特男爵艾伯特，而巴尔塔齐家族与赛马界的关系为她们敲开了由威尔士亲王统治的时尚圈的大门。一位奥地利外交官在伦敦的克拉里奇酒店招待了维茨拉母女，并安排她们参加了威尔士亲王夫妇在马尔伯勒大宅（Marlborough House）举办的几场舞会；玛丽是"一个容貌出众的女孩，有着美丽的眼睛和迷人的举止"，亲王回忆说，"她在这里如鱼得水"。[23]8 月，当英国的王位继承人前往德国巴特洪堡（Bad Homburg）度假时，维茨拉家族紧随其后；为了彰显身份，海伦妮租下了优雅的皇家别墅。一个访德的美国人莫琳·艾伦（Maureen Alleen）在避暑地结识了玛丽。她认为，年轻的男爵小姐"得到了社交界的高度欢迎，但她并不轻佻。她为人慷慨，但最令人赞赏的是，她并不会将爱情看得很随便，而是相当认真"。[24]人们无从知晓那个夏天玛丽对她那尚未成功的浪漫追求有多么认真，但可以确定的是，她给威尔士亲王留下了不错的印象。他写道，玛丽是"一位迷人的年轻小姐，她的美貌绝对是上乘的"。[25]

9月初，玛丽回到了维也纳。她的母亲认为，此时玛丽心中潜藏着的、对皇储的爱情之火已经"熊熊燃烧"。[26]"不要以为我已经忘了他，"玛丽在给赫米内·托比亚斯的信中写道，"我对他的爱更真挚了。"[27]

1888年初秋，玛丽·冯·拉里施从帕尔杜比采回到维也纳，发现这段恋情在她缺席的情况下已经蓬勃发展起来。玛丽承认自己已经写信给鲁道夫告白了，并且两人很快就在9月的某个午夜偷偷见面。为了避开爱管闲事的仆人，玛丽让女仆阿格内斯——维茨拉宅邸门房的女儿——给她把风。[28]玛丽溜出家门，在薄薄的睡裙外面罩着一件皮草外套，前往鲁道夫的住所。玛丽声称那只是单纯的见面，但拉里施并不买账。皮草下的睡裙透露着情色，这一细节被鲁道夫极不绅士、毫无顾忌地分享给了姐夫科堡的菲利普亲王和堂弟奥托大公。[29]对他那些放荡的知己伙伴来说，这肯定是很有趣的；但鲁道夫的做法也表明，他不甚在意玛丽的名节。[30]

根据拉里施的说法，这段关系在维茨拉家掀起了轩然大波。海伦妮抱怨玛丽"真的不太听话"，而汉娜则直指妹妹是"愚蠢的孩子"，竟然相信"自己与皇储相爱了。你简直想象不出这么傻的事来，而且她不知道这有多么可笑"。汉娜称，如果她们的母亲还有一丝理智的话，应当"给玛丽一顿鞭子"。[31]玛丽本人因为恋情而兴奋得过了头，她坦承："我知道这只是一个幸福的梦，总有一天我要醒来。"拉里施则气得冒烟。她失去了对局势的控制，身为中间人没什么用处了，这意味着她失去了索要钱财的由头。玛丽自以为能"幸福到永远"，这简直太荒谬了。更让她生气的是，阿格内斯已经成了玛丽的心腹。拉里施听到传言说，阿格内斯公然与玛丽的几个舅父有染，甚至可能包括拉里施的情人海因里希。[32]

海伦妮意图用玛丽与布拉干萨公爵米格尔的关系来掩盖女儿与皇储的私情。三十五岁的布拉干萨公爵来自葡萄牙，是一位英俊的鳏夫，也是哈布斯堡家族的亲戚，当时在奥地利军队服役。[33]他与哈布斯堡王朝的关系很紧密：他的一个妹妹玛丽亚·约瑟法（Maria Josépha）嫁给了伊丽莎白皇后的弟弟卡尔·特奥多尔（Karl Theodor），另一个妹妹玛丽亚·特蕾西亚（Maria Theresa）则是弗朗茨·约瑟夫的弟弟卡尔·路德维希的第三任妻子。1877年，米格尔公爵娶了皇后的外甥女特恩和塔克西斯的伊丽莎白公主，她也是鲁道夫和拉里施的表妹。伊丽莎白公主给他生了两个儿子，但在1881年生下女儿后不久便去世了。1880年代，米格尔的龙骑兵团驻扎在施瓦佐，他在休假时常造访海伦妮一家位于当地的别墅。[34]到了1888年，他似乎已经拜倒在玛丽的石榴裙下，据说玛丽也不出意料地与孤独的公爵双宿双飞了。[35]

但这些都不过是短暂的小插曲。玛丽有一次甚至在拉里施面前嘲笑公爵"愚蠢"，并坚持说"他很清楚我与皇储的关系"。[36]但海伦妮似乎有着不同的想法。她明白玛丽与鲁道夫的私情终究会结束，因此别有用心地将布拉干萨公爵用作挡箭牌，此举既是为了转移人们对她女儿与皇储关系的注意力，又是期待鳏居的米格尔能将玛丽当成合适的妻子人选。而她的想法是不太可能实现的。尽管已经有了两个男性继承人，米格尔依然是布拉干萨家族名义上的主人。"我很肯定我的祖父，"他的孙子——布拉干萨的堂·杜阿尔特（Dom Duarte de Bragança）说，"从未有过迎娶维茨拉小姐的打算，因为他的家族、葡萄牙保皇派以及奥地利的朋友们都不会接受这件事。"[37]

在母亲攀附野心的怂恿和法国情色小说的启发之下，玛丽开始将自己视为史诗级皇家罗曼史的女主人公。尽管她未必读过大仲马（Alexandre Dumas）的《茶花女》（*La Dame aux Camélias*）或古斯塔夫·福楼拜（Gustave Flaubert）的《包法利夫人》（*Madame Bovary*）等经典，但它们中那些痛苦的、戏剧化的爱情和以死赎罪的主题，已经融入了最通俗的高卢读本里，并很可能帮助塑造了玛丽过度的浪漫主义思想。她并不在意鲁道夫正在迅速失去年轻的活力和令人愉悦的外表：他依然是皇位的继承人，身家丰厚，并处于社会阶梯的顶端。少女的幻想充满了玛丽的头脑：鲁道夫将废除与斯蒂芬妮的婚姻，并迎娶她入宫。"那个愚蠢的皇储妃知道我是她的对手！"玛丽自鸣得意地告诉拉里施。[38]她还以嘲讽斯蒂芬妮和路易丝姐妹为乐。"你见过比这两个比利时人更难看的吗？"她对伯爵夫人挖苦地说道，"她们的身材一无是处，就像从中间捆起来的干草扎一样。"[39]每每提起斯蒂芬妮，玛丽的眼神就会显得"十分邪恶"。[40]

鲁道夫对玛丽的兴趣似乎持续了很久，许多人对此进行过描述。出于仇女的心态，那些敌视斯蒂芬妮的人声称她作为妻子是冷漠、傲慢和无情的，其"挑剔和排斥"的态度将鲁道夫推向了更宜人的怀抱，而玛丽就是理想的温柔乡。[41]还有一种观点认为，鲁道夫日益混乱的精神状态，令他无法"抗拒玛丽魅力与激情的咒语"。[42]弗雷德里克·莫顿推测，玛丽"唤醒了皇储心中原本沉睡着的需求。他开始需要一个除了向他臣服，还能给他更多的女人。他需要被神秘感包围着"。[43]

然而，一个顺从而幼稚的十七岁女孩能为这位饱经世故的皇储带来什么神秘感呢？鲁道夫并不缺善解人意的红颜知己和情人：他已经有米兹·卡斯帕了，在与玛丽交好的同时，他仍定期与米兹见面。对鲁道夫而言，玛丽自有她的魅力和趣味。对于她奉献的陪伴和肉体，鲁道夫全盘接收。但玛丽不是知识分子，不懂得分享鲁道夫那些浅薄的政治思想，也不会与他探讨哲学或辩论君主制的未来。事实上，鲁道夫对待新情人的方式与之前大致相同，他对玛丽的付出来者不拒，只为了暂时逃避现实。他的年轻时代已经一去不返：他没有承担任何有意义的角色，觉得自己的人生越发失败。玛丽的一味讨好不仅让鲁道夫重拾自信，还满足了他的虚荣心。尽管如此，他向玛丽·冯·拉里施承认，玛丽那令人窒息的浪漫主义常让他不胜烦
79 扰，有时难免"轻视这个可怜女孩的感情"。鲁道夫直言，玛丽"不过是一个爱我的女人。我认识许多更美的女人，但她是最执着的一个"。[44]

拉里施不情愿地回忆说，这对恋人在1888年秋天的约会次数比他们承认的"要多得多"。[45]当玛丽和拉里施在普拉特公园兜风时，会"偶然地"与鲁道夫相遇；一看到鲁道夫的马车，玛丽就抛下女伴、钻进皇储的私人车厢，车夫布拉特菲施

会驾驶着车子离开公园。[46]伯爵夫人主动提供了她在维也纳大酒店的套房，但鲁道夫怀疑表姐的动机不纯，因此他想要一个更加隐私的会面地点。有一天，他找到了朋友爱德华·帕尔默（Eduard Palmer），这位维也纳银行家在环城大道上拥有一套公寓，公寓就在维也纳大酒店对面。"请把你房间的钥匙交给我，"皇储对帕尔默请求道，"我有个隐秘的约会，想使用你的房间。但你要确保公寓里没有人。"[47]帕尔默忠实地照办了，鲁道夫和玛丽不久就开始在银行家的公寓里定期幽会。[48]

同一年秋天，威尔士亲王对维也纳进行了一次长期访问。在与鲁道夫一起参加弗雷德瑙的赛马活动时，亲王注意到了在茶歇凉亭里闲逛的玛丽·冯·维茨拉。亲王以前在洪堡见过玛丽，并且觉得她不错，于是将她指给鲁道夫看，提出要介绍他们认识；在周围人的注视中，鲁道夫礼节性地点了点头，便迅速离开了。[49]几天后，这种装模作样的情形又重复了一次。10月12日，鲁道夫和斯蒂芬妮出席了旧城堡剧院的谢幕演出。此时，大多数维也纳贵族都听说了这段私情，当玛丽·冯·维茨拉入座并毫不掩饰地盯着皇室包厢看的时候，观众们都显得异常兴奋。[50]

两天后，威尔士亲王与皇室家族共同出席了新落成的城堡剧院的首演。建筑师、建造者和艺术家们花费十四年的心血打造了这座极尽繁复精美的建筑，其中电灯多达四千盏，楼梯的天花板装潢由古斯塔夫·克里姆特亲自负责。身着制服的弗朗茨·约瑟夫现身皇室包厢，带着"天佑吾皇"的威压感；伊丽莎白皇后像往常一样缺席；陪同亲王的是皇储夫妇，鲁道夫身着第10步兵团制服，斯蒂芬妮则是一身蓝色锦缎绣白色花边的礼服，脖颈和发间装饰着钻石。[51]意气洋洋的玛丽·冯·

维茨拉在她母亲的包厢里看着这一幕。她穿着一件低胸露肩的白色薄纱礼服，深色头发上别着一枚新月形的钻石发卡。第二天的《维也纳日报》报道说，玛丽收获了"许多欣赏的目光"，她的外表"引起了众人的钦羡"。[52]但是当威尔士亲王把玛丽指给鲁道夫看，并称赞她看起来"多迷人"的时候，皇储显得不屑一顾，并"用贬低的语气谈论她"。[53]

11月5日，拉里施乘着马车从维茨拉宅邸把玛丽接走。她们先去购物，然后驱车前往维也纳最受欢迎的社交肖像摄影师阿黛尔（Adele）的工作室，拍摄了穿着黑色裙装的照片，"当然是送给他的"，玛丽向赫米内·托比亚斯吐露。布拉特菲施驾驶着鲁道夫的马车在维也纳大酒店的后门等待；她们两人钻了进去，用毛皮围领遮着脸，"以极快的速度"前往霍夫堡宫。马车停在宫殿的老奥古斯汀堡垒外，鲁道夫的贴身男仆卡尔·纽汉麦（Karl Neuhammer）在一扇小铁门旁等候着。她们沿着鲁道夫曾用来逃离霍夫堡宫的迂回路线前行：走过一条黑暗的走廊，爬上一段陡峭的楼梯，抵达一处屋顶露台，再穿过一道玻璃门廊，就到了皇储的单身套房。[54]

虽然拉里施没有在记述中提到过这次会面，但玛丽在写给赫米内·托比亚斯的信中留下了关于此事的记载。[55]当她们走进鲁道夫的房间时，一只宠物乌鸦拍着翅膀俯冲下来，告诉主人有客人来了。"请进，女士们"，他在土耳其沙龙那里打招呼。玛丽说，他们三人闲聊着讨论维也纳社会，接着鲁道夫说要私下与拉里施谈谈。玛丽独自一人探索着带有异国情调的房间，走到了鲁道夫的办公桌前。有一只左轮手枪放在吸墨纸上，但引起她注意的是一枚抛光的人头骨。当鲁道夫再次出现时，玛丽正把玩着头骨，而鲁道夫迅速从她手里夺走了它。

"当我表示一点都不害怕时,"她向赫米内报告说,"他笑了。"在给赫米内的"欢乐洋溢的信"中,玛丽要她的前钢琴老师发誓保密,并夸张地抱怨说如果她的母亲或姐姐知道了这次会面,"我就只能自杀了"。[56]

这是玛丽第一次来霍夫堡宫吗?至少在玛丽的母亲和鲁道夫的朋友兼狩猎伙伴约瑟夫·霍约斯伯爵看来,事实是这样的。[57]也许是出于忠诚,霍约斯坚持说玛丽只去过霍夫堡五次;但后来布拉特菲施估计,自己至少有二十次在夜里秘密地接她来宫殿。[58]这肯定也包括 9 月间玛丽只在睡裙外穿着皮大衣来见鲁道夫的那一次。她的到访非常频繁,即使在今天,通往鲁道夫套房旧址的一小段台阶依然被称为维茨拉楼梯(Vetsera Staircase)。[59]而且,就算鲁道夫与玛丽在普拉特公园里的"偶然"相遇是单纯的,那他们的午夜幽会、在爱德华·帕尔默公寓的约会或者在霍夫堡宫的私密聚会,无论如何都很难用"单纯"来形容。那年秋天,鲁道夫似乎委托了某人为他的新情人绘制肖像,即一幅魅惑的玛丽的裸体画像,这件富于挑逗性的艺术品无疑证实了他暂时性地从年轻男爵小姐的肉体中得到了消遣。[60]

玛丽说服自己相信,鲁道夫是极其爱她的。作为证据,她写信给赫米内·托比亚斯说,她收到过皇储的信,信里写道:"如果没有她,他就活不下去,如果再也见不到她,他就会发疯。"但她无法提供原始的信件,玛丽抱怨说,在她读完之后,拉里施就会把鲁道夫的信从她手里收走。[61]

"如果我们能共同生活在一栋别墅里,我们会很幸福的,"玛丽在给托比亚斯的信里这样说,"我们总是谈论着这会有多么幸福。但不幸的是,这是不可能的。如果我能为他献出生命，我很乐意这样做，因为我的生命对我而言又有何意义？我们已经就这种可能性达成了约定。"[62] 显然，鲁道夫已经为这一约定提供了证物——哪怕它是那么随心所欲、不切实际——他赠给他的情人一枚由普通的廉价金属制成的铁戒指。玛丽很珍惜这件小饰品，用一条项链将它戴在脖子上，还称之为"结婚戒指"。在戒指的内侧，刻着"ILVBIDT"这串字母，代表"此情至死不渝（In Liebe Vereint bis in den Tod）"。[63]

数月间在感情上一路凯歌的玛丽，逐渐失去了对行动的控制力。这段在鲁道夫的掌控之下发展起来的私情，在小心翼翼的气氛中反而愈加炽热。可想而知的是，这位不成熟的年轻女性会故意激起公众注意，来获取不正常的快感。当鲁道夫在维也纳河畔剧院（Theater an der Wien）观看莎拉·伯恩哈特（Sarah Bernhardt）主演的一场戏剧时，玛丽就坐在她母亲包厢的前排正中，目光专注在她情人身上；而现场的观众都在观察着她的一举一动。[64] 还有一天晚上，玛丽出现在歌剧院，穿着一件镶有钻石的极低胸白色绉纱礼服。"我认为你在炫耀自己时展现出的品位很有问题。"拉里施警告年轻的男爵小姐，但这无济于事：玛丽决心要打扮得惹人注意，因为她知道斯蒂芬妮也会出席。当鲁道夫夫妇一起走进皇室包厢时，玛丽用"无礼的目光"盯着皇储妃。斯蒂芬妮不甘示弱，"带着一种有涵养的恶意"，傲慢地扶正了歌剧眼镜回瞪过去，而观众席则爆发了一阵窃窃私语。[65]

鲁道夫自己的行为也不谨慎。一天晚上，他与斯蒂芬妮出席了一场由她姐姐路易丝、姐夫科堡的菲利普亲王举办的晚宴。"在维也纳，关于鲁道夫和玛丽·冯·维茨拉之间的私情自然有许多流言蜚语，"路易丝回忆道，"我不怕向鲁道夫提

起这个微妙的话题，我还向他表示，我希望传言是不尽其实
的。"然而，鲁道夫悄悄拿出了一只烟盒打开给路易丝看，里
面嵌着玛丽·冯·维茨拉的小像；而斯蒂芬妮此时就坐在长桌
对面。路易丝感到震惊——倒不是因为鲁道夫如此不以为耻，
而是因为"还有仆人在场呢"。[66]

　　1888 年 12 月 11 日，理查德·瓦格纳（Richard Wagner）的
"指环系列"在帝国歌剧院（Imperial Opera House）首演，开场
的剧目是《莱茵的黄金》（*Das Rheingold*）；玛丽借口讨厌瓦格
纳，没有与母亲和姐姐一起去看。等到她们离开后，玛丽就溜
出了维茨拉宅邸。布拉特菲施驾着马车等在街角，把她送到了
维也纳郊区的哈布斯堡夏宫（Habsburg summer palace）的美
泉宫（Schönbrunn）与鲁道夫相会。[67]12 月 17 日，她重复了这
一行程；四天后又乘着布拉特菲施的马车去了霍夫堡宫。[68]那
是一对情人在年底前的最后约会。当他们在一个月后再度相逢
时，这段恋情将会转向不祥的、最终致命的轨道。

第六章

　　1888 年 8 月 21 日，正与玛丽·冯·维茨拉打得火热的鲁道夫，迎来了而立之年。"三十岁是人生的分水岭，"他写信给一位朋友，"跨过了这个节点，我感到不甚愉快。回顾过去的那些时光，我就算不曾完全虚度，却也并未真正有所建树。我们的时代陷入了旷日持久的缓慢腐烂中……我一年年变老，活力渐失，效率也降低了……这永无尽头的自我准备、对伟大变革的不断等待，磨灭了我的创造力……但我必须相信未来。我期待并指望着未来十年。"[1]

　　三天前，弗朗茨·约瑟夫在巴德伊舍庆祝五十八岁诞辰，鲁道夫却觉得家族和睦的戏码令他窒息。他厌恶一成不变的传统，而皇帝那灰白浓密的络腮胡就是传统的具象化；鲁道夫无法抑制自己的烦躁，他将父亲心爱的阿尔卑斯山度假地抨击为"可怕的洞穴"，这冒犯了所有人。[2]帝国的皇储厌倦了等待——等待父亲的认可，等待有意义的角色，等待国家谨慎保守的政治纲领能有所改变。在自己生日那天的早晨，鲁道夫以蔑视的姿态发泄了由来已久的挫折感：他剃掉了络腮胡子，只

保留了匈牙利骠骑兵式的长山羊胡。[3]叛逆的意味很明显：鲁道夫已经与他的父亲、父亲保守的政治和整个奥地利决裂了。

　　这场叛乱酝酿已久。鲁道夫瘦削的肩膀承载着巨大的希望。他将成为"哈布斯堡皇位上的哲学家""一切现代思想的

领袖"，他会运用"惊人的智力天赋和不寻常的能力"从根本上改变父亲古老的帝国。[4]一位朝臣坚称，"他知道父亲的优柔政策和中庸举措将对君主制造成致命伤害"，并希望"能打开皇宫紧闭的窗户，让清新怡人的空气吹进来"。[5]鲁道夫将知识分子和蓬勃的中产阶级视为帝国存续的保障，并乐于想象打破维也纳中央集权、增强地区和民族自治的愿景。他反感任何与保守主义或宗教影响沾边的事物，并在 1879 年 4 月撰写的第一份遗嘱中总结了这种情绪："我选择了一条完全不同于我周边关系的路，但我的出发点总是最纯粹的。我们的时代需要新的观点。任何地方都存在保守势力——尤其是奥地利，这是迈向垮台的第一步。鼓吹保守者是最危险的敌人。"[6]

那些"危险的敌人"中，包括弗朗茨·约瑟夫的首相爱德华·冯·塔菲伯爵，他在 1879 年至 1893 年间担任该职。塔菲来自一个爱尔兰家族，他的先祖在三十年战争（Thirty Years'War）期间举家迁移来此，并效力于奥地利朝廷和军队。他与皇帝从小就相识，两个男孩经常一起玩耍；塔菲是皇室家族之外唯一可以直呼皇帝名字的人，不过他在公开场合总是严守礼仪地尊称弗朗茨为"陛下"。[7]他行事小心，谨慎地处理着温和改革和镇压反对派间的关系。首相实行了一项机会主义计划，即对相互争斗的民族许诺以自治权，以使他们保持对皇权的依附，一位智者将其总结为"沿着旧车辙蹒跚前行"。[8]这带来了暂时的稳定，但也付出了代价：塔菲无情地粉碎着反对力量和不受欢迎的自由主义迹象，在他担任首相的第一年，就有 635 份报纸被查封并销毁。[9]

鲁道夫将这位首相的政治盟友比作"塔菲的粪肥堆"，说他们都是"狂热、充满妄想、愚蠢、诡计多端、毫无原则与爱国心的狡猾阴谋家"，充满了"耶稣会信徒式的巧舌如簧和对权力的无限贪欲"。[10]1881 年 12 月，鲁道夫大胆地向父亲提交了一份长达二十页的备忘录，列举了他在塔菲的政策中所看到的危险，并请求将首相撤职。[11]"我可以清楚地看到国家正在走下坡路，"他向拉图尔·冯·特尔姆伯格倾诉道，"我与国家事务密切相关却无力作为，甚至连表达自己的想法和信念都不行。"他抱怨说，塔菲"甚至不认可皇储拥有表达独立意见的权利"，并将他的行为视作"无礼和反叛"。父皇的态度——"公事公办、固执己见、缺乏信任"——让鲁道夫对未来充满担忧。他坚持认为，这份备忘录"没有任何反叛的内容：这不是哗众取宠的声音，而是出于忧患的谏言……皇帝是否会认真对待这份微不足道的工作文件，或者他只是在晚上休息前瞥一眼，就将之扔回文件堆里，当成一个白日梦者的奇谈怪论？"[12]

正如鲁道夫所担心的那样，弗朗茨·约瑟夫对儿子的备忘录置若罔闻。鲁道夫进行了反击。他的伙伴与顾问的关系网不仅包括教授和哲学家，还有激进派和他父亲的政敌。这一次，他通过在畅销的自由派报纸《新维也纳日报》担任编辑的犹太朋友莫里茨·塞普斯发出自己的呼声。鲁道夫在 1880 年与塞普斯结识，在其自由主义思想的启发下，他开始为报纸撰写匿名文章，批评帝国的国内政策和外交联盟。这个秘密并没能维持多久：鲁道夫的一举一动都受人监视。"他们变得十分警惕，不再信任我，"他对塞普斯说，"每天我都能更加清楚地看到围绕在我身边对我进行刺探、告密和监督的小圈子。"[13]

鲁道夫素来有偏执的倾向，但他的担忧并非空穴来风。一个尤其值得警惕的敌人是帝国和皇家武装部队的元帅——阿尔

88

布雷希特大公（Archduke Albrecht），他也是皇储的亲叔祖。
大公生性严肃、极端保守，将维护哈布斯堡的荣誉和声望视为
神圣的职责。[14]鲁道夫与这位长辈的关系颇为紧张：他向堂弟
弗朗茨·斐迪南抱怨说，阿尔布雷希特"热衷于四处刺探、
挑起口舌之争，心怀恶意地离间中伤"。[15]鲁道夫很快得知阿尔
布雷希特在密切监视着他，拦截他的大部分往来信件并将其呈
送皇帝。阿尔布雷希特警告弗朗茨·约瑟夫，"那些记者全都
是密谋反对人类最神圣传统的犹太人"，"小偷和骗子"塞普
斯正向皇储灌输一大堆站不住脚的政治观念。[16]

官僚体系回敬了鲁道夫：为了让他无法发声，政府关闭了
塞普斯的报纸。"我国采取的政策方针是灾难性的，并且似乎
已成定局，"鲁道夫抱怨道，"我们注定要被驱赶到黑暗之地，
而耶稣会士在其中起了不少作用——他们与帝国家族中最有影
响力的成员有着密切的联系。"[17]1885年，反犹太的德国民族主
义政党领袖格奥尔格·冯·舍纳勒尔（Georg von Schönerer）
带领一群暴徒闯入《新维也纳日报》的办公室，捣毁设备并
殴打雇员。塞普斯因为"诋毁舍纳勒尔"的罪名在监狱中度
过了几个月。鲁道夫感到自己应当对此事负责：塞普斯被释放
后，皇储为朋友的新报纸《维也纳日报》提供了资金，并继
续推广他的自由主义思想。[18]

令鲁道夫感到不满的还有他在奥地利"属于信息最闭塞
的群体"。[19]他被刻意地"排除在所有政治信息之外"，他相信
自己"对社会活动的影响"连宫廷里官阶最低的大臣都不如。
用他的话说，这就是"被判处了无所事事的刑罚"。[20]弗朗茨·
约瑟夫试图安抚儿子，于是命令奥地利外交部部长古斯塔夫·
卡尔诺基伯爵（Count Gustav Kálnoky）和匈牙利王室和外交部

主管拉迪斯劳斯·冯·瑟杰耶尼－马里奇向皇储汇报帝国的外交政策。[21]他还在 1888 年年初任命鲁道夫为步兵团检察长（inspector general of the infantry）。但这两项努力都未能奏效。鲁道夫开始轻率地与他小圈子里的塞普斯等人分享机密的政治信息，导致外交机密被泄露并刊登在维也纳报纸的版面上。消息不可避免地传到了霍夫堡宫，弗朗茨·约瑟夫便命令部长们只能向鲁道夫汇报一些无足轻重的小事，并向他提供过时的文件。[22]步兵团检察长的职位并未赋予鲁道夫任何权力，却要求他出席阅兵仪式、视察兵团：这是消磨时间的工作，意在让他不要无所事事、招惹麻烦。[23]当父亲禁止他加入军事委员会并拒绝他就任何重要决策发表意见时，鲁道夫就明白了这一点。[24]

弗朗茨·约瑟夫从未理解过儿子，或者欣赏他的才能，而鲁道夫其实是相当有才华的。1878 年，鲁道夫与经济学家卡尔·门格尔（Karl Menger）合作发表了一篇匿名文章，对奥地利的贵族阶级进行了辛辣的批评，嘲讽他们游手好闲，并认为贵族多是轻浮的享乐主义者，不适合出任军队或政府要职。[25]1883 年，鲁道夫撰写的《多瑙河的十五日》（*Fifteen Days on the Danube*）出版发行，书中记叙了他某次引人入胜的狩猎探险活动，凭此著作他获得了维也纳大学的荣誉博士学位。[26]1884 年，他发表了一篇关于 1881 年中东之旅的纪实文章，充分展示了自己的文学天赋；之后他很快又将注意力转回国内，编撰了多卷百科全书《图片和文字中的奥地利－匈牙利君主国》（*Die Österreichisch-ungarische Monarchie in Wort und Bild*）的第一部，意在为父亲的帝国创制编年史。弗朗茨·约瑟夫对儿子在绪论里展现的博学大为惊讶，出言询问这些文字是否确实出自他本人之手，这让鲁道夫感觉受到了侮辱。[27]

鲁道夫的这种不满是各君主国的皇室继承人共有的：他们都缺乏"适当的"角色。维多利亚女王对她性情乖张的长子感到失望，因此拒绝授予威尔士亲王任何实权职位；在普鲁士，老迈的德皇威廉一世依然紧握着权杖，而他志向远大、思想开明的继承人弗里德里希·威廉（Friedrich Wilhelm）已经身患癌症，在皇权的阴影里意兴阑珊。鲁道夫在父亲的宫廷中沦为装饰品，并能预见自己将有大把年华被虚掷。[28]对皇权天赋的信仰，塑造了弗朗茨·约瑟夫独断专制的性情；他理想中的继承人应当遵从并支持他的理念。可是，这对父子在政治观点上是极端对立的：鲁道夫追求自由主义，这本是源于信念，但在他父亲眼中，这就是私人恩怨，即对皇帝所信仰和珍视的一切的对抗。弗朗茨·约瑟夫也是这样对待弟弟马克西米利安的。大公曾经公开表示："皇兄看不惯我的个性，只要有机会，他就会用最不加掩饰、粗鲁无礼的方式，向我表达他的反感。"[29]

拉图尔·冯·特尔姆伯格对此也有怨言："皇帝本可以成功地干预事态，只要能让皇储参与国家治理并发挥他应有的作用，他就不会胡思乱想。皇储本可以投身到严肃高效的工作中去。"[30]不过，拉图尔·冯·特尔姆伯格的想法有些过于乐观了。尽管鲁道夫以思想深刻的知识分子自居，但他的政治理念往往有失稳重、流于轻率。他有理想和才华，但太冒进，从不认同他父亲出于多年积累的经验来处理政治问题的稳健手段。鲁道夫想要立即看到改变。在自诩为追求平等的开明王子的同时，他始终无法跳出维护哈布斯堡家族统治、保持帝国延续的狭隘圈子。鲁道夫公开煽动反对力量、泄露敏感的内政外交信息等行为摧毁了父亲的信任，也使弗朗茨·约瑟夫让儿子参与政务的唯一努力付诸东流。

91   鲁道夫依然处于无权无势的地位。作为欧洲最古老王朝之一的继承人，他无处施展才智，无力践行治国理念。鲁道夫深信这种状态将持续到他父亲去世为止。作为被动的旁观者，受困于垂暮的国度，他陷入了愤怒和沮丧。1888 年夏天，斯蒂芬妮与情绪不稳定的丈夫短暂相聚，一起访问了萨拉热窝，她在鲁道夫身上察觉到"令人担忧的变化"，写道："他比以前更加焦躁不安、心绪烦乱；如今，就连最琐碎的情形都容易引发他最激烈的愤怒。我早已习惯了我们的夫妻关系名存实亡，尤其是他会在书信中对我表达情意，但在实际的日常生活中完全不是那个样子。但是现在，他好像彻底变了个人似的。他内心的紊乱带来了狂暴的情绪，常常导致场面变得难以容忍、有失体面。似乎在失去内心稳定的同时，他也失去了良好的礼节。在那种状态下，他会毫不犹豫地与我大谈特谈他那些令人不快的风流韵事。"[31]

      注意到这种变化不仅是内心含怨的妻子。几个月前，玛丽·瓦莱丽在日记中吐露道："鲁道夫会盯着我们看，特别是我和妈妈；他的眼神充满了深沉而痛苦的恨意，令人无法克制地感到焦虑。就连头脑冷静、不爱幻想的吉塞拉都承认，她被他的凝视吓坏了，最终我们三人都控制不住地哭了起来……要知道，她对鲁道夫的爱往往让她倾向于美化他的行为……鲁道夫这一古怪的、无从解释的仇视，给我们的未来蒙上了阴影。"[32]

      越来越强烈的威胁感围绕着鲁道夫。他不安、易怒，一晚很少能睡足四五个小时。[33]他的淋病症状——头痛、关节疼和眼部感染——反复发作，令人困扰。[34]鲁道夫如今每天给自己

注射数次吗啡，每次半克；宫廷医生赫尔曼·维德霍斐尔建议　92
他将剂量减少到四分之一克，但鲁道夫无视医生的叮嘱，反而
增加了用量。[35] 他还沉溺于干邑和香槟，总是大醉方休；在出
席典礼仪式时，皇储的随从们不止一次提前把他带离现场，否
则他就会大出洋相。[36]

　　1888 年秋，鲁道夫的生活陷入了混乱的旋涡。那年春天，
他没有收到陆军高级司令部会议的出席邀请；到了秋季，他依
然被排除在会议之外。[37] 沮丧的鲁道夫向父亲递交了一份报告，
建议进行军事改革；弗朗茨·约瑟夫将其转交给阿尔布雷希特
大公，而后者在回复中嘲笑了皇储的想法，说他是在试图
"弥补"自己担任步兵团检察长的"不足之处"。[38]

　　发生在那年秋天的另一事件，更加深了鲁道夫的绝望感。
他曾经对普鲁士的自由派皇储弗里德里希·威廉寄予厚望，
想象着在弗朗茨·约瑟夫去世后，他们二人可以共同重塑欧
洲政治。不幸的是，命运出手干预了。当老德皇威廉一世
1888 年驾崩时，继位的新皇弗里德里希三世已经罹患晚期咽
喉癌。在仅仅三个月的统治之后，弗里德里希三世英年早逝，
他的儿子即位为威廉二世。鲁道夫早先就鄙视这位傲慢的、
信奉军国主义的新德皇，而新德皇也瞧不上他。威廉二世假
惺惺地抱怨说："鲁道夫并没有认真对待宗教，他不仅尖酸
地讥讽教会与神职人员，还对普通乡民们质朴的信仰嗤之以
鼻，这令我心痛。"[39]

　　威廉二世在 1888 年 10 月访问了维也纳。在一次例行的军
事检阅中，他对鲁道夫掌管的步兵不屑一顾，并指责兵团新采
用的曼利夏步枪在武装冲突中威力不足。作为奥匈帝国主要军
事盟国的元首，德皇提出希望解除鲁道夫的检察长职务。弗朗

茨·约瑟夫不想激怒这位情绪化的年轻皇帝，于是命令儿子辞职。鲁道夫愤怒地拒绝了。[40]不久后，一系列针对鲁道夫的负面报道开始出现在德国媒体上。文章含沙射影地表示，奥地利某个"位高权重的人"不仅憎恨德国人和德国，还过着极为放荡的生活——这些指摘继而被法国和意大利的某些期刊转载。鲁道夫按照惯常的应对方式进行了回击，他匿名撰写了几篇反普鲁士文章，发表在《维也纳日报》和他资助的一本奥地利新期刊《黄黑旗》（*Schwarz – Gelb*）上。[41]鲁道夫还告诉朋友莫里茨·塞普斯，年轻的德皇与一个名声不好的奥地利女子关系暧昧，证据是那女人偷藏了带有威廉二世纹章的袖扣。鲁道夫建议，如果德国报纸继续对他进行攻击，塞普斯就把这些有损威廉二世名誉的消息发布出去。[42]

那年 10 月，鲁道夫向拉图尔·冯·特尔姆伯格坦承："我的内心已不再会为任何事掀起波澜。"[43]随着岁月的流逝，他对曾经的爱好、朋友和追求越来越不在乎。[44]"追求崇高理想的愿望已经从我心中消失了"，鲁道夫在 11 月写信给塞普斯说。[45]他的行为变得越来越鲁莽。次年 1 月，鲁道夫在霍尔格拉本（Höllgraben）与父亲一起狩猎，他手里的步枪不小心走火了：子弹从弗朗茨·约瑟夫身边仅仅几英寸处擦过，重伤了一个助猎者的胳膊。[46]愤怒的皇帝禁止儿子参加第二天的狩猎，并拒绝同他交谈。根据斯蒂芬妮的说法，皇帝怀疑鲁道夫打算刺杀自己，并将之伪装成一起意外；出于对儿子的害怕，皇帝开始对他避而远之；如果不得不见面的话，就必须有其他人在场。[47]

1888 年秋天，鲁道夫身边所剩不多的几个"圈里人"都意识到了他的紧张和敌意。[48]"我最近与皇储一起吃了晚餐，"

93

克芬许勒 – 梅奇亲王卡尔·弗朗茨（Franz Karl, Prince Khevenhüller – Metsch）写道，"饭后他躺在图书室的沙发上吸烟，喝雪利酒，喋喋不休、颠三倒四地谈论着自由平等，对贵族固守传统的姿态嗤之以鼻，并表示他宁愿成为一位共和国总统。我想，这人要么是喝得太醉，要么是太愚蠢。"[49]

　　有一次，斯蒂芬妮因为度假而离开了维也纳一段时间；当她再度见到鲁道夫时，他的委顿令她感到不安："很明显，皇储整个人衰退得极其严重。他身上发生了可怕的变化：皮肤松弛，眼神涣散，表情也不一样了。看上去……仿佛他的内部正在腐烂。我对他深感同情，不知道这场灾难将走向怎样的结局。"担忧的斯蒂芬妮急于"从灾难中拯救我们两个"，于是未经召见就去见了皇帝。她回忆说："我先是告诉陛下，我丈夫病得非常严重，他的外表和行为都让我极度焦虑。然后我恳切地请求陛下让他的儿子去海外旅行，这也许能让他从心力交瘁的生活状态中解脱出来。"但弗朗茨·约瑟夫打断了她的话。"亲爱的孩子，你想得太离谱了，"皇帝以屈尊纡贵的态度告诉儿媳，"鲁道夫没有任何问题。我知道他面色苍白，参加的社会活动太多，对自己的期望过高。他应该更多地与你待在家里。你用不着焦虑。"说完这些，他起身安抚地抱了抱斯蒂芬妮。"我被打发走了，并没有按照我预想的方式说出心里话。"一位官员很快就打电话告诉斯蒂芬妮：皇帝希望她以后能遵守礼仪，在正式觐见之前先请示皇帝的副手。[50]

　　伊丽莎白皇后也担心儿子，但不像斯蒂芬妮，她并没有采取行动。那年秋天，她的幺女、最受宠的孩子玛丽·瓦莱丽即将与弗朗茨·萨尔瓦托大公订婚。鲁道夫的某些行为让她感到不安。"永远不要粗鲁地对待瓦莱丽。"她警告儿子。[51]嫁到巴伐利亚的吉塞拉回维也纳的娘家探亲时，发现"整个家庭"如今都把鲁道夫当成"需要谨慎对待的人"。[52]玛丽·瓦莱丽害怕她情绪不稳定的兄长，直到 12 月中旬，她才将自己即将订婚的消息告诉他。她在日记中写道，鲁道夫经常流露出"反复无常、苦涩讽刺的表情"，这让她害怕与他独处。[53]

死亡的想法越来越强烈地占据着鲁道夫的脑海。维也纳在咖啡、糕点和华尔兹上独领风骚，但也拥有欧洲最高自杀率的不良纪录。[54]"当维也纳人遇到最微末的难处时，"沃尔布加·佩吉特吃惊地发现，"他们立刻就有自尽的想法。维也纳的空气中一定有某种物质导致这种行为的发生。"[55]她写道："仆人因为打破了盘子而自尽，七八岁的孩子因为功课完不成而上吊，士兵因为不喜欢军队而自裁，女孩因为不能嫁给初恋而寻短见。"她记得，情况实在是太糟糕了，有维也纳官员曾经提醒过她，不要清晨在普拉特公园兜风，因为头天夜里上吊自尽的遗体还没有被从树上解下来。[56]

鲁道夫热切地浏览着维也纳报纸为了震惊读者而大肆进行的最新自杀事件的报道。[57]一对年轻潇洒的夫妇在享用了最后一顿鸡肉和香槟午餐之后，走进了一处墓地并开枪自尽；一位女士搭乘快车前往布达佩斯，在途中换上婚纱礼服并从高速行驶的列车上跳下；一名年轻学生在学校的成绩不理想，于是服毒自尽，一并毒杀了自己的女友。[58]一名维也纳妇女忠诚地唱着国歌，从她三楼的公寓一跃而下；一个走钢丝的人吊死在窗户边，留下的字条称"我为绳索生，亦为绳索死"；在演出中，一位与妻子吵了架的空中飞人艺术家故意松手并坠落而死。[59]在匈牙利运动员伊什特万·凯格尔（István Kégl）饮弹自尽后，鲁道夫什么都没有谈论，狂热地收集着事件的所有细节，例如凯格尔在开枪前曾手持一面小镜子来调整瞄准的姿势。[60]死亡的方式越是戏剧化，维也纳的报纸就越是连篇累牍地描写具体经过。自杀已成为娱乐方式，痴迷死亡是最新的时尚潮流。

1888 年秋天，鲁道夫对死亡的迷恋已经转变为病态的渴求。"时不时地，"鲁道夫在 10 月写信给拉图尔·冯·特尔姆伯格说，"我就找机会去见垂死的人，在他吐出最后一口气时试着体会他的感受。我也经常近距离观察垂死的动物，并试着让我的妻子也习惯于这样的景象，因为我们必须学着接受人生的最后阶段。"[61]

周围不断恶化的境遇和事态，无论大小，都开始蚕食鲁道夫的精神。"你知道我和斯蒂芬妮的关系有多糟糕，"他曾向玛丽·冯·拉里施坦白。他将性病传染给了妻子，导致她不育，并使自己无法拥有继承人。淋病的痛苦症状在没有任何预兆的情况下反复发作，加剧了鲁道夫酗酒和药物成瘾的情况。抑郁、焦虑和无力感使他感到疏离和愤懑。"总之，我的状态很糟糕，"他对拉里施说，"我厌倦了活着。"他是"可鄙的傀儡"，"被打扮起来取悦人"，除了等待父亲的驾崩，他的人生没有其他目标。[62]

一再被军队最高指挥官会议拒之门外，与阿尔布雷希特大公发生冲突，以及被父亲要求辞去步兵团检察长的职位，这些都被鲁道夫视为自己在人际与官场上的可耻失败。自由派德皇弗里德里希三世的驾崩摧毁了鲁道夫对未来的希望，与此同时，1888 年秋天塔菲首相的一场政坛险胜巩固了鲁道夫政敌的势力，继续令鲁道夫无法表达自己的意见和想法。此外，德国媒体对皇储的持续攻击也损害了他的名声，他被塑造成不堪的"另类"、情绪不稳的人，难以承担哈布斯堡的帝王职责。

97　　打击不断累积，使鲁道夫时常提到轻生。起初，像那些沉迷于谈论自杀事件的维也纳民众一样，他只是随口说说。鲁道夫曾经对堂兄约翰·萨尔瓦托大公、弗朗茨·斐迪南、奥托大公，还有布拉干萨公爵，以他那古怪莫测的口吻说起自尽的话题。[63]一次，他甚至在狩猎时指着弗朗茨·斐迪南说："向我们走过来的那位将成为奥地利皇帝。"[64]这不过是有点冷场的玩笑，没有人把他的话当真。连米兹·卡斯帕都认为鲁道夫说的话是漫不经心的——在他与玛丽·冯·维茨拉交往期间，鲁道夫突然对米兹说想要轻生。但米兹对此一笑置之，相信这只是过量的酒精和吗啡造成的胡言乱语。[65]

但是在那个秋天，鲁道夫开始要求随从们加入他的自尽计划，这让谈话的气氛变得凝重。鲁道夫的私人秘书维克托·冯·弗里切中尉在听到皇储问他是否愿意与自己一起赴死的时候惊呆了；弗里切解释说，尽管他认为这是一项极大的荣誉，但他依然不愿意自尽。鲁道夫转而询问副官阿图尔·吉斯尔·冯·吉斯林根男爵（Baron Artur Giesl von Gieslingen）；但吉斯尔和弗里切一样无意于此，礼貌地拒绝了皇储的要求。[66]令人不安的事态发展，导致皇储身边的许多随从要求调离岗位。[67]鲁道夫甚至还威胁斯蒂芬妮，愤怒地说要先射杀她后再自杀。[68]

12月，鲁道夫再次要求米兹与他缔结自杀协议，声称这一举动是为了荣誉：他们将在莫德林（Mödling）的骠骑兵神殿（Husarentempel）饮弹自尽，营造一起震惊世人的、有象征意义的轰动事件。那座为纪念牺牲的皇家骠骑兵而建造的荣耀殿堂，将成为鲁道夫的圣坛，展示他对父皇推崇的英勇忠君保守思想的终极蔑视。[69]这一次，米兹笑不出来了。鲁道夫的态度令她有些害怕，于是她向维也纳警察局局长弗朗茨·冯·克劳斯男爵汇报了鲁道夫的要求。克劳斯对此不以为意，不仅无视她提供的信息，还威胁说，如果她再对任何人提起这件事，当局就会起诉她。[70]

那年圣诞节，皇室家族聚集在霍夫堡宫庆祝：三棵蓝冷杉 98 散发着芳香，枝条间点缀着蜡烛和镀金饰品，旁边的长桌上堆满了礼物。鲁道夫从维也纳传统的圣诞集市上为年幼的女儿买了玩具；他为母亲搜集了她最喜爱的诗人海因里希·海涅（Heinrich Henie）的原始信件手稿——对他用心准备的礼物，皇后却毫不在意。[71]事实上，伊丽莎白只专注于炫耀她那令人意想不到的最新收获：她在肩膀上文了一枚船锚的图案，这让她的皇帝丈夫瞠目结舌。[72]

微笑和礼物无法掩藏紧张的暗流。鲁道夫明显有些不对劲，伊丽莎白把玛丽·瓦莱丽拉到一边，再次提醒她留意兄长的不善行为。然后她转向儿子。在让他承诺会善待玛丽·瓦莱丽之后，伊丽莎白拥抱了鲁道夫，并说她爱他。听到这话，鲁道夫失控地痛苦呜咽；他哭着说，母亲"很长一段时间"没有说过这种话了。[73]弗朗茨·约瑟夫和伊丽莎白为儿子的表现感到尴尬，他们都没有意识到，当鲁道夫越来越接近深渊的边缘时，他的情感崩溃是孤注一掷的呼救。

第二部分

第七章

1889年1月，维也纳一派太平盛世的景象，狂欢的人们全身心地投入了社交季；宫廷因为哀悼伊丽莎白皇后的父亲而取消了庆典仪式，但贵族云集的维也纳依然处于庆典氛围中。施特劳斯带领音乐家们在剧院年度舞会上演奏着华尔兹；人群蜂拥着赶赴实业家的舞会、理发店的舞会、洗衣店的舞会、面包店的舞会、维也纳市政府的舞会，还有最具人气的"第四维舞会"——在那里，树木和花朵从天花板上的花园中倒垂下来，外表邪恶的女巫和术士在客人之间穿行。[1]但在表象之下，一种不祥的氛围笼罩着整座城市，"普遍的不满"和"忧愁的气息"在社会上泛起涟漪。[2]

在亚得里亚海边的阿巴齐亚度假村（resort of Abazzia），鲁道夫与斯蒂芬妮在安焦利纳别墅（Villa Angiolina）共同度过了1888年的最后一周。12月29日，鲁道夫决定不在这里迎接新年，而是返回了维也纳。[3]他从霍夫堡宫给妻子寄了一封信："我送给你一切美好的新年祝福，祝你健康开心，快乐无忧，一切遂意。"[4]但鲁道夫在写给莫里茨·塞普斯的信中的语气却是黯淡的："眼下的和平是不祥的，就像暴风雨前的平静。情况一定不会这样持续下去，这是我仅存的安慰。"[5]在回信中，塞普斯尽其所能为沮丧的鲁道夫打气：

102　　　　压迫不可能永远存在，变化的一年很快就会到来。当那些腐烂、褪色和陈旧的事物让位于新鲜活跃的事物，实质上就是一种复兴，这对于世界是必要的……你的任务是让你的精神和身体保持强大，为以后的行动做好准备……你免不了经历恶意和背叛，但你已经用坚毅的意志撼动了它们。世人都知道你渴望伟大的事物，你有能力实现它们……你有很多敌人。但依靠你自己，你的天分和才能、你的力量和忍耐……你将成就伟大的事业。[6]

半年一届的帝国陆军高级指挥部会议定于 1889 年 1 月 1 日举行；像往常一样，鲁道夫没有受到邀请，但这一次他无视怠慢，不请自来，还主动发表了自己的意见，不顾叔祖阿尔布雷希特的沉默皱眉。[7]鲁道夫在新年的几周过着忙乱而分裂的生活：军团的职责，以及巴伐利亚的利奥波德亲王、巴滕堡的亚历山大亲王（Prince Alexander of Battenberg）和一群俄罗斯高官的访问占据了他白天的时间；到了夜里，他就潜入低俗咖啡馆或米兹·卡斯帕的家，灌下香槟和干邑直到大醉，再给自己注射大剂量的吗啡。当斯蒂芬妮在 1 月 11 日返回维也纳时，她"对皇储的变化感到震惊，并且这一次的变化比以往任何时候都更明显。皇储很少处于清醒状态，直到黎明时分才回到霍夫堡宫。至于他身边那些狐朋狗友，还是不提为好。他紧张不安的烦躁情绪变得更加强烈。他用恶毒的话语谈论着可怕的事情，并且在我面前冷冷地摆弄他随身携带的左轮手枪。说真的，我开始害怕与他单独相处"。[8]

斯蒂芬妮对与丈夫独处的担心其实没什么必要，因为鲁道夫竭力将她排除在自己的生活之外。1 月 20 日，当他在堂兄

约翰·萨尔瓦托大公的乡村庄园沃特城堡（Schloss Orth）捕 103
鹰时，鲁道夫邀请朋友霍约斯一起去维也纳森林的梅耶林狩猎
行宫打猎——他说自己计划在 2 月初前往。[9]得知此事的斯蒂芬
妮说，鲁道夫"明确表示此行不希望有我跟随"。[10]斯蒂芬妮猜
到了他的意图，担心他会携玛丽·冯·维茨拉同行。她的姐姐
路易丝回忆说，斯蒂芬妮某天上午突然来到科堡宫（Coburg
Palace），显得"焦虑而烦躁"。她告诉路易丝，"鲁道夫要去
梅耶林，打算在那里住上一些日子。他肯定是有伴的。我们能
怎么办？"[11]路易丝的丈夫菲利普亲王也收到了前往行宫的邀
请，但路易丝并不能对此提供任何建议。

直到 1 月 13 日晚，鲁道夫才再次与玛丽见面，她被布拉
特菲施接到了霍夫堡宫。玛丽回到家后，向女仆阿格内斯哭
诉："啊，我如果今天不去见他就好了！现在我不再属于自己
了，而是只为了他而存在。从现在开始，我必须对他言听计
从。"[12]玛丽还对赫米内·托比亚斯剖白："我必须向您承认一
件会让您非常生气的事。我昨天晚上 7 点到 9 点和他在一起。
我们都失去了理智。从现在起，我们的身体和灵魂都合为一体
了。"[13]两天后，玛丽用她从舅父亚历山大那收到的 400 古尔登
（相当于 2017 年的 2556 美元）圣诞礼金，从维也纳高端珠宝
商罗德克（Rodeck）那里购买了一只金烟盒。她在烟盒上刻
上日期：1 月 13 日，以及"感谢上天的恩赐"（Dank dem
Glücklichen Geschicke）的句子，将其赠给了鲁道夫。[14]

在梅耶林悲剧之后，那些与鲁道夫、玛丽以及两人的私情
密切相关的人，想协力抹去这段历史，坚称他们的恋情从 11
月 5 日才开始，1 月 13 日两人才发生了实质关系。但这一说
法很难站住脚。这段关系始于 1888 年 4 月，比先前人们怀疑

的要早得多；他们在爱德华·帕尔默的公寓里定期约会，1888年秋天，玛丽至少有二十个夜晚乘坐布拉特菲施的马车造访霍夫堡宫，其中就有 9 月那次"皮草配睡裙"的有意挑逗。正如拉里施回忆的那样，凭借权贵意识和对享乐的不懈追求，"在涉及欲望时"，鲁道夫并不是那种愿意延迟满足的人。[15]鲁道夫的性征服对象数量众多，他不习惯被人拒绝。玛丽也不是那种坚守道德礼节的女性：凭借"随意"的名声和一连串的旧情人，她早已不再以纯洁的处子自居。鉴于两人的性格和欲望，鲁道夫和玛丽不太可能等上九个月才完善他们的关系。

始终持不赞成态度的赫米内·托比亚斯一再警告玛丽不要与已婚的皇储发展关系。"我知道您讲的一切都是对的，"玛丽回应说，"但我无法改变事实。我有两个朋友，您和玛丽·冯·拉里施。您为我的灵魂幸福而工作，玛丽为我的道德堕落而努力。"[16]鉴于此，玛丽很可能在之前写给托比亚斯的信中没有完全诚实，而是有所闪躲；她隐瞒了这段私情中性欲的部分，直到自认迫于情势不得不坦白。现在看来，他们在 1 月 13 日缔结的联系并不是肉体层面的，而是就某些不为外人所知的秘密达成了共识。在玛丽易受影响的头脑中，这巩固了她为这段私情编织的浪漫童话，并不可逆转地将她与鲁道夫绑在一起。

玛丽忘乎所以地过了一整周。1 月 19 日周六，她失约了之前接受的一场舞会邀请，溜到霍夫堡宫去见鲁道夫。[17]1 月 24 日下午，她在普拉特公园再次与他简短交谈，次日晚上怀着踊跃的心情去溜冰。[18]溜完冰之后，玛丽在路上看到了一个占卜师，于是不顾女仆的反对，钻进帐篷去求了一卦。几分钟后，玛丽出来了，显得"震惊又兴奋"。她那天异常安静，但阿格内斯发现她在晚上辗转难眠。"上帝，我发烧了，"玛丽

抽泣着说，"我一直在想那个女人告诉我的事情。"她说，这
位先知警告她家中即将有人死亡——很可能是自杀。玛丽似乎
对此惊骇不已。[19]

　　第二天早上，当她的母亲来检查她的房间时，玛丽显得疲
倦和焦虑。发酵的流言蜚语、玛丽的鲁莽行为、迫近的危险预
感，加上阿格内斯·亚霍达交代说女主人一周前购买了一枚昂
贵的烟盒——某件事让海伦妮·冯·维茨拉陷入了突然的恐
慌。海伦妮后来声称，直到此时她才怀疑这两人的关系；但事
实上，她已经连续几个月暗中促成他们的私情，用现金和昂贵
的礼服贿赂拉里施，甚至拿这桩风流事开玩笑。海伦妮撬开玛
丽的珠宝盒，发现了几张鲁道夫的照片、玛丽在 1 月 18 日撰
写的遗嘱，以及一枚刻有鲁道夫名字的银烟盒——他在与性征
服对象告别时的标准礼物。[20]

　　母女俩的争执随之而来，玛丽逃到了大酒店，寻求拉里施
的庇护。伯爵夫人见玛丽"脸色如死人一般苍白，眼睛睁大
得离奇；似乎刚遭遇了一件可怕的事情"。她瘫倒在扶手椅
上，恸哭不止。"哦，亲爱的玛丽，请带我离开维也纳吧！如
果我只能留在家里，我会死的！"[21]

　　拉里施最终让她镇定了下来，并将她送回了维茨拉大宅。
但是，一踏进自家的宅子，玛丽就晕倒过去。佣人们将她抬到
床上，她还是"如死人一般苍白，闭口不言"，正如海伦妮回
忆的那样。"你对她做了什么？"拉里施指责男爵夫人，但海
伦妮太生气了，没有回答。为了安抚海伦妮，拉里施撒谎说那
枚刻有鲁道夫名字的烟盒最初是送给她的，她只是把它当礼物
转赠给了玛丽。[22]

　　维茨拉宅邸的闹剧告一段落；但在霍夫堡宫，一场更为重

大的对抗正在发生。两天前，鲁道夫参加了英国大使奥古斯都·佩吉特爵士举行的晚宴。根据佩吉特夫人的说法，鲁道夫 106 "似乎有些变化，不再那么阴阳怪气、瞧不起人，而且他第一次在谈话时看着我的眼睛"。[23] 然而，鲁道夫的好心情在几个小时后就消失了，那时他在剧院观赏《三个品脱》（*Die drei Pintos*）。皇帝本没计划出席，但所有观众都注意到陛下很快驾临皇室包厢，并与儿子进行了一番气氛紧张的谈话。一番直言之后，弗朗茨·约瑟夫待第二幕结束就突然起身离开了剧院。[24]

不知出于什么原因，忧心忡忡的弗朗茨·约瑟夫采取了此种姿态，父子间的对抗在周六再次爆发了。像往常一样，皇帝凌晨 4 点多就起床穿戴整齐，5 点准时坐在办公桌前阅读最新的报告和报纸。那天早上，皇帝得知了某个令人震惊的消息并做出了反应：他派一名副官去传召，要皇储在 9 点前正式觐见。这次宣召让鲁道夫紧张不安。鲁道夫穿着步兵团检察长的全套制服离开他的套房，穿过大理石厅来到皇帝的起居处，并被召进了书房。在紧闭的屋门后到底发生了什么，人们对此始终说法不一；但弗朗茨·约瑟夫显然因为某事极为愤怒。"狂风暴雨"般的"激烈"谈话让局面变得很糟糕。[25] 拉图尔·冯·特尔姆伯格声称，皇帝被"痛心和愤怒压倒了"，在与鲁道夫说话时"情绪极其激动，语言尖锐直白"。[26] 当鲁道夫终于打开书房的门走出来，在场的一位大臣能明显看出父子间发生了"可怕的事"。斯蒂芬妮的首席侍寝女官索菲·冯·普伦克 - 克拉普斯（Sophie von Planker-Klaps）看到鲁道夫疾走过大厅，回到自己的套房。皇储显得"非常沮丧、濒临崩溃，拿着将军礼帽的手肉眼可见地颤抖着"。[27]

　　鲁道夫感到极度不安，离开维也纳是最佳的选择。他等不
到 2 月了，决定在 1 月 29 日周二就出发到梅耶林去。他派装
弹手鲁道夫·普赫尔（Rudolf Püchel）提前一天带一小队内务
人员前往梅耶林，为迎接皇储做准备。[28]鲁道夫还通知常驻梅
耶林的猎人弗朗茨·沃迪卡（Franz Wodicka），命其将计划变 107
动告诉霍约斯，并在 1 月 29 日和 30 日两天到行宫来当值。[29]

　　安排一番之后，鲁道夫在周日早上突然造访了拉里施在维
也纳大酒店的套房。"我希望你明天把玛丽带到霍夫堡宫。你
必须说服男爵夫人允许玛丽和你一起出门。"根据拉里施的回
忆，鲁道夫"非常激动"，说话时脸色苍白，神情紧张。[30]

　　在那个周日的早上，坐立不安的玛丽正在恳求母亲允许她
与拉里施一起到普拉特公园兜风，表示"这是她唯一的乐
趣"。[31]海伦妮觉得玛丽在经历了前一天的争执之后仍然"面无
血色"；不过她吻了玛丽，并"恳求她理智点，别再胡闹"，
然后才终于允许她去见拉里施。[32]当伯爵夫人在维茨拉大宅接
上玛丽时，时间已经过了下午 2 点半。路易丝亲王妃恰好也在
普拉特公园，她发现妹夫的马车停在主道边，而他本人正在同
拉里施和玛丽谈话。[33]鲁道夫一看到路易丝，就挥手把拉里施
打发走，来和妻姐说话。他的"神情很古怪，苍白而狂热，
似乎处于神经衰弱的边缘"。在离开之前，他让路易丝告诉
"胖子"——他无礼地赐给襟兄的绰号——周二他会在梅耶林
待客。[34]

　　当天晚上，拉里施写了一封短笺给鲁道夫，向他保证第二
天早上会把玛丽带到霍夫堡宫。短笺的措辞让她日后"厌恶
表弟为人"的说法站不住脚："你知道我盲目地服从于你，不
论你何时提出要求，我永远会遵守你的命令！在如今这危险的

情势下，我自然会陪着她来的，我不能让她孤身陷入难堪的境地——因此无论发生什么事，我都一定会来！"[35]

信件发出后，拉里施又折回维茨拉宅邸。当天晚上，德国大使海因里希·罗伊斯亲王要在使馆举行庆祝德皇威廉二世三十岁生日的晚宴。尽管宫廷仍然在为皇帝的岳父哀悼，但作为德国的忠实盟友，弗朗茨·约瑟夫和除皇后以外的皇室成员将会出席宴会；维茨拉一家也将应邀参加。拉里施看到，玛丽和母亲、姐姐一起坐着喝茶，不过她在茶里兑了朗姆酒，还吸着烟，而海伦妮·冯·维茨拉在一旁数落她。拉里施跟随玛丽走进了她的卧室，看着这个年轻姑娘换上了一套浅蓝色镶黄边的礼服。"我美吗？"玛丽笑着问，并"冷冷地"说斯蒂芬妮肯定会注意到她并感到嫉妒。拉里施回忆说，"我敢肯定她的眼里怀着敌意"。[36]

当天晚上，玛丽的敌意展露无遗，她在舞会上有心给斯蒂芬妮难堪：当时的媒体报道了舞厅的"一个激烈场面"，很可能就是海伦妮扯着不情愿的女儿行屈膝礼。[37]受到强烈羞辱的斯蒂芬妮叫来鲁道夫的内廷总管卡尔·冯·庞贝尔，请他向她的丈夫转达她想要离开的意思。她礼貌地向罗伊斯亲王道别并走到舞厅门口，但鲁道夫还站在大厅的中央，因为玛丽此时突然走过来与他交谈。鲁道夫犹豫了一阵，才去与妻子会合。一个目击者称："当时的奇怪情景让在场的人都呆住了。"还有几个目击者听到，在鲁道夫和斯蒂芬妮走下铺着深红色地毯的台阶时，夫妇之间爆发了"一阵激烈的言语冲突"，这让舞厅的其余人等陷入了尴尬。[38]

深夜，鲁道夫让他的朋友莫里茨·塞普斯到霍夫堡宫与他见面。塞普斯发现皇储"处于一种可怕的紧张亢奋状态"。前一天与父亲的对峙让鲁道夫大为震动。他抱怨说，在刚才的晚宴上，弗朗茨·约瑟夫故意转身背对着他，这是对他的公然羞辱。如果确有此事发生的话，那一定是这一幕太过短暂了，现场没有人能注意到；也许皇帝在看到玛丽·冯·维茨拉在舞会上大肆张扬时简短地表达了他的不满。不管怎样，鲁道夫的沮丧并非因为情妇的当众失礼，而是因为他父亲不加掩饰的轻视态度。他告诉塞普斯："皇帝公开侮辱和贬低了我。从现在起，我们之间的所有关系都破灭了。从现在起，我自由了。"[39]

　　时至午夜，在与塞普斯话别之后，鲁道夫去了米兹·卡斯帕家。他的心情是黯淡的：到了她的宅子，皇储抓起一瓶香槟，喝了两小时。酒精让他的言谈无所顾忌起来。米兹听到鲁道夫宣布，他计划"给当局搞个大乱子"。他固执地说，为了荣誉他必须在梅耶林自尽；他的堂弟弗朗茨·斐迪南大公会在他死后成为皇储。米兹之前曾听过这类有关自杀的醉话，但上次她去警察局报告时，警方威胁说如果她再敢乱讲，就要起诉她。她能做的只有倾听情人语无伦次地喋喋不休。最终，鲁道夫在凌晨3点离开了。当走到门廊时，他举起手，在米兹的额头上画了个十字——这是他从未做过的事，也与他的无神论理念完全相悖。[40]

第八章

　　1889 年 1 月 28 日周一，维也纳的空气寒冷而清冽，宽阔的大道旁积雪成冰，表面凝结了一层闪耀的白霜。那天早上，鲁道夫唤来侍从普赫尔，将临时的计划变更告知他。鲁道夫说："今天我就要去梅耶林。"而他本该在次日前往。普赫尔不需要负责安排什么：鲁道夫早在那天清晨已经派出了一批随从前往狩猎行宫。鲁道夫告诉普赫尔："我还在等一封信和一封电报。"当这封信到达时，普赫尔将它送到了主人手上。他看到鲁道夫站在卧室的窗户旁，茫然地盯着外面，"心事重重。他把手表握在手中，转动着发条旋柄。他似乎没有注意到我"。普赫尔默默地把信放在桌上，然后离开了。大约三十分钟后，电报也到了。普赫尔发现鲁道夫还站在窗前，手里仍然握着表，保持着凝视窗外的姿势。皇储浏览了电文，令人捉摸不透地自语道："是的，只有这样了。"[1]

　　那天早上 10 点一刻，拉里施在大酒店门口上了一辆马车，让车夫弗朗茨·韦伯（Franz Weber）带她去维茨拉宅邸。她在那里接上了玛丽，告诉海伦妮她们打算去购物。[2]玛丽穿着出自皇室女装设计师约瑟夫·菲舍尔（Josef Fischer）之手的溜冰服来御寒：一条橄榄绿的百褶裙和配套的紧身夹克，里面穿着黑色蕾丝花边的真丝衬衫；头戴一顶小绿色毡帽，上面饰有黑色鸵鸟毛和薄面纱；脖子上围一条鸵鸟羽毛的围巾。[3]拉里施回忆说："我觉得她看起来前所未有地漂亮。"在马车上坐定后，拉里施说自己请求玛丽"结束这段经历，否则我担心它将给我们所有人带来灾难性的结果"。但玛丽只是笑了笑。她们先去了白猫服装店（Weisse Katze）购买内衣；接着韦伯驱车前往霍夫堡宫，遵从拉里施的指挥，停在了奥古斯汀堡垒的铁门外。一名仆人在那等待着，引领她们前往皇储的套房。[4]

拉里施认为玛丽对这条穿过宫殿的迂回路线"熟悉得不可思议"。根据拉里施的说法，在等鲁道夫的时候，玛丽吻了她，说："对于我给你造成的一切麻烦，我希望你能从心底原谅我。无论发生什么事，我都不是有意要欺瞒你的。"[5]这不太像玛丽会说的话；很可能拉里施编造了这段对话，来"证明"这对情人"利用"了她，滥用了她的信任。

不久，鲁道夫现身了，并要求私下与玛丽谈话；几分钟后，他独自一人返回。他告诉表姐，玛丽已经离开了霍夫堡宫。他要拉里施返回维茨拉宅邸，并报告玛丽在购物时失踪了。拉里施后来声称，自己当时被吓呆了。鲁道夫狂暴地抓住她，在她面前挥舞着一把左轮手枪，咆哮道："你想要我伤害你吗？除非你发誓保持沉默，否则我会杀了你！"鲁道夫解释说，他需要与玛丽谈心，"这两天内可能会发生很多事，我希望玛丽和我待在一起。我正站在悬崖的边缘"。他给了表姐500古尔登（相当于2017年的3200美元）用来贿赂车夫，以支持她关于玛丽"失踪"的故事。[6]

鲁道夫告诉他的车夫布拉特菲施驾车在奥古斯汀堡垒的铁门边上等候。快到11点时，玛丽·冯·维茨拉从霍夫堡出来，布拉特菲施向她招手示意。他们很快飞驰过城市，朝着维也纳郊外约10英里处的红色谷仓（Roten Stadl）客栈疾行，鲁道夫计划好要在那里与他们会合。[7]几分钟后，拉里施乘车到了煤市街（Kohlmarkt）的罗德克店铺。弗朗茨·韦伯显然已经接受了贿赂，后来向调查的官员们坚称，玛丽和伯爵夫人在一起，但趁着拉里施购物时从马车里消失了。[8]

打发走了那两位女士，鲁道夫罕见地前往妻子的房间。他不是来找斯蒂芬妮的；相反，他让皇储妃的侍女去把他的女儿带来，他想在前往梅耶林之前见女儿一面。索菲·冯·普伦克–克拉普斯在几分钟后回来复命。她怯怯地解释说，小伊丽莎白的保姆说女孩正在忙着，因此不能见她的父亲。[9]碰了壁的鲁道夫在11点半离开了霍夫堡宫，亲自驾着一辆敞篷马车穿过维也纳，去郊区的红色谷仓客栈与玛丽会面。他穿着花呢狩猎装，外披一件及膝的匈牙利枪骑兵皮大衣，头戴平顶帽。[10]

布拉特菲施记得，玛丽在去往红色谷仓的路上异常安静，没有对他说一句话。他们早就到了，布拉特菲施驾着马车徘徊了将近一个小时，等待鲁道夫的到来。皇储终于出现了，下了马，迅速登上布拉特菲施的马车；他微笑着说抱歉让他们久等，接着命布拉特菲施行驶到梅耶林去。鲁道夫不想沿正常的路线走，而是要求布拉特菲施抄一连串的小路；他还让马车放慢速度，这是为了耽搁时间，以便黄昏之后再抵达。[11]他们绕过了古老的巴登度假村——贝多芬和莫扎特都曾在那里消磨过夏天，然后消失在积雪路滑、人迹罕至的小路上。车轮数次陷入车辙沟，鲁道夫不得不下来帮布拉特菲施将车辆推回路面。[12]

当马车轧轧地经过一片松树和云杉林、驶向维也纳森林的山谷时，已是下午晚些时候了，日头迅速淡出了冬日清澈的天空。前方，一处山谷依偎在绵延起伏的丘陵和开阔的田野中，梅耶林便坐落在帝国都城西南约 16 英里外的阴影处。14 世纪，来自附近圣十字修道院的修士们就开拓出了一片农场，并建起了圣劳伦茨教堂。几个世纪以来，这块地皮已经为私人所有，还增添了几栋小度假屋、厨房和马厩。尽管周围的森林是极好的狩猎场所，庄园里的建筑物却都相当简陋，明显达不到通常的皇家标准。[13]但这里自有它的魅力，1887 年鲁道夫从莱宁根－韦斯特堡的赖因哈德伯爵（Count Reinhard von Leiningen-Westerburg）手中买下梅耶林很可能并非偶然。伯爵和他美貌的妻子安娜住在庄园的一栋别墅里，而安娜恰好就是昔日的女伶安娜·皮克——皇储的旧情人，曾与他同床共枕并陪伴他去布鲁塞尔向斯蒂芬妮求婚。解语花般的新晋伯爵夫人近在咫尺，这平添了梅耶林的吸引力。[14]鲁道夫在那里逗留的时间越来越多，还在南边围墙花园的一侧新修了一条保龄球道和一个步枪打靶场。狩猎行宫的主体建筑位于中心地带，是一幢简朴的白色双层楼房，点缀着百叶窗户，屋顶有陡峭的灰色斜脊，东、南、西三面都有大门拱卫。[15]

鲁道夫在森林边缘停下了马车，为了避人耳目，他先行前往行宫，让玛丽在原地等待。玛丽隐身在白雪皑皑的小灌木丛中，直到布拉特菲施返回接上她，并迅速带她驶入南大门，从那里她能够经由仆人通道进入别墅内部，不会引起任何注意。[16]她的目的地是鲁道夫的私人套房，位于一楼的东南角。在别墅主走廊的东边，有一道门通往一间会客室，鲁道夫的书桌就放在一组令人印象深刻的鹿角装饰品下面；经过会客室，打开一扇漆成白色的门，就是鲁道夫位于角落的卧室，两边的外墙上各有两扇百叶窗，天花板上悬着一盏小煤气吊灯。贴着瓷砖的炉子周围，摆放着红色天鹅绒面的沙发和椅子；在东墙

115 的中间位置摆着一张深色橡木的双人床，高高的床头板上有流线型的纺锤装饰。床右手边的第二扇门通向一个小走廊，那里的一段私人楼梯连接着楼上斯蒂芬妮的套房。[17]

刻意掩饰玛丽行踪的鲁道夫让她待在卧室里，藏身在拱形天花板下、帘幕重重的百叶窗后面。为了避开探究的眼光，她需要隐藏起来：除了布拉特菲施，庄园里还有二十四个人，其中包括三名警察，他们可能会在小本子里记录下所有往来人员。[18]然而除布拉特菲施之外，只有一名仆人确切知道玛丽的存在，那就是约翰·洛舍克，他于当天下午早些时候就来到了梅耶林。洛舍克生于 1845 年，十八岁时作为猎场看守进入了宫廷；1883 年，他被任命为皇储的门房，有时还担任随身男仆。像布拉特菲施一样，洛舍克知道主人的所有秘密：据说鲁道夫的吗啡就是他搞来的，他还定期在鲁道夫、玛丽和拉里施之间传递信件。[19]他也在梅耶林住下了，待在会客室旁边的一间小卧室，以服侍玛丽用餐，并在需要时回应她的召唤。

与梅耶林的平静形成鲜明对比的是，周一鲁道夫和玛丽突然离开维也纳所造成的混乱局面。那天上午离开罗德克后，拉里施 11 点半抵达了维茨拉宅邸。海伦妮·冯·维茨拉说，她"仿佛疯了"似的闯进来。"我把她弄丢了！"拉里施浮夸地大叫，"她离开了我！"伯爵夫人声称她独自去罗德克店铺购物，把玛丽留在马车里；当她回来时，这个年轻女子已经不见了。拉里施说，玛丽溜出了车厢，登上了另一辆快速驶离的马车。[20]

听到这，海伦妮脸色苍白地说："我就知道她会做出些轻率之举。"[21]在她的回忆录中，拉里施称汉娜·冯·维茨拉在玛丽的房间里搜索并发现了一封信；但据海伦妮说，信是由伯爵夫人递交给她的，说是在马车里发现的。"我无法继续活着，"116
玛丽写道，"今天我已先行一步；当你找到我的时候，我的生
命将已然消失在多瑙河，玛丽。"[22]

拉里施坚持认为，这张纸条只是玛丽热衷戏剧表演的一个
体现。"你用不着相信，"看了这条不祥的信息，她对海伦妮
说，"她太热爱人生了。也许她是与皇储一起消失了。"海伦
妮后来声称，她对这一说法表示了抗议："但她根本不认识
他！"[23]这点弥补性的粉饰很明显是为了挽救她自己的声誉。但
海伦妮自己也冷静地将这张纸条上写的东西视为"荒唐的"，
并补充道："让我们看看她是否会回来。我不容许任何丑闻发
生，这对我们在维也纳的地位将是致命的。"拉里施后来写
道："对流言蜚语的恐惧似乎远比失去女儿更能影响她。我忍
不住为玛丽感到难过，因为她的母亲似乎对她没什么真正的
感情。"[24]

与这桩私情牵扯颇深的拉里施希望隐瞒真相，于是她主动
提出去和警察局局长克劳斯交涉。"让我一个人去找他，"她
对海伦妮说，"我会私下告诉他我所有的推测。如果你去，被
人看到了，就会有人说闲话。"[25]拉里施对克劳斯小心翼翼地
重复了玛丽在罗德克购物时从马车里失踪的故事，并假装不了
解对其中的原委；至于玛丽的信，拉里施坚持说那不值得认真
对待。[26]她声称，主要的目标是"说服女孩立即回到她母亲身
边"。但随后拉里施透露了一个重磅消息：玛丽的失踪很可能
与皇储有关，可否请男爵帮她找到鲁道夫并解决这一问题？听
到这，克劳斯立刻表示，他不可能干涉鲁道夫的私事。[27]

克劳斯对这件事没有多少同情心：惹人厌烦的维茨拉家族
应该爆发一桩丑闻，最好是能让他们颜面扫地，离开维也纳。

当拉里施回到维茨拉宅邸汇报这次访问的经过时，海伦妮叫来了她的弟弟亚历山大，举行了一场仓促的家庭会议。拉里施回忆说，巴尔塔齐"对他外甥女的行为感到非常愤怒"。他似乎有些受刺激。巴尔塔齐宣称他要找到皇储，就这段私情与鲁道夫对峙；而海伦妮一再重申绝对不要将丑闻公开。最后，拉里施说，傍晚巴尔塔齐叫她一起再去见警察局局长，要求警方搜寻玛丽的行踪。[28]

第二次到访警局也没什么成果。克劳斯解释说，梅耶林是一处皇家住所，因此超出了他的管辖范围。"如果我掺和到皇室的爱恨情仇里去，"警察局局长称，"那我自己也会惹上麻烦的。说真的，我可不敢。"听到这话，巴尔塔齐爆发了。"什么？"他喊道，"难道哈布斯堡家的人可以像低贱的强盗那样作为，却能逍遥法外？维也纳没有正义吗？"[29]但克劳斯又解释说，任何调查都意味着玛丽失踪的消息将不可避免地被泄露给媒体，而这是海伦妮·冯·维茨拉力求避免的。[30]最终克劳斯同意进行一些谨慎的调查；在他们离开后，克劳斯记录下了拉里施的可疑之处："她来不是要汇报情况，而是想要给自己开脱"。[31]

由于害怕警方的调查将揭露她在二者私通中所扮演的角色，拉里施一回到大酒店的套房，就给克劳斯写了一封紧急信件。她警告说：

> （海伦妮·冯·维茨拉）可能会求助于皇帝陛下，将其作为最后的手段。哪怕如此，我也急切地要求你对我所透露的消息保持沉默。日后的调查无法避免，但我希望尽可能别再提起过去的事，因此请你尽力而为；再说，已经

发生过的事对解决问题是没有用的。至于日后的事情，只
有按照惯常的方法处理了！我的请求仅仅是谨慎地处理今
天发生的事。因为没人想让很多无辜的人被牵连其中。[32]

说了这些还不够，拉里施接着写了第二封信，克劳斯直到　　**118**
1 月 30 日早上才收到：

> 我完全坦率地与你谈话，因为我相信你会把我提供的
> 信息视为私密的，但我有必要告诉你完整的真相，因为我
> 担心事情会比表面上看起来的更严重！我不知道我是否告
> 诉过你，除了我交给女孩舅父的那张便条外，出租马车里
> 还有一封信，这是我来见你并向你进行汇报的真正原因！
> 不过，我同她的家人一样完全没有怀疑什么，我是说关于
> 女孩可能的交往对象。我根本不曾想到会发生昨天那样的
> 事情，而且可能不必我多说，就这次私逃而言，我完全是
> 局外人，只是最不情愿地被卷入了这桩事件！[33]

显然有什么不对劲的事发生了。也许拉里施听到过一些关
于自杀的闲谈。然而，她不断上升的恐慌与其说是源于对鲁道
夫和玛丽的担忧，倒不如说是对她将要丧失名声和地位的畏
惧。克劳斯毫不怀疑这些信件背后的意图：拉里施正在掩饰自
己的过错。

●

1 月 29 日周二，当科堡的菲利普亲王和约瑟夫·霍约斯
一大早离开维也纳时，夜里的大雪已经转成了雨。他们乘火车

到了巴登，到站后再转乘马车前往梅耶林。8 点半抵达时，他们看到所有百叶窗都仍旧关闭着，"好像没人居住似的"，霍约斯后来写道。但有一名仆人打开了大门，将他们带到了别墅一楼的台球室。鲁道夫很快露面，还穿着睡衣，与他们一起享用了"非常愉快"的早餐。但鲁道夫当天没有加入同伴们的狩猎队伍，他解释说前一天他的马车陷入了山路的积雪中，他只得帮忙把车推回车道上，因此受了风寒。霍约斯发觉鲁道夫选择的路线不同寻常，令人"难以理解""非常神秘"，但他什么都没说。鲁道夫待在屋里，而科堡和霍约斯出发到附近的森林打猎。[34]

119

弗朗茨·约瑟夫和伊丽莎白计划于 1 月 31 日前往布达佩斯，但在那个周二的晚 6 点，他们要在霍夫堡宫举行家宴，以庆祝玛丽·瓦莱丽的订婚。[35]鲁道夫和科堡都应当出席。[36]但是当科堡返回别墅时，发现鲁道夫尴尬地绞着双手；最终他告诉他的襟兄，自己打算留在梅耶林。他让菲利普亲王代他亲吻皇帝的手，并解释他患了感冒的情况。[37]科堡在下午 3 点前离开了；而鲁道夫一直等到 5 点 10 分才给斯蒂芬妮发了一封煞风景的电报："请写信告诉爸爸，我恳请他原谅我未能出席晚宴。我得了很严重的感冒，所以我想今天下午最好不要奔波，而是留在此地与霍约斯做伴。热情地拥抱你们，鲁道夫。"[38]

"天啊，我该怎么办？"斯蒂芬妮在读完这条消息后喊道，"我有种很奇怪的感觉。"[39]也许她明白鲁道夫的决定其实是有意为之且关系重大的。他的缺席不仅是对父亲和备受家人偏爱的瓦莱丽的无声抗议，而且他直到最后一刻才取消赴约、扰乱帝国宫廷的精心筹备，是为了与弗朗茨·约瑟夫格外看重的规矩礼仪唱反调。[40]斯蒂芬妮独自出席了晚宴，她无法摆脱萦绕在脑海里的不祥预感。[41]

　　周二，围绕玛丽失踪的剧情在维也纳继续展开。那天早上海伦妮·冯·维茨拉和亚历山大·巴尔塔齐造访了警察局局长克劳斯。海伦妮声称，在玛丽失踪之前，她没有理由"重视女儿对鲁道夫的迷恋"，但现在拉里施确信皇储在某种程度上牵涉其中。克劳斯问，关于这两人的关系，拉里施是否有可能向维茨拉男爵夫人说了谎？海伦妮坚持否认，说她已经认识拉里施"十五年了"。克劳斯曾与出租马车车夫弗朗茨·韦伯谈过话，车夫确认玛丽是拉里施在罗德克期间"失踪"的，但警察局局长怀疑"他可能受了贿赂"。当海伦妮要求进一步调查时，克劳斯再次解释说，如果他发起正式调查，玛丽的名字将不可避免地出现在报刊上；事情发展到了如今的地步，显然男爵夫人的忧虑已经盖过了对绯闻的担心，她把玛丽的一张照片留给克劳斯，警察局局长则承诺调查将"尽可能地秘密进行"。[42]

　　克劳斯知道维茨拉家族有着怎样的坏名声，于是在当天下午参见了塔菲首相，向他汇报情况。但首相似乎并不关心，他觉得海伦妮·冯·维茨拉"本人也参与了这桩买卖，因为她自己的人生和她女儿的人生一样，都充满了疯狂的越轨行为"。他命克劳斯不必加以理会。[43]

　　夜幕降临，在亚历山大·巴尔塔齐的影响下，海伦妮也因玛丽的失踪急昏了头；在克劳斯离开后不久，海伦妮也冲进了首相办公室，要求进宫觐见。起初，塔菲还屈尊敷衍她，解释说他无法与皇储就这一问题直接对话，因为他"与皇储的关系不算好，并且没有理由去干涉人家的私事"。当天晚上皇储应该就会回来；如果殿下没有出现的话，塔菲就会派警探们去进行一些调查，"尽管这种做法让他感到很不舒服"。[44]首相警

120

告说，男爵夫人不能声张此事，除非鲁道夫未能返回维也纳。然而，当海伦妮威胁要直接去觐见皇帝时，塔菲的语气立即改变了。他嘲笑地质问她，究竟是什么让海伦妮认定作风放荡、情人众多的玛丽是与皇储在一起？所有的维也纳人都知道这位年轻小姐的名声。塔菲告诉海伦妮，鲁道夫肯定了解玛丽并非完璧之身。他还举例说，列支敦士登的海因里希亲王就是玛丽的"非常亲密的追求者"之一；听了他的话，海伦妮的脸色"涨得通红"，迅速离开了首相办公室。[45]

6 点到了，鲁道夫没有出现在霍夫堡宫。得知此事，塔菲再次召见了克劳斯。现在，首相建议警察局局长第二天早上暗中派遣一名警官前往梅耶林。他还想知道皇储是否曾向米兹·卡斯帕倾诉过什么。克劳斯将派弗洛里安·迈斯纳（Florian Meissner）警官向鲁道夫的情人询问他的打算，尤其是他与玛丽·冯·维茨拉的关系。[46]

周二的大部分时间，鲁道夫都在梅耶林自己的套房里度过，玛丽还藏在屋里，用餐时也不出来。那天下午晚些时候，他召来了猎人霍恩施泰纳（Hornsteiner），说他不会参加第二天的狩猎。他的某些表现让霍恩施泰纳感到奇怪。"皇储怎么了？"霍恩施泰纳问洛舍克，"他刚才跟我说着话，但似乎完全在想其他事情。"[47]

霍约斯当天下午 5 点半返回了梅耶林：他向一头落单的雄鹿开了一枪，没击中要害，猎场看守人花了大半个下午的工夫追击受伤的鹿，最后才围捕了它。[48] 傍晚 7 点时，他离开了往日的猎场看守小屋，穿过院子，到台球室与鲁道夫一起吃晚餐——他们常在这里享用非正式的餐点。玛丽留在鲁道夫的卧室，霍约斯后来坚持说他对玛丽的存在毫不知情。鲁道夫的心情似乎很好：他"胃口大开"，喝了汤，吃了鹅肉、烤牛肉、鹿肉和点心，还"喝了很多葡萄酒"。饭后，两个人一起聊天、吸烟。话题转到了第二天的狩猎上，但晚上9点钟时，鲁道夫抱怨说，因为感冒，他想早些休息。他站起身，握了握朋友的手，然后走进了自己的房间；霍约斯则回到了大约1000英尺外的住处。[49]

但鲁道夫并没有立即去休息。他叫来了布拉特菲施，命他第二天早上准备好马车等待；他说，玛丽将要返回维也纳。[50]这对情人接着走到了卧室门口，洛舍克在一旁待命。"不要让任何人进来，"鲁道夫警告他说，"连皇帝也不行！"[51]玛丽从口袋里取出一枚镶有钻石的小金表，递给了洛舍克，并说："将它留作最后的纪念。"伴着这些不祥的话语，鲁道夫和玛丽走进卧室，关上身后的门。

第九章

疾风夹着雪粒在梅耶林刮了一整晚；到了 1889 年 1 月 30 日周三的早上，行宫的尖屋顶已披上了厚厚的白色绒毯。破晓得很迟，天色灰蒙而阴沉，四周环绕着的幽深森林在铅灰色的天空下，勾勒出黑暗的轮廓。

那天早上，洛舍克起得很早。6 点 10 分，鲁道夫穿着惯常的狩猎服走出卧室，带上房门，来到小前厅。他命洛舍克安排当天狩猎所需的马匹和马车，并要求在 8 点半开始用早餐，届时菲利普亲王预计将从维也纳返回。在此之前，鲁道夫还想多睡一会儿，他告诉洛舍克在 7 点半叫醒他。鲁道夫接着转身回到了卧室，他的心情似乎很轻松；洛舍克记得，他当时还吹着口哨。[1]

几分钟后，洛舍克听到了两声枪响，他后来称枪声是快速而连续的。他跑回前厅，感觉闻到了空气中的火药味。因为没看到外面有什么异常情况，他尝试打开鲁道夫的卧室门，房门被反锁着。这很奇怪，鲁道夫通常是不锁门的。然而洛舍克并没有为此惊扰任何人；他没再听到什么声音，于是穿过院子，去安排早餐和狩猎的马车。[2]

洛舍克走过布拉特菲施身边，看到这个车夫正坐在马车里，等着送玛丽回维也纳。[3]7 点，当皇家猎手弗朗茨·沃迪卡穿过庭院为当天的狩猎做准备时，布拉特菲施把他叫到一边，对他说："别召集队伍了！今天不打猎了！"疑惑的沃迪卡问这是什么意思，布拉特菲施宣称："皇储已经死了。"[4]显然当时没人理解他在说什么。

7点半到了，洛舍克去唤醒皇储；但他坚持不懈的敲门声没有得到回应。门仍被反锁着，而洛舍克找不到钥匙。男仆渐渐担心起来，他走出前厅上了主楼梯，穿过楼上斯蒂芬妮的套房，然后从小楼梯下到通往鲁道夫浴室的走廊。那儿还有另一扇门能进入皇储的卧室；但当洛舍克试着开门时，他发现这道门也被锁上了。回到前厅，洛舍克抓起一根木柴，用它敲击紧闭的卧室门。鲁道夫由于饮酒过度或注射吗啡过量而不省人事的情况并不罕见，然而他在九十分钟前已经醒过一次了；即使皇储没有反应，玛丽·冯·维茨拉也应该来应门的。[5]

经过二十分钟，洛舍克陷入了恐慌；他派阿洛伊斯·茨韦格尔（Alois Zwerger），即梅耶林行宫看守，去叫霍约斯来。[6]马上就8点了，霍约斯正准备用早餐，男仆来通报说：茨韦格尔带了洛舍克的话，说他无法唤醒皇储。[7]霍约斯并不在意。他告诉茨韦格尔，鲁道夫"可能是累了，让他睡吧"。[8]但在茨韦格尔的坚持下，霍约斯随他一起回到了小屋。[9]

霍约斯到来时，洛舍克还在前厅砸着门。霍约斯问，卧室里有煤炉，鲁道夫是被烟熏倒了吗？洛舍克答，不，卧室的炉子是烧木头的。霍约斯用力叩门，大声喊着鲁道夫的名字，但仍然没有回音。霍约斯认为，"卧室里死亡般的沉默"意味着"显然发生了什么事故"。洛舍克拒绝破门而入；在霍约斯的坚持下，男仆坦白鲁道夫并不是一个人，而是与玛丽·冯·维茨拉在一起。"这个消息自然令我无比尴尬，"霍约斯后来声称，"尤其是我既没有想过男爵小姐就在梅耶林，也不了解她

125

与皇储的关系。"但这种说法令人难以信服。[10]

霍约斯看了眼手表：早上 8 点 9 分，菲利普亲王应该很快就会从维也纳返回参加上午的狩猎；霍约斯决定，还是等一下，让鲁道夫的襟兄承担破门而入的责任更好一些。十分钟后，科堡的马车抵达了，霍约斯将他拦下，拉进台球室，迅速解释了情况。亲王赶到前厅，关上了身后走廊的门，并命令洛舍克破开卧室的门锁；霍约斯说，由于"极其微妙的事态"，他们让洛舍克单独进入房间，然后向他们汇报情况。[11]

洛舍克拿了一把斧头，但他砸不坏门锁。最后他只得用斧子劈向门板，在门上凿出了一个洞。先前 6 点多一点鲁道夫从卧室出来时，天色还是黑的；在窗户紧闭、帷幔遮挡的房间内，灯或蜡烛肯定是点着的，借着那微弱的光线，洛舍克率先透过砸破的门板向内窥视。然而他只看了一眼，都还没有进入房间，就毫不迟疑地宣布说鲁道夫和玛丽都已身亡。[12]

霍约斯说："我们的恐惧和悲伤无法言表。"但如果洛舍克看错了呢？应该叫医生来吗？科堡和霍约斯最终要求洛舍克进入房间仔细查看。[13]洛舍克从门板伸手进去够到钥匙，打开了门。"一幅令人惊愕的景象"呈现在他眼前：玛丽·冯·维茨拉在床的右侧、靠近门的位置，而鲁道夫坐在对面，腿垂在床边，身躯向前弯曲着。洛什克说，他们两人的头都耷拉着，很明显已经死了。鲁道夫的颅顶不见了，脑组织从颅骨渗出，也喷溅到床头板上，血液从他的口鼻处涌出。他的左轮手枪放在床上。玛丽的左侧太阳穴有子弹打入的痕迹，右侧的头骨被震碎了。[14]

"显而易见，"洛舍克回忆道，"鲁道夫先枪击了玛丽·冯·维茨拉，然后自杀了。他找准位置，只开了两枪。"[15]然而霍约斯声称，男仆从房间里跌跌撞撞地出来，说鲁道夫和玛丽是服用士的宁而死亡的，并坚持认为这经常会带来血腥的场面。[16]这听起来很可疑：洛舍克，曾经的猎场看守，见到鲁道夫破碎的头骨和左轮手枪后怎么会认为皇储死于中毒？至于霍约斯，他后来坚持说自己从未进入房间，但这不能令人信服：他和科堡是鲁道夫最亲密的朋友，他们会让洛舍克独自查看情况吗？[17]德国大使罗伊斯亲王似乎很清楚梅耶林事件的经过，他十分有把握地向柏林报告说："我能肯定霍约斯伯爵和科堡亲王在门被破开后立即看到了两具遗体。"[18]霍约斯向外交官欧根·金斯基伯爵（Count Eugen Kinsky）承认，他和科堡曾短暂地进入房间查看了遗体。[19]科堡还在写给维多利亚女王的一封信中承认，他"看到了一切"。[20]亲王还对友人阿道夫·巴克拉克（Adolf Bachrach）法官透露："霍约斯和我发现皇储已经死了。我们是最先看到他尸首的人。多么悲惨！他的头部严重损毁了。"[21]这两人不可能忽略遗体上明显的枪伤。

霍约斯和科堡快速商议对策：显然，鲁道夫和玛丽的死已无法挽回，但他们应该怎么办？最重要的是必须在禀告弗朗茨·约瑟夫之前，对发生的事情守口如瓶。科堡"被悲伤击倒了，以至于几乎失去了行动能力"，因此将噩耗传达给维也纳的不幸任务落到了霍约斯身上。伯爵让洛舍克发电报给鲁道夫的宫廷医生赫尔曼·维德霍斐尔，要求他立即赶到梅耶林处理异常紧急的事务；一名仆人取来伯爵的皮大衣，在早上8点37分，霍约斯登上马车，命令布拉特菲施迅速驶到附近的巴登车站，他可以从那里搭火车前往首都。菲利普亲王则留在梅耶林镇守。[22]

霍约斯回忆说，在驾车途中布拉特菲施"试图向我打听情况"，但伯爵坚称皇储只是不舒服。他警告布拉特菲施不要外传此事。在巴登车站，霍约斯命令布拉特菲施原地等待维德霍斐尔医生，然后跑进电报局，给皇家掌礼大臣康斯坦丁·冯·霍恩洛厄亲王（Prince Constantine von Hohenlohe）传信，说自己即将赶往霍夫堡宫报告紧急事态。接着霍约斯与站长核实：下一班火车是来自的里雅斯特（Trieste）的快车，将于9点18分经过车站。通常它不在此经停，但霍约斯要求火车停靠，说："我正在履行最重要的公务，被特许登上快车。"据霍约斯说，他"最关心的是一切尽可能保密，在梅耶林以及整段旅途中，都没有人从我这里听到任何消息"。[23]

事实上，为了说服站长停下火车允许他搭乘，霍约斯告诉他"皇储开枪自尽了"。[24]这一坦言推翻了霍约斯实际上相信鲁道夫是中毒而死的这一观点。霍约斯一登上火车，站长就跑到了电报局。掌握着的里雅斯特快车开行的南部铁路线的不是奥地利，而是纳塔内尔·罗特席尔德男爵（Baron Nathaniel Rothschild）；几分钟之内，男爵就收到了告知鲁道夫在梅耶林死亡的电报。罗特席尔德立即将电文传给了他最小的弟弟、家族产业负责人阿尔贝特·罗特席尔德男爵（Baron Albert Rothschild），后者火速赶往德国大使馆，将这一悲剧告诉罗伊斯亲王。罗伊斯接着召来使馆领事安东·蒙茨伯爵（Count Anton Monts），传达了皇储轻生的消息。[25]阿尔贝特·罗特席尔德随即赶到英国大使馆。"我必须告知你一件非常悲伤的事情，"他告诉奥古斯都爵士和佩吉特夫人，"你们的皇储已经死了。"[26]维也纳的外交体系因而比皇帝更早得知了鲁道夫自杀的噩耗。

在从巴登到维也纳的旅程中，霍约斯显然意识到，霍夫堡宫一定会询问他在梅耶林到底发生了什么事。尽管他已经查看了遗体，并且向火车站长透露了鲁道夫开枪自杀的秘密，但一想到他不得不向皇帝或皇后禀告这些骇人的消息，他就坐立难安，更别提鲁道夫分明还射杀了玛丽·冯·维茨拉。维德霍斐尔已经在前往梅耶林的路上了，真相很快就会被揭开。在那之前，霍约斯决定混淆事实。在这时，中毒的说法可能已经在他的脑海中形成；之后他很容易解释说自己搞错了，并将误解的缘由推到已故皇储的男仆身上。眼下，霍约斯几乎可以确信，最好不要让帝后承受可怕的真相，这也能避免皇室因他将噩耗带来而迁怒于他。

抵达维也纳后，霍约斯直奔霍夫堡宫；他回忆说，上午10点11分，他从瑞士宫赶到了卡尔·冯·庞贝尔的住处。霍约斯很快向庞贝尔说明了梅耶林的"可怕事态"，请求他禀告皇帝。而伯爵坚决拒绝："我不可能这么做。唯一可以告诉陛下这件事的人是皇后。"霍夫堡宫令人窒息的西班牙礼仪此时发挥作用：庞贝尔认为皇后的掌礼大臣费伦茨·诺普乔男爵（Baron Ferenc Nopcsa）应负责将这桩悲剧告知伊丽莎白。但诺普乔也抗议说这不符合礼仪规范，于是这三个人又将难题推给了霍恩洛厄亲王。鲁道夫曾在帝国军队任中将；霍恩洛厄因此坚称，拥有军职者才有资格禀告皇帝。他们找到了弗朗茨·约瑟夫的副官爱德华·帕尔（Eduard Paar）伯爵。像其他人一样，帕尔并不想承担这项重任：他宣称，只有皇后才能向皇帝传达这样的噩耗。他说必须由诺普乔禀告给伊丽莎白，再请她转告她的丈夫。[27]

伊丽莎白皇后那天早上有希腊语课；诺普乔叫来了她的侍读艾达·冯·费伦奇，并要求立即觐见。伊丽莎白显然对他的打扰感到恼火，说诺普乔"必须等着，过一会儿再来"。但伯爵夫人说服了她，坦白说："他有坏消息，重大的消息，是关于皇储殿下的！"听到这话，伊丽莎白打发走了希腊语教师，费伦奇将诺普乔带进了房间。男爵复述了霍约斯说的话：鲁道夫死在了梅耶林，玛丽·冯·维茨拉与他一起死了；看起来是她毒害了他，然后怀着罪恶感结束了自己的生命。几分钟后费伦奇返回，发现皇后正在大声抽泣。但当毫不知情的皇帝走进来的时候，伊丽莎白已经迅速擦干了眼泪，保持着坚忍的神情。几分钟后，得知儿子死亡消息的皇帝走了出来，脸色灰白，头向下垂着。[28]

出于偶然，卡塔琳娜·施拉特那天早上来到霍夫堡宫想觐见皇帝。沉溺于悲伤的伊丽莎白决定，她能做的最体贴的事，就是让女伶为弗朗茨·约瑟夫提供自己无法给予的情感安慰。[29]"你必须去见他，"伊丽莎白告诉她，"你必须试着帮助他。我什么也做不了。"[30]

还没有人告诉斯蒂芬妮她丈夫的死讯；皇后对儿媳的厌恶再次体现出来，她没有召见一无所知的寡妇，而是找来了她最宠爱的孩子玛丽·瓦莱丽。瓦莱丽女大公看到母亲在卧室里哭泣。"鲁道夫病得非常、非常重，"皇后呜咽着说道，"没有希望了！"玛丽·瓦莱丽不傻。"他是自尽了吗？"她问道。伊丽莎白逃避着："你为什么这么想？不，不。很可能，甚至可以肯定的是，那个女孩毒害了他。"[31]不久后，弗朗茨·约瑟夫也来了，正如玛丽·瓦莱丽所写的那样，"我们三个人紧紧地抱在一起哭成一团"。[32]

与此同时，斯蒂芬妮正在她的套房里学习声乐，一个侍女走进来打断了课程，报告说她有极坏的消息。斯蒂芬妮后来写道："我立刻意识到，我长久以来所恐惧的灾难发生了。"她大喊："他死了！"前来传话的大臣默默颔首，然后离开了。皇帝和皇后忽视了她，仅让一个侍女带来这一悲剧的消息；可想而知，斯蒂芬妮的心情该有多苦涩。[33]"愿上帝怜悯我亲爱丈夫的灵魂！！"在得知这"可怕的"消息后，她在日记里写道。[34]

　　已经丧偶的皇储妃必须等待皇帝的正式宣召，弗朗茨·约瑟夫和伊丽莎白在那天上午晚些时候召见了她。当斯蒂芬妮终于见到公公婆婆时，她发现伊丽莎白已经穿上了黑衣，"脸色苍白、僵硬地"站在丈夫身边，弗朗茨·约瑟夫则坐在沙发上。斯蒂芬妮记得，皇帝夫妇并没有对她表示同情，"他们把我视为罪犯。他们用一连串的问题质问我，其中有些是我无法而其他人都不愿回答的"。斯蒂芬妮感觉到自己成了这起悲剧中被指责的对象，她谈起鲁道夫的古怪行为，以及弗朗茨·约瑟夫如何无视了她的警告；伊丽莎白拒绝聆听："在她眼里，我是有罪的一方。"[35]事件的经过简直太过不堪：显然皇储是被他年轻的情人毒害，那女孩随即自裁。弗朗茨·约瑟夫和伊丽莎白很快决定，这种事绝不能被透露出去。在打发斯蒂芬妮离开前，皇帝夫妇似乎告诉她，官方将称鲁道夫死于心脏病发作。这说法引起了她的怀疑。回到自己的套房后，斯蒂芬妮向索菲·冯·普伦克－克拉普斯哭诉道："你有没有听说皇储今天因为心力衰竭死在了梅耶林？你相信吗？"这一切超出了她的承受限度：斯蒂芬妮崩溃了，一名医生给她打了镇静剂，让她上床休息。[36]她向姐姐吐露，"这可怕的不幸所带来的痛苦让我心碎了"，她还请求路易丝"为我和他祈祷，他是那么善良"。[37]

　　那天上午在霍夫堡宫，还有一个人的心也碎了。早些时候，在悲剧的消息传到维也纳之前，海伦妮·冯·维茨拉再次

131

拜访了塔菲，询问在寻找女儿方面取得了哪些进展。首相不能提供任何消息；但他最后建议海伦妮，如果她认为此事相当紧急，应该去求见皇后，请她对鲁道夫的行为进行干预。[38]男爵夫人同意了，但当她到达霍夫堡宫时，费伦奇试图赶她走，说："你来这儿想做什么？请走吧。"海伦妮拒绝离开。"我丢失了我的孩子，"她喊道，"只有皇后可以把她还给我。"恼火的费伦奇最后还是将这位执着访客的来访上报了皇后。"她知道了吗？"伊丽莎白问。得知她还被蒙在鼓里，皇后说："可怜的女人。好吧，我去见她。"伊丽莎白最终打起精神，"姿态庄严地"面对这位毫不知情的母亲，断然地说："鼓起你全部的勇气，男爵夫人。你女儿死了。"

"我的孩子！"海伦妮哭喊，"我心爱的、漂亮的孩子！"

"但，"伊丽莎白冷冷地说，她的语调因为愤怒而升高，"你知道我的鲁道夫也死了吗？"

听到这话，海伦妮呜咽着倒在地板上，紧紧抓着皇后的裙子，喃喃地说："我不快乐的孩子！她做了什么？她真的能做出这种事吗？"伊丽莎白沉默了。皇后甩开了男爵夫人，冷漠地遣退了她，并警告说："请记住，皇储是因心力衰竭而死！"[39]

掩饰行动已经开始。没有人愿意承认鲁道夫可能被情妇毒害，或者更糟的是与她协议自尽。当传闻在维也纳的外国大使馆间散播时，市井街巷没有人知道发生了什么事。这个冬日的周三上午，显得再平常不过。正午稍过，一队士兵像往常一样行进穿过白雪皑皑的街道：卫兵换岗在弗朗茨·约瑟夫的霍夫堡宫一直是一项精心准备的仪式，有激昂的音乐伴奏。12 点半，军团乐队准时奏起了贾科莫·梅耶贝尔

（Giacomo Meyerbeer）的歌剧《胡格诺教徒》（*Les Huguenots*）中的一段进行曲，身穿整齐军装的士兵们踢着正步，举枪向霍夫堡宫的庭院敬礼。然后，有史以来第一次，音乐突然停止了，没有任何解释。[40]

第十章

　　鲁道夫的死讯很快传遍了维也纳烟雾缭绕的咖啡馆和华丽气派的大宅邸，"黯淡、绝望的刺激感"攫住了整座城市。[1]在证券交易所，人们低声谈论着一桩狩猎事故或者一场谋杀。[2]午后版的《维也纳报》（*Wiener Zeitung*）确认了鲁道夫在梅耶林身亡的消息，将他的死因归于中风。[3]到了傍晚，故事发生了变化。塔菲首相由衷地不喜欢鲁道夫；在内心深处，他可能更愿意对外公布说精神不稳定的皇储杀死了情妇并自尽。不过，塔菲始终是效忠于皇帝的。因此，在周三下午 3 时，他发布了一份简短的公告："最尊贵的帝国皇储殿下鲁道夫大公于今早 7 ~ 8 时在狩猎行宫梅耶林因心力衰竭崩逝。"[4]

　　中风？心脏病？人们很少相信官方公报，而前后不一的解释只会助长阴谋论。中午时分，维也纳的大部分外交使团都已听说了鲁道夫被宣告自尽的传言，而随着时间的推移，传言愈演愈烈。一名军校学员回忆道："我们急不可待地抓住每一丝新闻细节。'狩猎事故''谋杀''自杀'的说法满天飞。这场出人意料的灾难让一切都陷入了混乱。"[5]

　　剧院关闭了，垂着黑幔的鲁道夫遗像悬挂在商店橱窗里。汹涌的人群很快聚集在霍夫堡宫周围，人们呜咽着并向一切可能知情的人——哪怕是最低级的仆人——追问："这是真的吗？"《费加罗报》（*Le Figaro*）写道："维也纳陷入了狂热。"[6]

玛丽·冯·拉里施回忆说："一种阴郁的静默，仿佛覆盖着棺材的幕布似的，笼罩着一切人与事物……一股恐怖神秘的气氛弥漫在空气中。"[7]

1月30日下午1点半，塔菲首相召见了克劳斯男爵。"今天早上，皇储与维茨拉家的女孩被发现死在了床上，"塔菲告诉警察局局长，"他们服毒了。"一个调查委员会已经前往梅耶林；塔菲警告说，最重要的事是隐瞒玛丽·冯·维茨拉在行宫中的死亡，并将她的遗体运到远离梅耶林的地方秘密埋葬。[8]

那天早上海伦妮·冯·维茨拉曾焦急到访霍夫堡宫的事，不久之后就在热衷流言蜚语的维也纳传开了。鲁道夫与玛丽的恋情并不是秘密；人们很快推断，年轻的男爵小姐可能以某种方式卷入了皇储的死亡事件。午后不久，记者们就拥堵在环绕维茨拉宅邸的铁栏杆旁，向任何胆敢露面的人喊叫提问。[9]

恐慌席卷了霍夫堡宫：真相必须被封锁。皇储在皇后私生侄女的帮助下，与一个声名狼藉的年轻女子发生婚外情，而今又可疑地在这个情人身边死去——这样的事情过于羞耻卑劣，皇室绝不能承认。不仅爱打听的记者可能会找到并公布令人不快的细节；还有海伦妮·冯·维茨拉，以她的名声，谁知道她会做出什么来？弗朗茨·约瑟夫不愿承担风险，他召见了塔菲，表示希望海伦妮·冯·维茨拉立即离开维也纳。[10]于是当天下午，皇帝派副官帕尔前往维茨拉宅邸。帕尔伯爵转述了霍约斯的说法，告诉海伦妮，玛丽毒害了毫无防备的皇储，然后自尽了。海伦妮·冯·维茨拉要在当天晚上离开维也纳并一直待在国外，直到皇帝准许她回国。[11]

心怀疑窦的人们也开始在梅耶林行宫外聚集，想要探究真相。当天上午早些时候，受命于克劳斯、前来调查玛丽·冯·

维茨拉行踪的警员爱德华·巴耶尔（Eduard Bayer）没能得到进入别墅的许可。他确信在那些紧闭的窗户后面发生了什么戏剧性的事情，于是这位警员掏出笔记本，开始暗地询问仆人们。有几个人透露说，别墅整夜都灯火通明，大概是举行了什么派对。[12]

午后不久，宫廷医生赫尔曼·维德霍斐尔在庞贝尔的陪同下从维也纳抵达梅耶林；此时，维德霍斐尔才知道鲁道夫和他的情妇已经身亡。洛舍克将医生带进鲁道夫的卧室，打开百叶窗，拉开窗帘。"那种景象我希望再也不看到第二次，"维德霍斐尔后来告诉拉里施，"到处都是血。血迹沾染在枕头上，喷溅在墙壁上，从床上缓缓流淌到地面，凝成了骇人的血泊。"[13]

两具尸首还在床上。玛丽已经完全僵硬了，而鲁道夫的身体还有余温，他至少比情人多存活了六个小时。[14]鲁道夫身穿日常的狩猎服，但有关玛丽的衣着存在争议。洛舍克说她"穿得很整齐"，霍约斯则声称她穿着一条黑色连衣裙。[15]然而，玛丽带到梅耶林的衣服只有来时穿着的那套橄榄绿溜冰服，它被整齐地叠放在卧室的扶手椅上。[16]并没有什么黑色连衣裙，洛舍克和霍约斯可能在试图掩饰玛丽其实是赤身裸体的骇人事实。[17]

维德霍斐尔站在床的左侧，从表面上查看了一下鲁道夫的遗体：他的腿仍悬在床边，上身向前倾，头低垂着。血从他的口鼻涌出，凝结在膝盖的位置，并于床边聚成了触目的深红血池。他的右太阳穴有一处形状不规则的弹孔，边缘有烧焦的痕迹：子弹射穿了脑部，击碎了鲁道夫左上方和后方的头骨。碎骨、头发和脑组织喷射到了床头和床后的墙面上，床单上也沾满了从破碎头骨中渗出的大量脑组织。[18]

玛丽的头同样低垂着，头发散在她的脖颈和肩膀上。她的眼睛大睁，"眼球凸出地瞪着"，空洞地凝视着某处；她的上半身覆满了凝结的血迹，腰部有一摊血。一枚子弹摧毁了玛丽的左太阳穴，伤口边缘被火药烧焦了。子弹穿过脑部，从右耳上方射出并劈开了头骨；一块手帕仍握在她的左手里。[19]鲁道夫的妹妹玛丽·瓦莱丽回忆说，维德霍斐尔在房间里找到了两枚子弹。[20]据说，杀死鲁道夫的那颗子弹被交给了弗朗茨·约瑟夫——对一位悲伤的父亲而言，这无疑是件可怕的遗物。[21]

当天下午晚些时候，司礼大臣官署的宫廷秘书海因里希·斯拉京博士带领七人特派团从维也纳抵达梅耶林，那时天色已经暗了下来。[22]成员们挤进卧室，勘察里头的可怖场景。床头柜上的水晶杯里还盛着白兰地，地板上散落着一只破碎的咖啡杯和两只粉碎的香槟盏。[23]

洛舍克记得手枪被放在鲁道夫身边，大概是留在了床上，这也符合《维也纳报》的官方说法。[24]但霍约斯说鲁道夫手里一直握着那把左轮手枪，他坚称："已经不可能扳直皇储的右手食指了，它保持着扣扳机的动作。"[25]维德霍斐尔告诉拉里施，当他进入房间时，枪仍然在鲁道夫的手里；但其余的说法都是枪落在了床侧的地板上。[26]不过，在宫廷特派团到达之前，有人——很可能是洛舍克或维德霍斐尔——移动了枪的位置；斯拉京看到它搁在床左边的一张小桌或椅子上。[27]

斯拉京还注意到，在手枪旁边还有一面小手镜。[28]后来斯拉京得知鲁道夫对匈牙利运动员伊什特万·凯格尔的自尽事件很感兴趣，死者正是利用手镜来瞄准自己的。斯拉京因而推

137

测，鲁道夫在举枪自尽时是照着镜子的；如果是这样，那么镜子与枪一样，肯定在他死后被挪动过，因为击中头部的子弹即刻致命，鲁道夫不可能有时间平静地将镜子放好。[29]

委员会在卧室里发现了一些便条和信件。鲁道夫总共写了四封信。床边有一张给洛舍克的便条："亲爱的洛舍克，请叫一位神父来，将我们一起埋葬在圣十字修道院。请将我亲爱的玛丽的贵重物品交给她的母亲。感谢你多年来始终忠诚、全心全意地为我提供服务。请务必将写给我妻子的信尽快交到她手里。鲁道夫。"[30]他在末尾添加了一段附言："向霍约斯伯爵致以问候。男爵小姐问他是否还记得在德国大使罗伊斯亲王的晚宴上对她说过的关于梅耶林的事。不要让霍约斯给维也纳发电报，让他到圣十字修道院，请一位神父前来为我们两人祷告。"[31]鲁道夫另外给圣十字修道院院长海因里希·格伦博克（Heinrich Grünböck）起草了一封电报，要求他前来为死者祷告。[32]

这些信件显然是鲁道夫在梅耶林写的，还有一封信的收件人是他的母亲。那封信中究竟写了什么，始终是个谜。伊丽莎白的侍读，也是她信赖的女伴艾达·冯·费伦奇伯爵夫人，后来奉命将其销毁；只有从伯爵夫人和玛丽·瓦莱丽那里才可能得知信中的只言片语。[33]1934年，埃贡·凯撒·孔特·科尔蒂（Egon Caesar Conte Corti）发表了影响广泛的传记《奥地利的伊丽莎白》（*Elisabeth von Österreich*），它的英文译本于两年后出版。科尔蒂查阅了艾达·冯·费伦齐的文件存档，其中包含对玛丽·瓦莱丽日记的大量转录。[34]霍夫堡宫的对话、行宫的情景，以及鲁道夫写给母亲和妹妹的临别信函，这些内容都可以在其中找到。之后的历史学家们相信玛丽·瓦莱丽日记的原稿要么遗失，要么被封存，因而他们都采信了科尔蒂提供的转

138

录副本；除了在书中呈现的部分，副本文件还一直被保存在他的私人文库中。然而，这些资料其实是有疑点的。玛丽·瓦莱丽的日记原稿辗转流入了巴伐利亚国家图书馆，并在 1998 年公布。世人读到了玛丽·瓦莱丽笔下的霍夫堡宫纪事以及鲁道夫最后信件的内容，并赫然发现，科尔蒂所引用的费伦奇转录副本与真实的日记存在相当大的出入。可能的解释是，费伦齐记下了她从玛丽·瓦莱丽那里得到的细节，并误将其归为对方的日记；读者们还需谨慎分辨其中的真伪。

令人沮丧的是，伊丽莎白皇后收到的绝笔信内容依然无从考据。根据费伦齐的说法，鲁道夫提到了父亲，说"我十分清楚，自己不配做他的儿子"。在信中，他最后的请求是与"纯洁的赎罪天使"玛丽合葬在圣十字修道院。[35]玛丽·瓦莱丽在她的日记中只写了她的兄长提到"他荣誉蒙污，必须以死挽回"。[36]然而法国的欧仁妮皇后（Empress Eugénie of France）之后回忆说，伊丽莎白曾告诉她，这封信的开头是"我无权活在人世了：我犯了杀人罪。"[37]

鲁道夫的第四封信同样没有署日期；内容显示它可能是在维也纳写就的，并被带到了狩猎行宫。这封信用匈牙利语写成，收件人是皇家外交部在匈牙利分部的负责人拉迪斯劳斯·冯·瑟杰耶尼－马里奇伯爵：

　　　　亲爱的瑟杰耶尼！我死意已决，这是体面地离开这个世界的唯一途径。恳请你到我在维也纳的住处，在我们曾共度欢乐时光的土耳其沙龙，打开我的办公桌，并按照我附上的最后愿望处理里面的文件。向你及我们热爱的匈牙利祖国致以最热烈的问候和最美好的祝愿。你永远的

139　　　朋友，鲁道夫。分部负责人瑟杰耶尼－马里奇将很快在我
维也纳住所的土耳其沙龙单独开启我的写字台抽屉。请将
以下信函送交：1）瓦莱丽；2）我的妻子；3）希尔施男
爵；4）米兹·卡斯帕。发现的所有钱财请交给米兹·卡
斯帕，我的男仆洛舍克知道她的确切地址。玛丽·冯·拉
里施伯爵夫人和维茨拉家的小姑娘寄给我的所有信件都应
被立即销毁。[38]

　　据称在书桌抽屉里还发现了第五封信。传言这封信是鲁道
夫在 1 月 30 日写的，收件人不详，内容是："时间不多了。我
的结论是：在可预见的将来，皇帝是不会退位的。他正带领国
家走向衰落。无尽的等待、极度伤人的蔑视和反复的冲突令我
无法忍受！关于匈牙利的愿望是宏伟而危险的。要小心！从压
迫性的婚姻关系里得不到任何理解！年轻的男爵小姐选择以同
样的方式离开，因为她对我的爱不再有希望。赎罪！鲁道
夫。"[39]然而，这封信从未有人见过，其真实性也深受质疑。[40]
　　玛丽也写了几封信。信的内容被收录在海伦妮·冯·维茨
拉个人刊印的关于梅耶林的小册子里，直到最近才为人所知。
人们通常认为，在玛丽去世后，海伦妮曾命人将原始信件销
毁。[41]但在 2015 年夏天，玛丽写给母亲、姐姐和弟弟的信在维
也纳的一个银行金库中被发现，与其一起重见天日的还有其他
与维茨拉家族相关的文件，这些文档在 1926 年被神秘地存放
于此。[42]
　　玛丽的所有信件都是在别墅里写的，信纸上印着"梅耶
林狩猎行宫"的字样，顶部饰有一枚鹿角。在她死后，鲁道
夫将其中三封塞进了印有皇储纹章的信封，并写上了海伦妮·

冯·维茨拉男爵夫人亲启的字样。"亲爱的妈妈!"玛丽写道，"原谅我所做的一切，我无法抗拒爱情。他同意我与他合葬在阿兰德的墓地。我死后会比活着更快乐。你的玛丽。"[43]海伦妮·冯·维茨拉的一位朋友告诉霍约斯，信中还说："我们都已急于探寻来世的际遇。"[44]但在新近问世的信件原稿中并没有这句话。[45]

"我们都将快乐地踏入未知世界，"玛丽在给汉娜的信中写道，"不要忘了我，要只为爱而结婚。我无法实现这一点，我也无法抗拒爱，所以我要随他一起去了。你的玛丽。不要为我哭泣。我将平静地走向那个世界。那里很美。"据说这封信还包含了附言，玛丽请汉娜每年1月13日在她的坟前放一朵栀子花，并确保她们的母亲不要解雇女仆阿格内斯·亚霍达，"这样她不至于因为我的错误而受罪"，不过这些句子都没有出现在原稿中。

据说写给汉娜的另一封信藏在玛丽的衣服里："今天他终于向我坦承，我永远不可能成为他的妻子。他以荣誉向他父亲保证，将与我分手。一切都结束了！我将平静地走向死亡。"[46]

玛丽给她的弟弟弗朗茨写道："再见，我将从另一个世界看着你，因为我非常爱你。你忠诚的姐姐，玛丽。"[47]

此外，玛丽还写了两封信。其中一封是给布拉干萨公爵的，内容从未被披露。霍约斯说，那封信语调"欢快"，玛丽提到了她留给布拉干萨的一条羽毛围巾，并请他将围巾挂在床头，作为对他们曾经共度的时光的留念。[48]悲剧发生一周后，《费加罗报》称鲁道夫也写了一封信给布拉干萨："亲爱的朋友，我必须赴死。我没有别的路可走了。永别了，再会，你的鲁道夫。"[49]这貌似是杜撰的，但是鲁道夫确实在玛丽的信后添加了一句附言："再会，Wasser!""Wasser"是布拉干萨的绰号，意思是"水孩子"，这源于他习惯佩戴红围巾，打扮得像维也纳清洗出租马车的男孩们一样。[50]

最后一封信是寄给玛丽·冯·拉里施的。在玛丽死后，又过了三个多星期，伯爵夫人终于读到了信的内容："亲爱的玛丽，请原谅我造成的所有麻烦。非常感谢你为我做的一切。我担心在我们离开以后，你的生活将变得很艰难，若如此，请考虑追随我们吧。这是你能做到的最好的事了。你的玛丽。"[51]

沐浴在血泊中的尸首，破碎的头骨，溅在墙壁上的脑浆，闪着寒光的钢枪，痛苦的告别信——这些构成了梅耶林的恐怖画面。呼啸的风吹过行宫，玛丽冰冷、赤裸、血腥的遗体被运进了一间储藏室，她的衣服被匆忙地盖在上面。距鲁道夫的死亡已经过了十几个小时；维德霍斐尔小心翼翼地将他破碎的头骨裹在一张白布里，希望能掩住骇人的伤口，也避免有更多的脑组织渗到床上。做完这些事以后，他轻轻地将僵硬的遗体放回染着血污的床垫上，并用一张床单遮盖住。[52]

当天晚上，警察将梅耶林包围起来；屋外，一群好奇的围观者聚集在火盆周围取暖，闪烁的火焰映照着他们的脸孔。"人们默默凝神，所有视线都落在行宫上，那白色的墙壁内隐藏着可怕的秘密。"《晨报》（Le Matin）报道说。[53]不久，打着响鼻的马从黑暗的森林里奔出，拉着一辆灵车迅速消失在别墅的一个入口处。巴登附近找不到任何配得上皇储身份的东西，所以当局通过铁路从维也纳运来了一口青铜棺材。午夜时分，灵车再次出现，载着鲁道夫的遗体经过无声的人群，消失在暴风雨的夜晚中。[54]

一辆装饰着黑色绉带的专列正等待着将皇储从巴登站运送

141

回维也纳。士兵们将棺材装车，凌晨 0 点 20 分，火车终于从车站驶离。当火车到达维也纳时，有一小群人已经等在了维也纳的火车南站。在凌晨的冷冽空气中，一支仪仗队沿着站台举枪致意，四名宫廷仆人抬着有金十字架刺绣的黑色帷幔覆盖的棺材，将其安放到一辆六匹马拉的灵车上。凌晨 1 点半，这队肃然的人马启程前往霍夫堡宫；在灵车沿着环城大道行进时，成千上万的民众"静默无声"地顶着风雪站在路边。六名护卫骑着马在灵车旁缓行；后面列队护送的有霍夫堡宫的皇室神父劳伦斯·梅耶博士（Dr. Laurenz Mayer）、康斯坦丁·霍恩洛厄亲王、鲁道夫的副官阿图尔·吉斯尔·冯·吉斯林根男爵和勤务官（少将）奥尔西尼－罗森贝格的马克西米利安伯爵（Major Count Maximilian Orsini und Rosenberg）。

142

　　当送葬队伍终于抵达目的地时，瑞士宫的时钟正敲了两下。一群人站在庭院里，当他们看到鲁道夫的棺材时，许多人在雪地里下跪行礼。男仆们从灵车里抬下盖着帷幔的棺材，经过大厅的荣誉双阶梯，进了宫殿。[55] 鲁道夫的父母皆不在场。弗朗茨·约瑟夫担心妻子情绪失控，于是命令伊丽莎白留在她的房间里。[56] 如同鲁道夫生前的大部分时间一样，他在死后依然形单影只。

第十一章

维也纳人努力想搞清楚皇储神秘死亡的原委。没有人知道该相信什么。1月30日晚上,《新维也纳日报》报道鲁道夫可能在一次狩猎事故中被射杀,或是在一场醉酒狂欢中身亡。[1]《新自由报》大肆渲染说一名猎场看守杀死了鲁道夫,因为皇储引诱了他的妻子;当局将该报的印刷版全部收缴。[2]这只是个序幕:在接下来的几个周里,塔菲首相下令没收了五千多份报纸、杂志及其他期刊,尽力去压制不受欢迎的猜测,但这都是无用功。[3]

"怀着最深切的悲伤,"弗朗茨·约瑟夫在那个周三下午发电报给斯蒂芬妮的父母,"我不得不告知您,我们的鲁道夫于今晨猝逝,死因可能是心力衰竭,他当时在梅耶林狩猎。愿上帝赐予我们所有人力量。"[4]那天晚上,皇帝直到临睡前还相信是玛丽·冯·维茨拉毒害了鲁道夫并自裁。第二天早上6点,遵循着一贯的时间表,皇帝坐在办公桌前,聆听维德霍斐尔博士报告其在梅耶林的发现。[5]

"坦率地告诉我一切,"据说弗朗茨·约瑟夫这样告诉医生,"我想了解所有细节。"

"我可以向陛下保证,"维德霍斐尔回答说,"尊贵的皇储殿下走得毫无痛苦。子弹径直穿过了他的太阳穴,死亡是瞬间降临的。"

"你说什么子弹？"弗朗茨·约瑟夫疑惑地问。

"是的，陛下，我们找到了子弹，皇储射向自己的子弹。"维德霍斐尔回答道。

"真的吗？"皇帝语无伦次地说，"他开枪自尽？这不是真的！一定是她毒害了他！鲁道夫没有开枪自尽！"[6]

维德霍斐尔不得不揭开事情的真相：鲁道夫先射杀了玛丽·冯·维茨拉，与她的遗体共处了几个小时，最后开枪自杀了。听到这里，弗朗茨·约瑟夫哽咽了。他最后问道："鲁道夫留了告别信吗？"

"留了几封信，"维德霍斐尔告诉他，"但没有给陛下的。"[7]

这是希望幻灭的儿子对关系疏远的父亲的最后一次羞辱，弗朗茨·约瑟夫从一时的震惊中回过神来。"我的儿子，"皇帝痛苦地评论道，"死得像个裁缝。"[8]他何出此言？"裁缝"一词可能是对匈牙利裁缝亚诺什·利贝尼的蔑称，此人在1853年袭击过弗朗茨·约瑟夫。但他的话很可能另有所指。在狩猎中，"裁缝"是形容懦夫的，即躲在人后、不敢率先冲锋的胆小鬼。[9]

弗朗茨·约瑟夫想看看儿子的遗体，但他坚持要先换上礼服：礼仪规定在向奥地利的将军致敬时，须身着得体的制服，搭配礼仪剑和白手套。[10]"他是否毁容得很严重？"他问鲁道夫的副官阿图尔·吉斯尔·冯·吉斯林根男爵。

"不，陛下。"男爵向他保证。

弗朗茨·约瑟夫说："请把他盖好，皇后希望见见他。"[11]但令皇帝恼火的是，鲁道夫的遗体尚未被穿上奥地利步兵团的将军制服；男爵认为，陛下只想尽快结束探视儿子遗体的痛苦试炼。[12]

145   周四早上不到 7 点时，前托斯卡纳大公爵斐迪南四世抵达了霍夫堡宫。[13]大公是哈布斯堡家族的旁亲，也是弗朗茨·约瑟夫少数几位值得信赖的朋友之一；他发现皇帝"太过震惊"，只能低声重复着"鲁道夫……鲁道夫……"一遍又一遍。最终，弗朗茨·约瑟夫挽着大公的胳膊，一起走进了鲁道夫遗体所在的卧室。[14]鲁道夫的脖子以下被一条毯子盖着；他的面容显得很安详，但头顶依然被白色的布包裹着，以掩盖破碎的头骨。弗朗茨·约瑟夫静静地在床边站了十五分钟，垂着头，手握在刀柄上。[15]

     鲁道夫的最后谢幕令弗朗茨·约瑟夫感到震惊和羞辱。他的弟弟卡尔·路德维希大公到霍夫堡宫探望他时，发现他"深受震动、悲痛哭泣"。[16]皇储不仅自杀，还犯了谋杀罪，哪怕玛丽显然是自愿的。正如斯蒂芬妮的侄子所说，皇储的轻生"是对皇帝个人尊严的沉重打击，尤其损伤了他作为天主教世界使徒国王的声望"。[17]据报道，萨克森和塞尔维亚的国王计划前往维也纳参加葬礼，有此想法的还有威尔士亲王和沙俄的尼古拉皇储；但弗朗茨·约瑟夫希望避免难堪的问题，不想有任何外国皇室代表出席葬礼。[18]一位官员向探寻缘由的使馆人员保证："陛下对各方的同情致以最诚挚的感激，但希望在这场动人的哀悼仪式中，只有最亲近的家人陪伴在皇储身边。"[19]这是可以理解的。弗朗茨·约瑟夫在 1 月 31 日发给斯蒂芬妮父母的电报中却没表现出什么同情心：尽管他们的女儿仍旧处于惊愕中，但皇帝还是要求他们不要来维也纳。但比利时国王和王后无视这一请求，第二天就从布鲁塞尔启程了。[20]

     周四上午晚些时候，斯蒂芬妮带着五岁的伊丽莎白去向她

父亲的遗体告别。房间很暗，窗帘遮住了冬日的阳光，无数的
蜡烛在令人悚然的场景中投射着怪异的光影。皇帝的弟弟卡
尔·路德维希大公记得，斯蒂芬妮"悲苦地啜泣着"。[21]伊丽莎
白拿着一捧白色的康乃馨、蔷薇和百合花束，把它放在床角，
但当看到皇储缠着绷带的头部时，她尖叫起来。"那不是我的
父亲！"小女孩躲在母亲身后呜咽着，斯蒂芬妮很快将她带出
了房间。[22]

玛丽·瓦莱丽害怕面对这场严峻的考验。"我从未见过死
去的人"，她写道。她看到鲁道夫躺在床上，"死去了，死去
了。他是如此美好和平静，白色的床单拉到他的胸口，鲜花环
绕着他。他头上的窄绷带并没有毁坏他的容颜：他的脸颊和耳
朵都透着健康和充满朝气的红光，他在生活中常露出的古怪痛
苦的表情已经让位于平和的微笑……他好像在睡梦中一样，平
静而快乐"。[23]

拉迪斯劳斯·冯·瑟杰耶尼－马里奇伯爵那天上午在鲁道
夫的土耳其沙龙度过，整理了上锁的办公桌抽屉。[24]据传他找
到了一只玛瑙烟灰缸。其底部写着："左轮手枪，别用毒药，
左轮手枪更可靠些。"据推测，这些潦草字迹是玛丽用紫墨水
写的。[25]最后看到它的人很明显应当是卡尔皇帝的首相府幕僚
长阿图尔·波尔策－霍尔迪茨伯爵（Count Artur Polzer－
Hoditz），他于1918年发现这只烟灰缸被藏在一只隐秘的皮箱
中，那里还有一些官方文件。[26]如果这条信息具有绝笔性质，
那么很奇怪：为什么玛丽要写这些，还有墨水是如何在玛瑙面
上留下清晰可见的字迹？

这不是唯一的发现。司礼大臣官署的宫廷秘书鲁道夫·库
鲍谢克（Rudolf Kubasek）奉弗朗茨·约瑟夫的命令，取走了

任何有可能造成不良影响的物品，其中也有鲁道夫希望销毁的来自玛丽·冯·维茨拉和玛丽·冯·拉里施的信件。信件及其他被收缴的文件都被交给了皇帝。[27] 有一个信封写着"内含：100000 古尔登"（相当于 2017 年的 639000 美元）。然而，信封打开后，里面只有 30000 古尔登（相当于 2017 年的 191700 美元）。[28] 失踪的 70000 古尔登很可能用来偿还了玛丽·冯·拉里施的赌债，并确保她对表弟的私情保持沉默；遵照鲁道夫的遗愿，余下的 30000 古尔登大概被赠给了米兹·卡斯帕。[29] 在拉里施给鲁道夫的信中，有一封写于 1 月的第三周，内容是告知他玛丽某时可以在马克西米利安大街的马车里与他见面。[30]

瑟杰耶尼－马里奇还找到了鲁道夫在梅耶林绝笔信中提到的四封信，收件人分别是金融家莫里斯·希尔施男爵（Baron Maurice Hirsch）、米兹·卡斯帕、玛丽·瓦莱丽和斯蒂芬妮。给希尔施的信应当是关于鲁道夫向他借贷的 150000 古尔登，这笔钱用来支付了米兹·卡斯帕的公寓和珠宝。[31] 给米兹的信写于 1888 年 6 月，她后来销毁了信件，但瑟杰耶尼－马里奇告诉霍约斯，这封信"洋溢着爱意"。[32]

鲁道夫留给玛丽·瓦莱丽的信未署明日期，并且已经佚失。在日记中，玛丽·瓦莱丽只提到鲁道夫说"他需要结束自己的生命，但没有给出解释"。他还警告她在弗朗茨·约瑟夫去世后离开奥地利，因为他担心帝国前途叵测。[33] 但根据伊丽莎白皇后的早期传记作家科尔蒂的说法，艾达·冯·费伦齐记得信中有这样一句话："我并非心甘情愿地赴死；但为了挽救我的荣誉，我不得不这么做。"[34] 但令人困惑的是，科尔蒂在他出版的著作里仅引用了这句话的前半部分。[35]

那天下午，最后一封信被转交给斯蒂芬妮，潦草的字迹布满了两页纸：

> 亲爱的斯蒂芬妮！从今往后，你将不用再为我的存在而受折磨了。自在地快乐生活吧。请善待我唯一留在世间的可怜小女孩。向我的故人们致以最后的问候，特别是庞贝尔、施平德勒［海因里希·冯·施平德勒少尉（Lt. Heinrich von Spindler），皇储秘书处的首席秘书］、拉图尔、沃沃、吉塞拉、利奥波德，等等。我平静地迎接死亡，死亡可以挽救我的名声。你深情的鲁道夫，向你致以最热烈的爱。[36]

"每一个字，"斯蒂芬妮写道，"都是刺向我心脏的匕首。" 148
她接着说：

> 愤怒和反抗的风暴在我心中肆虐。在许多孤独的时刻，我在寂静而痛苦的恐惧中预见的事情如今已经成了现实。这种渎神而邪恶的轻率抛弃生命的做法，激起了我全身心的反抗……我曾恐惧过这种自我毁灭的行为，曾［文字不可辨］警告过其他人这种危险的来临，然而在消息传来的这一天，我仍然无法理解。我一次又一次地问自己，他究竟为何轻生。在这极度孤立的时刻，我的理性力量似乎已经抛弃了我。八年之前我被交给他的时候，还未成人；而今，这个男人不顾一切地、冷酷无情地离弃了我。我内心郁结，拿出全部精力来应对恐怖残忍的命运，这命运已早有伏笔。没错，死亡让我摆脱了充满焦虑、忧愁和悲伤的婚姻生活，但这付出了多少代价！我曾以不竭的耐心承受了那么多，但我个人乃至整个国家的未来，还

是被粉碎了。[37]

•

各报刊对玛丽·冯·维茨拉只字未提，但正如诺拉·富格尔公主回忆的那样，"维也纳所有人都在谈论她，说她被牵连，并且已经不在人世了"。1月31日清晨，富格尔公主前往维茨拉宅邸，但被拒之门外；门房坚持说玛丽患了重感冒，身体很不舒服。[38]如果死去的是鲁道夫在民间的情人，那么实情可能会被掩盖；但玛丽是贵族阶层的一员，她突然从地球上消失这件事是无法解释的。但宫廷绝不会承认她曾在梅耶林，或者她的死亡与皇储有任何关系。

希望遏制丑闻的弗朗茨·约瑟夫已经命令海伦妮·冯·维茨拉离开维也纳。1月30日晚，海伦妮登上了一列前往威尼斯的火车，此时她还以为是玛丽毒害了鲁道夫并自尽，正如她写的："我没能与最心爱的女儿告别，也没能履行作为母亲的最后责任。"她"在旅途中惊惶不安，想着女儿的遗体，并被痛苦的思绪折磨，想知道女儿是否真的因为对皇储的崇拜而丧失理智，以至于杀了他"。[39]

周四早上，当海伦妮乘坐的火车一路向南时，维也纳的官员传召她妹妹埃夫利娜（Eveline）的丈夫格奥尔格·冯·斯托考来参加一场会议；这时维茨拉家人才知道是鲁道夫杀了玛丽，然后自杀。这个消息绝不能被公开。维茨拉一家不能公布玛丽的死讯，她的家人必须暂时表现得像是她还在人世。梅耶林是一处皇家住所，因此，塔菲首相认为发生在那里的事件不受政府或法律的管辖。所有问题将由宫廷来解决。[40]

当海伦妮·冯·维茨拉收到亚历山大·巴尔塔齐毫不讳言的电报，得知实情时，她仍然在前往威尼斯的途中。男爵夫人怀疑当局刻意对她隐瞒信息，便立即返回了维也纳。[41] 她回到宅邸，"期待着能够看到女儿的遗体被送回来"。[42] 然而，斯托考告诉她宫廷的命令是"所有事项都将由皇帝陛下安排"。玛丽将被秘密安葬在梅耶林附近的圣十字修道院的墓地；"担心她的孩子有可能在没有任何亲属在场的情况下被秘密埋葬"，男爵夫人不情愿地同意了。[43] 这个时候，由皇储亲笔签署地址的信封终于被交到了她手上，里面是玛丽写给她、汉娜和弗朗茨的绝笔信。[44]

150

塔菲得知男爵夫人已经折返，并怀疑她会制造麻烦、揭露隐情，于是派了警察到她的宅邸盯梢，监视她的一举一动。[45] 那天晚上，一位官员登门要求男爵夫人再次离开，等皇储下葬后再回来。海伦妮厌倦了被反复驱使，表示如果命令直接来自皇帝，她就会走；几个小时后，塔菲到了，并以弗朗茨·约瑟夫的名义再次提出了要求。在两天内，海伦妮第二次离开了哈布斯堡首府。[46]

官员们毫不在意维茨拉家人的权利与感受。当局允许亚历山大·巴尔塔齐和斯托考伯爵从梅耶林护送玛丽的遗体到圣十字修道院，但必须在特定条件下：不能动用灵车，必须用普通的马车由她的舅父和姨父来运送遗体。斯拉京和警司哈珀达（Habrda）、警员戈鲁普被派来执行塔菲的命令。正如斯拉京所写，这命令"根本不符合法律要求"。他们拜访了巴登的总督，声称玛丽的家人希望立即将她葬在圣十字修道院，并已获得总督有关停止依法进行相关调查的授权。[47]

戈鲁普发现和修道院院长海因里希·格伦博克打交道不太

容易。"我意识到院长会拒绝将其安葬在天主教墓地并为其祷告，"这位警员回忆道，"于是我需要用尽我蹩脚的外交技巧让他改变主意。"正如他担心的那样，格伦博克拒绝在其修道院的墓地安葬一个自杀者。警员再次尝试说服，并搬出了弗朗茨·约瑟夫的名字：皇帝希望玛丽·冯·维茨拉立即在此偏远地下葬，以避免丑闻。格伦博克仍然不为所动。最终，戈鲁普坦白了实情：皇室下令将死因归结为自尽，其实是为了掩盖皇储射杀了年轻男爵小姐这一事实。听了这话，院长终于允许将玛丽安葬在其修道院的墓地。[48]

151

1月31日傍晚，巴尔塔齐和斯托考从维也纳前往梅耶林。当他们的马车隆隆穿过环绕着巴登的黑暗森林时，暴雨肆虐，狂风呼啸，野狗的嚎叫声从远处传来。终于，一道闪电的光照亮了行宫的轮廓，以及仍未散去的窥探的人群与记者，警方留心道："他们怀疑死去的维茨拉男爵小姐仍被藏在别墅中。"[49]木门摇晃着打开，马车在别墅正门前停了下来。巴尔塔齐和斯托考等待着斯拉京和警司哈珀达的到来；当两人的马车最终抵达庭院，管理员阿洛伊斯·茨韦格尔手提一盏忽明忽暗的灯笼，带领他们穿过寂静的别墅，来到一间小储物室前，然后打开了门。[50]

玛丽的遗体被草草放在一只大篮子里，盖着她生前的衣服，然后就无人过问了。现在，在昏暗的光线下，巴尔塔齐和斯托考看到了玛丽冰冷赤裸的遗体，"仍然处于一天前被发现时的状态"。[51]斯拉京回忆说，那个场景令他想到了哥特式的低俗恐怖读物。[52]玛丽的眼睛"大睁着，眼球凸出，嘴巴半开，一股血从嘴角流下，在身体上凝成了血迹"。海伦妮后来抱怨说，没有人"为她做点什么，就像她不配得到任何善意的帮助似的"。[53]

巴尔塔齐和斯托考在惊骇中确认了玛丽的身份之后，很可能离开了房间，留下宫廷医生弗兰茨·奥钦泰勒博士检查遗体。医生在左侧太阳穴上发现了一处约 5 厘米 ×3 厘米的小伤口，这是子弹射入头部时留下的；伤口边缘的皮肤破裂、头发被烧焦，表明手枪在射击时距离头部只有几英寸。子弹从左到右横穿并摧毁了颅骨。当它从右耳上方约 2 厘米处穿出时，碎骨头和脑组织随之迸裂，留下一处创口，破碎的骨茬从伤处戳出来。[54]遗体没有其他的外伤。据报道，奥钦泰勒之后还检查出玛丽患有淋病，应该是被鲁道夫传染的。[55]

152

验尸结束后，奥钦泰勒清洗了遗体，并将玛丽的舅父与姨父叫进房间。他们负责给玛丽的遗体穿上她来梅耶林时的那套溜冰服。[56]在这项可怕的任务完成后，医生向巴尔塔齐和斯托考出示了他签署的报告。玛丽是右撇子，而她被枪击的位置在左太阳穴。很显然，扣动扳机的是鲁道夫，但当局已命令奥钦泰勒将死因定为自杀。[57]巴尔塔齐向从维也纳过来监督遗体转移的宫廷特派员海因里希·斯拉京提出异议。他争辩说，教会一定会拒绝在修道院埋葬自杀者。斯拉京说，如果不把玛丽的死归因于自杀，司法当局将调查她的死因，而宫廷已经禁止任何调查，一切都结束了。[58]听了这话，巴尔塔齐和斯托考不情愿地在协议上签了字。[59]

巴尔塔齐和斯托考得知他们要将玛丽的遗体运到马车上，"将她支撑在你们中间，让男爵小姐看上去像活着一样"。两人都感到悚然，海伦妮·冯·维茨拉抱怨说："这种对遗体的无情亵渎残忍地伤害了家人的感情。"[60]他们从两侧扶起遗体；玛丽的头向前倾，身体沉沉地下坠。这景象无法说服任

何人：她显然已经死了。无计可施时，不知是谁拿起了鲁道
夫的一根手杖，把它撑在玛丽的外套里面，让遗体保持直立。
巴尔塔齐和斯托考再一次扶起玛丽的身体，但她的头还是向
前垂着。于是他们用一条手帕紧紧缠绕着她的颈部，再与手
杖绑在一起，以此来避免玛丽的头垂落到胸前；再用她的羽
毛围巾提供额外的支撑。就这样，巴尔塔齐和斯托考终于将
遗体抬了起来。他们一起半抬半拖地将她移到了车厢后座上。
巴尔塔齐和斯托考分坐在两边，用手臂环住玛丽的遗体，以
防她倾倒。[61]

153

  接近晚上 10 点，斯拉京和奥钦泰勒乘着另一辆马车带路，
一行人终于离开了行宫，消失在黑暗惨淡的夜色中。为了避免
引起任何不必要的注意，特派员决定绕一条罕有人迹的远路去
往圣十字修道院。[62]哀嚎般的风声穿过森林，冻雨拍打着车厢，
窗户很快就结了霜。每当车轮陷入车辙、马匹奋力向前时，玛
丽的遗体都会因震动而前后摇晃，并在巴尔塔齐和斯托考身上
来回碰撞，这令人难以忍受的折磨持续了整整两小时。[63]

  当圣十字修道院的钟声在午夜响起时，马车终于抵达；两
名修士打开大门，将一行人引入庭院。[64]哈珀达和戈鲁普帮着
巴尔塔齐和斯托考将玛丽的遗体从车厢里抬下来，移到了一间
小礼拜堂。[65]维也纳的官员向斯托考保证，会派人将棺材送到
修道院；但棺材并没被运来，他们只得唤醒修道院的木匠，匆
匆造了一口简易的松木棺材。玛丽的遗体终于被安放进了棺
材，身下铺了一层木屑刨花；巴尔塔齐为他的姐姐剪下了外甥
女的一缕头发作为留念，斯托考则将玛丽的帽子折起来，给她
作枕头。最后，他们在她冰冷的手中放了一枚银质小十字
架。[66]她的母亲抱怨，玛丽"被当作罪人般对待"。[67]

维也纳的官员希望玛丽能在夜色的掩护中下葬，但由于风暴肆虐，墓穴直到次日早晨才挖好。2 月 1 日上午接近 9 点，玛拉基亚·德迪克神父（Father Malachias Dedič）在巴尔塔齐、斯托考、斯拉京、奥钦泰勒、戈鲁普、哈珀达等人的注视下主持了葬仪。尽管宫廷尽力遮掩，但不知怎的，葬礼的消息还是泄露了出去，有一小群人站在墓地的围墙外，伸长脖子，试图窥视一二。大雨从灰色的天空倾泻而下，四名抬棺者扛着玛丽的棺材在泥泞的地面上举步维艰；掠过的狂风猛烈地抽打在墓碑上，让棺材很难安放；但最终，在周五早上 9 点半，玛丽·冯·维茨拉被葬在了一处没有标记的墓穴里。斯托考抱怨说，葬仪队"简直急不可耐地"铲起土壤，掩埋了她的棺材。[68]

玛丽去世两周后，她的母亲终于被允许在《格拉茨画报》（*Illustriertes Grazer Extrablatt*）上刊登一则讣告，前提是她同意官方的说辞。讣告称，玛丽·冯·维茨拉在前往威尼斯旅行的途中突然死亡；她的遗体被带到波希米亚，安葬在巴尔塔齐家族的一处庄园里。[69]随后，一切都被笼罩在宫廷强加的沉默面纱之下：玛丽·冯·维茨拉，这个曾经充斥帝国首都时尚期刊、在流言蜚语中任人评说的名字，直到 1918 年哈布斯堡王朝统治垮台之前，再也没有出现在维也纳的任何报纸上，就好像她从未存在过。

第十二章

　　　　1889 年 1 月的最后一个夜晚，鲁道夫单身套房的台球室里点着灯，光线从窗口投射到霍夫堡宫的前院里。曾笼罩着玛丽·冯·维茨拉最后旅程的暴风雨，此时降临在维也纳，雨点敲打着宫殿的窗户。[1]8 点多，四位医生聚集在台球室，为皇储进行尸检，他们是：宫廷医生、维也纳法医学研究所所长爱德华·霍夫曼（Eduard Hofmann）教授，他手下的病理学部门主管汉斯·昆德拉特（Hans Kundrath），以及两位宫廷医师赫尔曼·维德霍斐尔和弗朗茨·奥钦泰勒。主管皇室内务的斐迪南·基施纳（Ferdinand Kirschner）和代表宫务大臣办公室的尼古劳斯·波利亚科维茨（Nikolaus Poliakowitz）站在房间一角，看着这悚然的场景在眼前展开。[2]

　　人们把鲁道夫的遗体从卧室里挪出来，放在台球桌上；他的衣服被除去，包裹着破碎头骨的白色绷带也被解开。[3]完整的尸检报告已经佚失；目前仅存的是来自 2 月 2 日维也纳报纸上刊登的一段由宫廷公布的摘录：

　　　　首先，尊贵的皇储殿下鲁道夫死于颅骨碎裂和大脑前端破坏，破裂是由近距离枪击右前颞区造成的。发射子弹的很可能是中等口径的左轮手枪；子弹没有被找到，因为它从左耳上方穿出了头部。毫无疑问，皇储殿下是开枪自尽并瞬间死亡的。其次，病理学检查发现了矢状缝和冠状缝的早期融合、颅骨腔的显著深化、颅骨内表面的浅窝，以及有明显沉淀的脑通道、扩张的脑室。经验表明这些情况通常伴随着精神异常，因此证实了预先的假设，即自杀行为是在精神紊乱的状态下做出的。[4]

这为公众提供了大致的总体说明，但缺乏细节。有人问，既然发现了左轮手枪，为什么尸检没有说明枪的具体类型和口径？鲁道夫可以获得数种枪支，从他作为步兵军官使用的 9 毫米加瑟－克罗巴查克左轮手枪，到在军队使用的 11 毫米左轮手枪。[5]科堡的菲利普亲王提供了令人费解的说法，他称鲁道夫是用狩猎的来福枪自尽的，方法大概是用脚踩动了扳机。这一极不可信的说法传到了德国的弗里德里希皇后（Empress Friedrich of Germany）耳中，还被她转述给了她的母亲维多利亚女王。[6]

根据见过遗体的鲁道夫·普赫尔的说法，头骨的"整个右上侧"都破碎了。[7]然而，普赫尔的记忆似乎出了差错。鲁道夫在扣动扳机时，很可能是略微向右低头的：子弹从右侧射入太阳穴并横穿头部，击碎了颅骨的左上侧和后部。但在缺乏确切事实的情况下，各种猜测甚嚣尘上。2 月 1 日，莫里茨·塞普斯主编的《维也纳日报》说，鲁道夫用枪抵着右下颌向上扣动扳机，子弹打碎了他的前额和头顶；塔菲很快将报纸收缴了。[8]几个月后，关于这场悲剧的第一批书籍问世，其中一本写道，子弹射入造成的伤口直径达 7 厘米，且位于右耳上方 3 厘米处；克劳斯男爵的孙女则声称鲁道夫是朝自己口中开枪的，但这一说法与尸检摘录及遗体的目击者证词都有出入。[9]

157

尸检于 2 月 1 日凌晨 2 点结束，接着遗体被做了防腐处理。根据传统，鲁道夫的遗体需要供民众瞻仰，但他破碎的头骨是个问题，大家都没有什么好办法。官员们试想过找雕塑家制作一个鲁道夫的头部模型，与一具假身体连接，再给它穿上合适的制服，这具假遗体就可以接受瞻仰了。[10] 然而这需要太长的时间，因此他们还是请来一位入殓师对头部进行修复。修复工作花费了数小时，并用掉了一大堆肉色和粉红色的蜡；因为鲁道夫的头顶被炸成了很多碎片。一顶假发被安在了鲁道夫支离破碎的头顶上，遮不到的地方则用深褐色的涂料掩盖。[11] 最后的结果骗不了任何人：右太阳穴上仍横亘着皮肤撕裂的伤疤，不自然的面容令不少记者报道说那其实是一副蜡面具。[12]

距离上次汇报还不到二十四小时，维德霍斐尔再次惴惴不安地觐见皇帝，这次他带来了毁灭性的重磅发现。但出人意料的是，弗朗茨·约瑟夫对自己的独子患有精神疾病的消息并未十分抗拒。对这位没什么想象力的皇帝来说，这能解释很多事：令人困扰的父子关系；儿子的任性行为和不明智的决定；甚至连鲁道夫的死都可以归因于器官失衡，免去了弗朗茨·约瑟夫所有的个人责任。"上帝的安排是让人无法揣测的，"皇帝平静地说，"也许他赐予我的这场试炼，是为了让我今后免遭更艰险的考验。"[13] 身为父亲的悲痛当然存在，但这句话也透露出弗朗茨·约瑟夫实际上感到了某种解脱，即不必担心这个国家终有一日会由儿子来统治。

宣称鲁道夫精神错乱对所有人都有好处，除了皇后；基因方面应承担的责任不可避免地从哈布斯堡王朝转移到伊丽莎白以及她古怪的维特尔斯巴赫亲戚身上。"皇帝当初根本不该娶我！"伊丽莎白哭喊，"我继承了疯狂的基因污点！"[14] 玛丽·瓦莱丽写道，她母亲"执拗地痛苦不已"，害怕"她的巴伐利亚血统影响了鲁道夫的头脑"。[15]歇斯底里的哭泣过后，是尖酸的指责：伊丽莎白怪罪鲁道夫未能向她倾诉烦恼，却拒绝承认她的角色缺位和漠不关心使鲁道夫感到疏离和孤独。"自我初次到来就对我百般诋毁的人们如今可以放心了，"她愤懑地向玛丽·瓦莱丽抱怨说，"我将会从奥地利消失，不留一丝痕迹。"[16]

鲁道夫在自杀时处于精神错乱状态的可疑结论，更多是权宜之计和出于宗教方面的考虑，而非基于医学事实。正如历史学家奥斯卡·冯·米蒂斯男爵（Baron Oskar von Mitis）指出的那样，验尸的医师们"在病理判断上已经最大限度地放宽了标准"。[17]苛刻和羞辱的规则被宫廷强加给玛丽，使其不得不被秘密下葬；现在哈布斯堡王朝为了举行鲁道夫的葬仪，也陷入了类似的困境。一位杀害了情妇并自尽的皇储将不被允许举行天主教葬礼，但教会在考虑是否接受轻生者时，会将精神错乱当成赦免的理由。于是，宫廷代表皇帝陛下发布了一则新公告："尊贵的帝国和皇家使徒国王希望对人民坦承令梅耶林不幸事件雪上加霜的悲惨情况。"声明宣布鲁道夫系自尽，当时他孤身一人并处于精神错乱的状态。[18]作为证据，尸检报告的摘录也被一并提供给了媒体。到2月1日晚间，维也纳的各家报纸争相报道了这则新闻。《维也纳报》告诉读者："我们无法否认，最近几周在尊贵的皇储殿下身边最亲密的伙伴中，有数位观察到殿下多次出现了病态的紧张兴奋迹象。所以毋庸置疑，是皇储精神的瞬间紊乱导致了这一可怕的结果。"[19]

许多人认为这一解释是明显的托词。维也纳的一家外国报纸报道："鲁道夫死于自杀这一最新消息很难取信于人。"[20]莫里茨·塞普斯在他的《维也纳日报》上对官方声明提出了异议。

忠于皇储的他坚持认为，自尽有损鲁道夫作为王孙的尊严。他还对所谓精神失常的说法提出了抗议，认为有关梅耶林的真相被隐瞒了。[21] "他们一定还隐藏了什么！"有一位法国记者听到人们这样抱怨，还注意到"相互矛盾的流言蜚语满天飞"。[22]

在第一次官宣鲁道夫的死后，弗朗茨·约瑟夫等了大约十二小时才正式通过电文将这一死讯传达给教宗利奥十三世（Pope Leo XIII）："怀着最深切的悲伤，我必须告知圣座吾儿鲁道夫突然离世的噩耗。我相信您一定会对我痛失至爱之人表达最深切的同情。我以此向主献祭，毫无怨言地将主所赐之物全数奉献。我祈求教宗赐福于我与我的家人。"[23]但教宗的态度很难称得上是同情的：根据梵蒂冈国务卿马里亚诺·兰波拉（Mariano Rampolla）的说法，利奥十三世因意大利国王比自己更早得知了这一悲剧而"深感冒犯"。[24]

现在，皇帝不得不向心存芥蒂的利奥十三直接提出请求：为了遵照天主教仪式安葬自尽的皇储，他需要得到教宗的豁免。在2月1日及其次日，弗朗茨·约瑟夫给教宗写了两封私人信件。[25]这两封信的内容从未被公开，不过可以想见，信中肯定强调了鲁道夫所谓的精神疾病，并警告说如果教会拒绝为其举行天主教葬礼，将酿成难以想象的丑闻。一封由罗伊斯亲王寄往柏林向俾斯麦汇报的外交急函，透露了有关维也纳与罗马之间的往来情况。在这方面，罗伊斯起码有一个令人无可挑剔的消息来源——路易吉·加林贝蒂大人，他是驻维也纳的教廷大使，也是与梵蒂冈进行协商的中间人。有一位贵族将加林贝蒂描述为"欧洲最英俊、最聪明、最有教养、最和蔼可亲的人之一"，他"交游极其广泛"，并善于探听各路消息。[26]根据从加林贝蒂那里了解的情况，罗伊斯汇报说：

　　罗马教廷大使告诉我，同意为皇储举行教会葬礼一事令教宗倍感为难。如果他找不到合理的同意缘由，如果自杀者的安葬得不到教会的祝福，维也纳人民无疑会做出过激的行为。皇帝陛下为此极度担忧，直到尸检完成后，医生和朝廷官员宣布皇储很可能患有精神疾病。皇帝立即派遣卡尔诺基［外交部部长］向教廷大使递交了官方调查结果的报告。加林贝蒂大人通过电文向罗马进行了汇报，从而消除了教会的顾虑。在奥地利，许多主教也向教廷大使询问他们对此事应当采取何种态度。大使表明，在教会看来，轻生可以因精神失常而被赦免。"我很清楚该如何履行我的职责，"教廷大使还对我说，"我只需相信外交部部长告诉我的事情。尽管如此，这很可能是有史以来教廷大使首次代表教宗出席一个凶手兼自杀者的葬礼。"[27]

　　精神紊乱的说法为鲁道夫争取到了天主教葬礼，但引起了巨大的骚动。枢机主教兰波拉提出了抗议，并说服整个枢机团抵制梵蒂冈为皇储做安魂弥撒。教宗辩称，这般公开怠慢会招致敌意言论，并且会不必要地伤害弗朗茨·约瑟夫的感情，但兰波拉仍不为所动。[28]

　　2月3日周日晚9点，一个黑袍唱诗班唱起帕莱斯特里纳（Palestrina）所作的哀伤的《求主垂怜曲》（*Miserere*），士兵们抬着鲁道夫的棺材穿过霍夫堡宫，将他安放在皇家小教堂，以接受公众的瞻仰。白色与深红色调的小教堂已经变成了无边的黑色海洋：绉纱遮蔽着墙面，点缀着环绕内壁的装饰画，并覆盖了祭坛和长椅；地面铺着黑色的地毯。饰有鲁道夫纹章的金银盾悬挂在墙上，空气中弥漫着花环的香气。7英尺高的灵枢台被安置在祭坛前方，周围环绕着一圈银烛台，黑色绉纱从上方的一顶华盖披垂下来……两名身穿深红金色相间制服的奥地利士兵与两名肩披豹皮斗篷的匈牙利士兵站在角落，手持礼仪剑，头戴银盔，垂首肃立。敞开的棺材里，是鲁道夫的遗体。他穿着一身奥地利将军的制服：白色短上衣，配有红色领子，袖口饰着金色星星；红色长裤；一双锃亮的黑靴子。他胸前佩戴圣斯蒂芬勋章的红绿色绶带，戴着手套的双手握着一枚象牙做的小十字架。灵柩周围的天鹅绒衬垫上，展示着鲁道夫的皇储冠冕、大公冠冕、绿色羽毛装饰的将军帽、礼仪佩剑，以及他的徽章和佩饰。宫廷唱诗班不停地吟唱着圣歌，神父整夜为遗体进行祝祷。[29]

这是一个寒冷刺骨的夜晚，但是当周一早上 8 点小教堂的大门向公众开放时，有超过 10 万人冒着严寒前来向逝去的皇储致意。如此规模出乎人们的预料：寒冷疲惫的民众急切地想瞻仰鲁道夫的遗体，他们拥挤着穿过瑞士宫，想进入小教堂。守在入口处的几名军官不得不拔出佩剑以防止踩踏事件发生；情绪激动的女人们用拳头或雨伞予以还击，还有人在推搡中受了伤。[30]尽管弗朗茨·约瑟夫当晚将瞻仰时间延长了三小时，并且在第二天上午额外增加了四小时，但只有 3 万民众得以进入小教堂。[31]

身处霍夫堡宫墙内的皇室家族，似乎仍处于茫然的状态。玛丽·瓦莱丽写道，弗朗茨·约瑟夫以"平静、敬虔、庄严的英雄主义"态度接受了鲁道夫的逝世，而伊丽莎白只会为宿命抽泣，认为是她带来的维特尔斯巴赫的疯狂基因玷污了儿子，为此耿耿于怀。[32]"紧张而焦虑"的吉塞拉从巴伐利亚赶来，坚持说"鲁道夫不可能已经不在了！"因为难以接受现实，她被阻止去看鲁道夫的遗体。[33]

斯蒂芬妮也有些不知所措：皇帝与皇后第一次邀请她带着女儿与他们共同进餐，但弗朗茨·约瑟夫和妻子一见到孙女就忍不住流泪，使气氛变得紧张不安。[34]而他们对儿媳的冷漠态度则令人捉摸不透，斯蒂芬妮总感觉这对夫妇——尤其是皇后——将鲁道夫的死归咎于她。当斯蒂芬妮的父母2月3日晚从比利时抵达时，他们发现女儿处于绝望之中，皇帝和皇后却"不如我们预想的那般哀伤和沮丧"。[35]伊丽莎白皇后以同样冷漠的态度对待来访的国王与王后：她不愿意与旁人分享她的悲痛。[36]这些行为激发了斯蒂芬妮的反抗。人们期望看到她的负罪感，好像她丈夫的轻生是她的错；她厌倦了总是承受责备。玛丽·瓦莱丽提到一次"可怕的晚餐"，那次，"妈妈和我强忍着眼泪，而斯蒂芬妮，十分冷漠——上帝原谅我——无情，一直在喋喋不休"。伊丽莎白突然中断了用餐，当众斥责儿媳，说自己对她的行为感到羞耻，这令在场的客人瞠目结舌。[37]

2月5日周二，维也纳迎来了寒冷和暗淡的一天。冰冷的风在环城大道上咆哮，拍打着悬挂在建筑外墙的黑色哀悼横幅和旗布，将它们卷成怪诞的形状。街道上人潮涌动：当天下午，葬礼队伍将从霍夫堡宫前往位于新市场街（Neuer Markt）嘉布遣会教堂（Capuchin Church）的皇家墓地，那里是自16世纪以来哈布斯堡家族的传统安息之所。随着城市的钟声传来哀悼的丧音，一丝微弱的冬日阳光终于穿透了铅灰色的天空，屋顶瓦片上未消融的积雪闪烁着微光。[38]

弗朗茨·约瑟夫在那天早上写给卡塔琳娜·施拉特的信中说："我正面临最艰难的任务。"[39]玛丽的家人因受到胁迫而无

163

法公开表露悲伤，哈布斯堡家族对鲁道夫的哀悼则要顾及礼节和体面。弗朗茨·约瑟夫将在妻子缺席的情况下撑过独子的葬礼。伊丽莎白的神经太过脆弱，弗朗茨·约瑟夫担心她可能会在公开场合失态，因此让她不要出席；她还是待在霍夫堡宫，玛丽·瓦莱丽陪着她。斯蒂芬妮也害怕会遭受令她无法忍受的非难目光和无声谴责。因此当天下午 4 点，伴着宫廷唱诗班吟唱的安魂曲《拯救我》（Libera Me），与弗朗茨·约瑟夫一起步入皇家小教堂的只有女儿吉塞拉，他们身后跟着一群大公和大公妃，众人在被黑布罩住的教堂长椅上落座。当教会亲王、大主教冈保尔为逝去的皇储焚香祝祷时，围绕灵柩的蜡烛闪烁着光芒。[40]

仪式结束后，士兵们抬起鲁道夫的灵柩——棺材已经合拢，并覆上了刺绣纹章的帷幕——从小教堂行进至瑞士宫，将其安放到一辆做工繁复的灵车里。巴洛克风格的灵车上满是镀金的小天使，螺旋形的柱子支撑着拱形的篷盖，最顶端有一顶金色皇冠。[41]拉车的不是传统的黑色马匹，而是六匹戴着飘逸黑色鸵鸟羽毛的年轻灰色利比扎马，它们最后一次载着鲁道夫离开了霍夫堡宫。[42]

临近黄昏，天色转暗，马蹄的嗒嗒声、军靴踏在鹅卵石上的尖锐咔嚓声以及低沉的鼓点，宣告了殡仪游行的开始。一群骠骑兵打头阵，帝国和皇家卫队的精锐骑兵紧随其后。接着是缓缓而行的神父们，他们身后跟着一队黑色马车，车里坐着廷臣与国务及市政高官的代表。弗朗茨·约瑟夫与吉塞拉坐在御用马车里，几乎没有露脸；之后是哈布斯堡家族成员和鲁道夫的亲近随从乘坐的一列宫廷马车，马车夫们都身穿隆重的葬礼制服，头戴三角帽，不疾不徐地驾驭着黑色的马匹。有一位穿

164

着中世纪西班牙服装的骑手乘在一匹利比扎马上——这显示了皇室与伊比利亚的昔日纽带。最后映入人们眼帘的是灵车，中世纪打扮的侍从分立两边，手中高举燃烧的火炬。皇家弓箭卫队的六名成员穿着深红色外套，头戴饰有羽毛的银头盔，骑行在灵车的一侧；另一侧则是六名身着红色短上衣、肩披皮斗篷的匈牙利禁卫兵骑士团成员。一队中世纪打扮的骠骑护卫手持亮闪闪的戟，带领数百名在帝国陆军与海军服役的士兵列队行进，向逝去的皇储致敬。[43]

游行队伍停在了不起眼的 16 世纪嘉布遣会教堂门前。士兵们从灵车上抬起棺材，将它扛到紧闭着的门口；鲁道夫的高等宫廷侍从卡尔·冯·庞贝尔带着他的金色职杖，已经站在那里等待了。庞贝尔举起职杖，重重敲了三下门。

"来者何人？"里面的声音问道。

"尊敬的殿下，最尊贵的皇储、奥地利 - 匈牙利的大公鲁道夫。"庞贝尔回答道。

"我们不认识他！"那个声音宣称。庞贝尔再次在紧闭的门上叩了三次。

"来者何人？"询问再次传来。

"大公鲁道夫！"庞贝尔喊道。

"我们不认识他！"

165

庞贝尔第三次用力叩门。

"来者何人？"依然是同样的询问。

"一个可怜的罪人！"庞贝尔大声应答。

"允许入内。"里面传来了回答，门应声轰然打开，棺材被抬入教堂。[44]

维也纳大主教向棺材洒圣水并对遗体焚香，接着引导殡仪队伍走向祭坛，将皇储的遗体安放在设置好的灵柩内。弗朗茨·约瑟夫紧随其后，在第一排长椅上落座，身旁是吉塞拉和斯蒂芬妮的父母。穿着黑袍的宫廷唱诗班吟诵起《拯救我》，弗朗茨·约瑟夫"目不斜视"，坚忍地凝视前方。[45]庄严的赦免礼结束后，士兵们将棺材抬往地下墓穴的入口处，弗朗茨·约瑟夫的弟弟卡尔·路德维希大公和路德维希·维克托大公、侄子弗朗茨·斐迪南大公、女婿巴伐利亚的利奥波德亲王、玛丽·瓦莱丽的未婚夫弗朗茨·萨尔瓦托大公以及鲁道夫的襟兄科堡的菲利普亲王一行人伴随在皇帝身侧。[46]

依照传统，随后的仪式应当由庞贝尔引导；但在最后一刻，皇帝走上前来，带领自己的儿子去往最后的安息之地。沿着楼梯下行，穿过皇家墓穴的重重拱券，一行人走向内壁侧面的一处壁龛，闪烁的提灯驱散了阴影。弗朗茨·约瑟夫在整个仪式中都刻意维持着平静的风度；而当来到地下墓穴、身边只有家人环绕的时候，他承认："我无法再忍受了。"[47]他双膝跪地，拥抱着棺材并反复亲吻棺盖，痛苦地抽泣起来。[48]

"一位父亲的心脏承受了最沉重的打击，"皇帝在向臣民发布的致信中写道，"失去爱子之痛是无法估量的，我本人、我的家族和我忠诚的人民都感到了最深切的悲痛。我深受震撼，谦卑地低头，服从于深不可测的神圣旨意。"[49]当他寻求解答和赦免时，过去的事在他的脑海中不断重演；鲁道夫有意未给他留下告别信，这一事实深深地刺痛了他。[50]"没有必要再去想它了，"他向施拉特承认道，"但我没办法不去想。"[51]生活成了做戏，弗朗茨·约瑟夫扮演着坚忍皇帝的角色，但他对玛丽·瓦莱丽承认："随着时间的流逝，我只会愈加悲伤。"[52]

正如一位历史学家所指出的那样，弗朗茨·约瑟夫不仅将

鲁道夫葬在了嘉布遣会教堂的墓地里，还将他安葬在自己
"假想的回忆"之中。[53]皇帝坚持认为，他们父子之间不曾有过
任何麻烦；他说，鲁道夫之死是"儿子给我带来的第一桩烦
恼"。[54]对弗朗茨·约瑟夫而言，死亡突然将鲁道夫变成了"多
么聪明的人，有多么善良的心肠"。[55]他告诉施拉特，鲁道夫是
"最好的儿子"和"最忠诚的臣民"。[56]这是他能够与现实、与
自己和解的唯一方法。

　　所有关于鲁道夫之死的调查都被叫停。一位官员警告新闻
界，"皇帝希望对梅耶林的悲剧保持沉默"，并呼吁报刊出于
"忠诚和体面"，停止对相关事件的报道。[57]质疑官方说法的报
刊继续被收缴并销毁。在梅耶林发生的事，都成了皇家秘辛。
"任何事，"弗朗茨·约瑟夫称，"都要比真相来得好！"[58]

第三部分

左图 ※ 弗朗茨·约瑟夫皇帝，摄于 1875 年前后

右图 ※ 身着匈牙利加冕礼服的伊丽莎白皇后，摄于 1867 年

19 世纪的霍夫堡宫

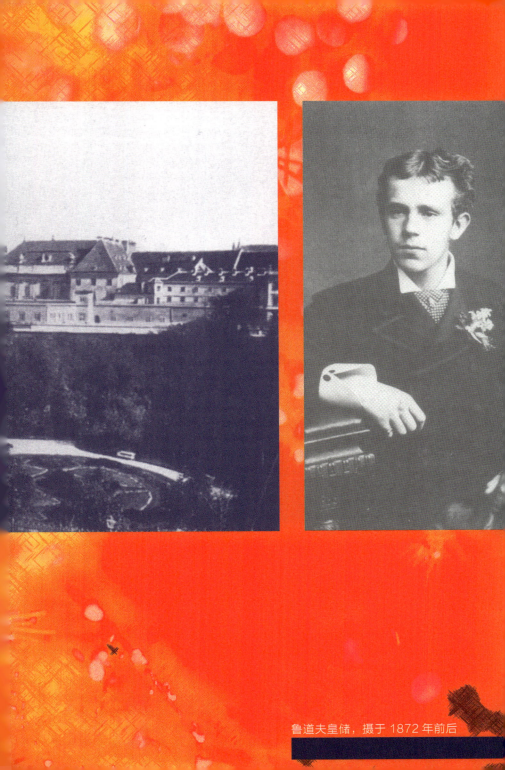

鲁道夫皇储，摄于 1872 年前后

身着普鲁士制服的鲁道夫

鲁道夫与斯蒂芬妮的订婚照

鲁道夫与斯蒂芬妮，摄于 1882 年前后

左图 ※ 斯蒂芬妮与女儿伊丽莎白，摄于 1890 年

右图 ※ 科堡的菲利普亲王

上左 ※ 科堡的路易丝亲王妃
Arturo Beeche/Eurohistory Collection

上右 ※ 米兹·卡斯帕

下图 ※ 约瑟夫·布拉特菲施

上左 ※ 莫里茨·塞普斯

上右 ※ 身着狩猎服的鲁道夫，这是他前往梅耶林时所穿的

下左 ※ 奥尔宾·冯·维茨拉与其妻海伦妮

下右 ※ 维茨拉家的姐妹俩玛丽与汉娜

左图 ※ 亚历山大·巴尔塔齐，摄于 1876 年

右图 ※ 海因里希·巴尔塔齐，摄于 1885 年

左图 ※ 身着舞会服的玛丽

右图 ※ 身着溜冰服的玛丽，这是她前往梅耶林时所穿的

上图 ※ 玛丽·冯·拉里施与玛丽·冯·维茨拉，
1888 年 11 月 5 日摄于阿黛尔工作室

下左 ※ 玛丽·瓦莱丽女大公与玛丽·冯·拉里施

下右 ※ 布拉干萨的米格尔公爵

上图 ※ 梅耶林，摄于 1889 年

下左 ※ 约翰·洛舍克

下右 ※ 约瑟夫·霍约斯伯爵

上图 ※ 鲁道夫遗体

下图 ※ 今日的梅耶林，在行宫原址上建起了教堂
© Denise C. Clarke/Alfred Luckerbauer

圣十字修道院的玛丽墓地
© Denise C. Clarke/Alfred Luckerbauer

梅耶林教堂的祭坛，建于鲁道夫与玛丽殒命的地点
© Denise C. Clarke/Alfred Luckerbauer

第十三章

鲁道夫的葬礼并没有阻止有关梅耶林事件的传闻进一步扩散。在他下葬后二十四小时内，报刊设法搜寻到了基本情况，对洛舍克和霍约斯在狩猎行宫的行动进行了描述。[1]但鲜少有人相信官方的说法。"鲁道夫死于他杀的故事，与其系自杀的详尽说法一样广为流传，"《纽约时报》2月3日的报道说，"柏林、布鲁塞尔和巴黎充满了关于此事的流言，人们不相信皇储真的结束了自己的生命。"[2]

没过多久，外国媒体就知晓了玛丽·冯·维茨拉的存在，并发掘出一段悲惨的浪漫故事。2月2日的《慕尼黑新闻报》（*Neuesten Nachrichten*）报道说，年轻的男爵小姐与鲁道夫一起在梅耶林殉情。[3]第二天的《费加罗报》写道："很多人都在谈论一桩失踪案件：玛丽·W男爵小姐，从周二起就没露过面。家人声称她在帕尔杜比采堡［位于拉里施在波希米亚的庄园］，但没有人见过她，公众也并不相信。"[4]2月5日，法国《时代报》（*Le Temps*）报道："一位美貌的年轻男爵小姐之死，在维也纳引发了巨大的轰动。"[5]与其竞争的法国《晨报》则以"卷入梅耶林悲剧的男爵小姐维茨拉神秘失踪的离奇故事"作为噱头。文章称，玛丽"是维也纳最美丽的小姐之一，有天鹅绒般柔和的眼睛、高贵的姿态和追求浪漫的性格；她在社交圈子里很受仰慕，所到之处，尽是赞美的低语"。在公众得知鲁道夫的死讯数小时后，"有传言说这位年轻小姐已经殉情，并在夜里被秘密下葬"。[6]

维也纳还处于震惊状态。"这太令人悲伤痛苦了，"沃尔布加·佩吉特写道，"人们深信不疑，一切都是因为玛丽·冯·维茨拉对皇储的引诱。但我无法设想，一名头脑简单的女孩能说服聪明过人的奥地利皇储以如此愚蠢、肮脏、不体面和戏剧化的方式结束生命。我看不到其中的逻辑——他并非被爱情冲昏了头脑。事实上，他是个疯子，她是个自大而不道德的女孩，希望全世界都来谈论她。"[7]

了解内情的人一致同意弗朗茨·约瑟夫坚持的"任何事都要比真相来得好"的看法。"这太可怕了，太可怕了，"科堡的菲利普亲王向妻子哭诉道，"但我不能，除了他们都已不在人世了这条信息之外，我决不能说任何事。"[8]科堡在写给维多利亚女王的信中说，鲁道夫之死是"一场可怕的、骇人的、无法言表的不幸。一个如此有天分、聪明过人、在奥匈帝国备受尊崇的人，一个如此热爱皇帝和国家的人，竟然做出这样的行为，这真是一个谜！我当时在梅耶林看到了一切，我可以向您保证，只有认定他精神失常，才能理解这一可怕的事件"。[9]

比利时国王利奥波德二世向他的弟弟佛兰德伯爵菲利普（Philippe, count of Flanders）透露："维持自尽的主张是绝对必要的。对我们天主教徒而言，哈布斯堡家族坚持轻生的说法似乎是很不容易的。但是，精神错乱下的自杀是避免酿成前所未有的丑闻的唯一途径。"[10]弗朗茨·约瑟夫的弟弟路德维希·维克托坚持认为："完整的真相是如此骇人，以至于人们永远不会承认！"霍约斯用了同样的词——"骇人"——来描述他

所看到的，并补充道："我已经向皇帝发誓，决不会透露一　171
个字。"[11]

没有人知道该相信什么。英国首相索尔兹伯里勋爵（Lord
Salisbury）向维多利亚女王保证，他敢肯定鲁道夫和玛丽是被
谋杀的。不过威尔士亲王同样坚定地相信："看起来可怜的鲁
道夫产生自尽的想法已经有一段时间了。"他向母亲报告说，
维也纳的消息使他相信，鲁道夫的行动与玛丽·冯·维茨拉无
关。威尔士亲王写道，整件事"就像一场噩梦"。[12]

当局迅速采取行动，扫除可能泄露消息的隐患。一些廷臣
奉命返回狩猎行宫，抹掉玛丽残存下来的一切痕迹。[13]1 月 31
日傍晚，科堡、霍约斯、维德霍斐尔、鲁道夫的仆从以及宫廷
特派员原本被要求参加一场问询会。[14]当天下午接近 5 点，洛
舍克正与康斯坦丁·霍恩洛厄亲王谈论这桩悲剧时，塔菲首相
出现在了房间。首相的"情绪异常激动"，宣布会谈中止。两
天后，皇帝命令塔菲组织了一次秘密会议；维德霍斐尔到场
了，但洛舍克惊讶地发现科堡、霍约斯、宫廷特派员和鲁道夫
的其他仆人都被排除在外。塔菲宣读了一则简短的事件摘要，
他的语速很快，洛舍克回忆说，自己只能勉强跟上他说的内
容。会议最后，塔菲收缴了与鲁道夫之死有关的全部官方档案
和文件，并警告所有人对梅耶林事件保持沉默。[15]

塔菲履行了对皇帝的承诺：被收缴的档案应当得到了妥善
保管，被封存在他的波希米亚乡村庄园埃利斯绍城堡（Schloss
Ellischau）。[16]1895 年塔菲去世后，梅耶林的文件到了他的儿子
海因里希手里。海因里希声称，他将档案存放在一只木箱里，
交给了他的维也纳律师；1912 年，当他要求取回箱子时，
发现其中的文件已经消失不见。[17]研究梅耶林的历史学家弗里

172　茨·朱特曼（Fritz Judtmann）认为，那只箱子很可能根本没有装过什么机密，档案失踪的蹩脚故事不过是为了误导后世的历史学家。[18]后来的两起事件证实了他的推测：1919年，塞雷基的佐薇·瓦西尔科伯爵小姐（Countess Zoë Wassilko von Serecki）曾在埃利斯绍城堡小住。她的外祖父弗朗茨·冯·克劳斯男爵在梅耶林悲剧发生时担任维也纳的警察局局长，她还碰巧是海因里希·冯·塔菲第二任妻子的堂亲。伯爵小姐回忆说，在埃利斯绍城堡期间，塔菲突然问她是否想浏览失落的梅耶林档案——在他将其销毁之前。她花了整整一夜的时间检视这些文件，然后将其交还给海因里希·冯·塔菲，随后这些文件大概被烧掉了。[19]

　　但海因里希·冯·塔菲并未烧毁这些文件，他没对伯爵小姐说实话：1922年——据称档案被毁的三年后——他允许布拉格大学的阿图尔·斯克德尔教授（Professor Artur Skedl）查阅了部分文件，并将其收录到一本有关塔菲首相的著作中，这证明了所谓被销毁的文件其实还留存着。[20]1926年，埃利斯绍城堡的图书馆失火，媒体报道说大火烧毁了失落的梅耶林档案。[21]但根据塞雷基的瓦西尔科伯爵小姐的回忆，文件被保存在城堡的档案室，那里并没有受到火灾的侵害。海因里希·冯·塔菲于1928年去世。九年后，他的遗孀告诉《新维也纳日报》，她相信丈夫已经销毁了梅耶林档案，以确保"不会辜负皇帝对他先父的信任"。[22]但这更是障眼法。档案传到了海因里希的儿子爱德华手中，他于1937年迁往爱尔兰生活——应当是携带了这批文件。1960年代，在与弗里茨·朱特曼的通信中，爱德华·冯·塔菲并未否认梅耶林档案仍然存在，但是拒绝披露任何文件，并解释说他已经许下了"庄严承诺"，决不泄露这些内容。"梅耶林事件的情况，"他补充说，"比世人想象的要骇人得多。"[23]1967年爱德华·冯·塔菲去世后，这些文件转而属于他的堂弟鲁道夫·冯·塔菲。令人迷惑的是，鲁道夫先是否认了自己知晓档案的下落，之后又隐晦地暗示了文件上可能记录的内容。[24]鲁道夫·冯·塔菲所怀有的秘密，在1985年与他一同进入了坟墓。看起来，神秘的塔菲文件确实尚存于世，但令人沮丧的是，它被藏匿于某处，并注定要永远尘封——它是梅耶林档案的"圣杯"，包含着与狩猎行宫相关事件的机密信息。

　　为了阻止真相外泄，退休金和封口费也是少不了的。洛舍克得到了一些鲁道夫的服装和枪械；尽管只有四十五岁，但他立即退了休，每年可以得到1300古尔登的津贴（相当于2017年的8307美元）。[25]约瑟夫·布拉特菲施知悉鲁道夫的一切秘密，事实证明他是个更棘手的对象。宫务大臣阿尔弗雷德·蒙特诺沃亲王（Prince Alfred Montenuovo）代表宫廷谨慎地与这个马车夫接触，要求他离开维也纳并承诺付给他一大笔钱。[26]布拉特菲施拒绝了，坚称他是可以被信任的。没有人确信这一点，于是警察局局长克劳斯提醒首相，说他让手下的警员对布拉特菲施进行持续的监视。他写道："我还命令他们确保不会有记者与其搭上线。"他担心"不时会滥饮"的布拉特菲施可能在大醉的状态下失言泄密。[27]在梅耶林事件过去两个月后，布拉特菲施突然买下了一栋房子，并开办了自己的出租马车行，马匹都来自皇家马厩——事态的发展表明宫廷以大额的金钱换取了他的沉默。[28]

　　不过在维也纳，心情最焦灼的当属伯爵夫人玛丽·冯·拉里施。她接受海伦妮·冯·维茨拉的华服和金钱贿赂以促成这段恋情；她以安排私会为由勒索玛丽；她依照鲁道夫的吩咐秘密行事，并从他那里敲诈了大笔钱财。她向警察撒谎，否认自己牵涉其中，并在事态危急之际拼命地为自己开脱。作为嫁给低阶贵族的皇后私生侄女，她身处上流社会的边缘，仅凭霍夫堡宫的偏爱而安身——而如今来自皇室的眷顾即将消失。

174

困于自己亲手帮忙织就的网中，拉里施只能无助地待在大酒店的套房里，盼望着风暴过去。2 月 5 日上午——鲁道夫葬礼当天——一群官员造访，质问她在私情中扮演的角色。拉里施试图矢口否认一切，但这是徒劳的。人们已经在皇储的书桌内发现了她写给鲁道夫的一些信件，信中她告诉表弟自己可以安排他与玛丽·冯·维茨拉的会面；两天前，米兹·卡斯帕的鸨母狼夫人向警员弗洛里安·迈斯纳描述了拉里施是如何在皇储和玛丽·冯·维茨拉之间扮演中间人的，显然鲁道夫曾对米兹透露过这些信息。[29]

起初，拉里施坚称是洛舍克和布拉特菲施安排了一切，她只是服从表弟的命令。但随后官员们将玛丽的女仆阿格内斯·亚霍达带进了房间，两个女人开始竞相指责对方怂恿了年轻的男爵小姐。皇后曾派一名廷臣向她的侄女询问鲁道夫的精神状态；拉里施抓住机会，承认她的表弟一直行为古怪。[30]质询的结果以及拉里施参与皇储婚外情的细节被回报给了霍夫堡宫；当拉里施再去拜访姑母时，她震惊地发现自己突然被拒之门外了。伊丽莎白皇后再也没有与她的侄女见面。[31]

在鲁道夫的葬礼之后，一个偶然的发现封印了伯爵夫人的命运，皇室对她的怀疑转成了愤怒。塔德乌什·艾杜凯维奇（Tadeusz Ajdukiewicz）是一位波兰艺术家，他一直在为皇储绘制骑马肖像，因而保留着鲁道夫最后一次来摆姿势时穿着的斗篷；他搜寻了斗篷的口袋，发现了一封拉里施写给表弟的极不体面的信件，这足以揭露她在私情中的同谋角色以及持续的敲诈勒索。艾杜凯维奇将信件递交给了弗朗茨·约瑟夫；从那一刻起，拉里施抱怨道，"一个恶性循环网包围了我"。[32]霍夫堡宫下令：禁止玛丽·冯·拉里施再次踏足宫廷。拉里施坚持说，皇后"利用了我，并毫无悔意地把我扔到了一边"。[33]

被认定为"皇储寡妃"的斯蒂芬妮同样是被丈夫的不幸之网围困的受害者。她的婚姻早已名存实亡，于是她很快接受了鲁道夫的轻生。斯蒂芬妮甚至对玛丽·冯·维茨拉产生了某种同情，将她视为自己丈夫行为的另一个受害者。她抱怨说，鲁道夫将玛丽·冯·维茨拉发展为死亡伴侣是"利用了她的激情"。反过来，玛丽对他的"深切和真诚的爱"，无论多么不成熟，足以使人原谅她的"行差踏错"。[34]

皇帝与皇后始终因为鲁道夫的轻生而责怪斯蒂芬妮，逐步且明确地将她排挤出皇室圈子。即便是在艾伯特亲王去世后沉浸在无法纾解的悲伤之中的维多利亚女王，也在为这个年轻的寡妇挂心，认为她需要暂时从压抑的、充满谴责之声的维也纳脱身。她询问，斯蒂芬妮是否愿意到温莎城堡来待几周？但弗朗茨·约瑟夫和伊丽莎白断然回绝了这个提议，似乎执意要对他们的儿媳施加一切可能的惩戒。斯蒂芬妮承受着羞辱和无礼对待，被离世丈夫的怨愤家人所束缚，不久后就带着小伊丽莎白避到遥远的的里雅斯特米拉马雷城堡（Schloss Miramar）去了。[35]

●

为了掩盖玛丽·冯·维茨拉在梅耶林的死亡，奥地利当局

175

已经穷尽手段。但秘密的埋葬、继续被收缴的报刊，以及她的家人不得不反复重申的谎言，并没有阻止消息被泄露出去；很快，探究的人们开始在修道院的墓地徘徊，寻找玛丽没有标识的坟墓。在悲剧发生后的一周内，海伦妮·冯·维茨拉将玛丽的两封绝笔信透露给了巴黎的《费加罗报》。[36] "这个女孩的母亲正在威尼斯，"罗伊斯亲王在 2 月 9 日汇报说，"她正在宣扬女儿的不幸，并毫不避讳女孩与皇储的私情。这表明了此人的品行，她声称已经得到了承诺，如果她在皇储葬礼前销声匿迹，那么过后可以公开一切。不排除她会诉诸勒索等手段。"[37]

3 月底，埃莱奥诺雷·霍约斯伯爵夫人（Countess Eleonore Hoyos）在日记中写道，"阴险的、蛇蝎心肠的、可怕的"海伦妮·冯·维茨拉返回了维也纳。[38] 海伦妮仍然小心地隐瞒自己在私情中扮演的角色，甚至是对她的家人。她写信给住在英国的姐姐伊丽莎白：

> 我现在才写信给你，真是太羞愧了……你知道，一开始，我真的无法写信。落在我身上的霹雳将我击倒了。你知道我有多么宠爱玛丽，也许是过头了，这就是为什么我受到了残酷的惩罚。我可以向你保证，我从未如此悲伤；我将永远忘不了这可怕的一切，我的人生和我的思绪充满了无穷的痛苦……她给我们留下了三封极其动人的信，信中的文字充满孩子气，但也表明她相信那边的世界一定会更美丽……过去两周她的神经一定非常脆弱；我们知道她肯定遇到了什么要紧事，但根本猜不到实情，因为我都不知道他们彼此认识，直到他们去世……我在威尼斯待了六

周，修复我受损的神经，然后重返维也纳看了她的坟墓，
那是在我离开后才完成的。回到这栋房子是非常可怕的。
以前她从早到晚都陪着我（除了曾经与拉里施伯爵夫人
离家过几次，那个坏女人知道一切，如果她早讲出来，很
可能会救了他们），而今我无时无刻不在想念着她。[39]

　　至于拉里施，她正忙着炮轰海伦妮以及巴尔塔齐兄弟们。
她抱怨说，他们试图把"这桩丑闻""全都推到我身上"，将
二者的私通归咎于我。海因里希与她决裂了——拉里施对海伦
妮的一个亲戚咆哮说："对他而言，与我对峙是一件肮脏可耻
的事情。"现在她"强烈地憎恶他"，并想要她的旧情人知道
她将揭露"巴尔塔齐家的先生们是如何对待女性的"，让他们
"因我的复仇而颤抖"。[40]

　　担心人们会在修道院找到玛丽的坟墓，塔菲首相试图贿赂
海伦妮，提出要给她一大笔钱，让她将玛丽的遗体掘出并转移
到其他地方秘密埋葬。激愤的母亲拒绝了他。海伦妮·冯·维
茨拉曾煞费苦心地攀附权贵，但她觉得自己受到了令人难以接
受的苛待。她满怀怨恨，决定为女儿修建一座壮观的坟墓，作
为对皇室的永久刺激。5 月 16 日，她将玛丽简陋的松木棺材
掘出，安放进一口巨大的华丽铜棺，并在修道院墓地一处更为
醒目的位置重新安葬。"这是上帝创造的这个世界之中最美的
地方，"海伦妮写道，"人们可以称之为天堂般的所在。"[41]精心
制作的锻铁格栅围绕着新坟墓的纪念碑：

　　　玛丽·冯·维茨拉男爵小姐

　　　生于 1871 年 3 月 19 日

177

> 逝于 1889 年 1 月 30 日
>
> 出来如花，又被割下
>
> 《约伯记》14：2。[42]

海伦妮不满足于修建坟墓，接着又在墓地建造了一座罗马风格的大理石纪念小教堂。祭坛上方的一扇大型彩色玻璃窗绘着圣母马利亚；海伦妮最初要求按照玛丽的长相绘制圣母像，但官员们否决了这一冒犯之举，也不允许提及维茨拉的名字。于是，工匠们用玛丽的容貌，以及 1881 年在环形歌剧院火灾中死去的兄长拉迪斯劳斯的面容，绘制了跪在圣母马利亚两侧的天使像。由于不能出现姓氏，教堂纪念牌上的拉丁铭文这样写道：

> 虔诚纪念拉迪斯劳斯和玛丽，
>
> 她最心爱的孩子被过早地夺走了，
>
> 悲痛欲绝的母亲，
>
> 立下了誓言，
>
> 建成这座小教堂，
>
> 在吾主的 1889 年。[43]

海伦妮·冯·维茨拉的挑衅行为是她与皇室持续斗争的一部分。回到维也纳后，她用哀怨的信件淹没了皇帝。她抱怨说，每个人都知道梅耶林的真相，但每个人都不公平地责怪她的女儿。名利场对宫廷亦步亦趋，因为鲁道夫的自杀而惩罚维茨拉和巴尔塔齐家族。男爵夫人希望弗朗茨·约瑟夫发表声明，免除她对悲剧的责任，并警告说，她其余的孩子不应遭受排斥。[44]

　　弗朗茨·约瑟夫对男爵夫人的请求置之不理。要求没有得到满足的海伦妮决定报复，根据女儿的信件和个人文件，她将玛丽与皇储的私情及其悲惨的结局撰写了出来。5 月初她将手稿秘密交给了维也纳出版商约翰·N. 韦尔奈（Johann N. Vernay），到月底，维茨拉手稿被印制出版了两百五十份，流向各书店和报刊经销商。警方也同样快地搜查了出版商和报刊摊，收缴了他们能找到的每一份副本。[45]

　　然而，尽管当局尽了最大努力，仍有几十份副本躲过了收缴并被偷运出奥地利。当奥匈帝国驻伦敦大使听说《泰晤士报》（The Times）即将刊发英文译本时，他进行了干预，将出版物撤销。但巴黎《时代报》于 8 月 26 日发表了摘录，而《闪电报》（L'Éclair）和《利物浦每日邮报》（Liverpool Daily Post）都在 9 月 3 日刊发了完整的回忆录。[46]这本小册子当然是为了尽可能地美化玛丽以及她母亲的行为。海伦妮称自己在悲剧发生的前几天才知道私情的存在，这是不可信的；她指责拉里施为她的女儿和皇储密谋，并瞒着她帮两人私通款曲。后来，男爵夫人的女儿汉娜将她母亲的原始手稿制作成手抄本，添加了有关拉里施策划勒索诡计的详情，这部分内容没有被包括在之前发表的版本中。[47]

　　哈布斯堡宫廷对这些事嗤之以鼻；海伦妮·冯·维茨拉没有获得来自皇室的妥协，反而遭到蔑视。到了 7 月，弗朗茨·约瑟夫受够了，命令他的礼宾长官答复男爵夫人持续不断的恳求信。起初，复函似乎带有安抚的意味。"即使是在最初的那一刻，"长官在信中向海伦妮保证，"陛下也并未将你看作这桩骇人悲剧的同谋。"但这是唯一伸出的橄榄枝。信件接下来

179

谴责了男爵夫人与围绕着梅耶林的"指控纠缠不清"。她"本应该克制住公开为自己申辩的冲动"，而不是发表回忆录，"擅自处理"。她的做法"连累了自己的孩子，并成了公众的谈资"。这样一来，维茨拉家族遭受社交抵制是预料之中的事。玛丽的仓促下葬可能伤害了海伦妮身为母亲的感情，皇帝对此感到抱歉，但这一悲剧需要保密。男爵夫人最好能"以平静的奉献精神忍受命运带来的沉重悲伤"。[48]

180　　　事情就这样了结了。海伦妮·冯·维茨拉碰了壁，但令她很满意的是，人群经常蜂拥到她女儿在修道院的坟墓，摘下墓碑上的常春藤作为珍贵的纪念品。[49]这是一个能感受悲剧罗曼史的地方，最起码在 1945 年春天之前都是这样；可之后，苏联炮兵向撤退的纳粹发起追击时，圣十字修道院遭到了猛烈炮轰。一枚炮弹落到了玛丽的坟墓上，击穿了棺材的顶部。[50]占领此地的苏联部队在第二年洗劫了公墓，盗掘坟墓。他们用花园锄头砍开了玛丽的棺材，将顶部和两侧砸碎，在遗体上搜寻珠宝和贵重物品，在此过程中玛丽的头骨与身体分离了。在士兵们扬长而去后，被破坏的坟墓无人看顾，玛丽的遗骸被翻得杂乱不堪，头骨被扔到棺材的一边，锄头也被随意地丢在棺材里。[51]

　　　在苏联人离开之前，修道院的管理人员对此无能为力。1948 年，坟墓被一块新的厚石板密封；之后，在 1959 年，一位意大利女士听说玛丽的坟墓损毁得十分严重，愿意支付费用为其更换新棺材。1959 年 7 月 7 日，人们对坟墓进行了开掘。当石板被抬起时，底下破碎的青铜棺材露了出来，棺面已经凹陷变形。[52]棺材里积满了水，不可能被抬起来；挖掘者阿洛伊斯·克莱因（Alois Klein）下到墓穴中，打开盖子，试着将污浊的水排出去，但没能成功。克莱因只得将骨骸的碎片从淤泥里取出，放入水桶。头骨、椎骨、股骨、盆骨以及其他散落的骨骼——"都蒙着一层厚厚的黑色黏液"——被举到地面，还有一簇簇玛丽的头发及衣服、帽子和鞋子的残余物，被"任意"摆放进一口新的金属棺材。[53]

在转移遗体时，克莱因借机观察了头骨。它支离破碎，但已不可能确定这是玛丽死时留下的伤口，还是苏联人在挖掘过程中造成的破坏。尽管条件恶劣，克莱因却认为他"清楚地"看到了两处小的枪伤，一个在左侧太阳穴上，另一个在右耳上方。[54]然而，当地的医生格尔德·霍勒（Gerd Holler）后来声称，他只在头顶看到了一个约 5 厘米 ×7 厘米的椭圆形小洞。[55]

霍勒提供了一个惊人的理论：他认为，玛丽死于拙劣的堕胎术，而鲁道夫因为悔恨而殉情。霍勒声称，拉里施找来助产士特蕾莎·米勒（Theresia Miller）为玛丽堕胎，这是助产士的孙子埃米尔·米勒（Emil Miller）对他说的。该手术于 1 月 28 日上午在霍夫堡宫内进行，一条导管被插进玛丽的子宫；导管需要在体内留置二十四小时，于是鲁道夫带玛丽去了梅耶林，让她在那里休息。根据霍勒的说法，第二天晚上一个不知名的女子来到别墅，应该是为了取出导管。但出了问题，玛丽大出血而死；在绝望中，鲁道夫举枪殉情。[56]除了埃米尔·米勒的说法存在严重的问题，霍勒还在很大程度上忽略了与自己的理论相矛盾的证据，包括玛丽的绝笔信和关于她头部弹孔的证词。

但这一理论促成了更大规模的阴谋论浪潮。后来在 1991 年，故事发生了匪夷所思的转折。来自林茨（Linz）的中年家具销售员赫尔穆特·弗拉泽斯坦纳（Helmut Flatzelsteiner）于

1988 年首次阅读了格尔德·霍勒的《梅耶林：一个世纪后关于悲剧的新记载》（*Mayerling：Die Lösung des Rätsels—Der Tod des Kronprinzen Rudolf und der Baroness Vetsera aus medizinischer Sicht*），并对此案痴迷不已。弗拉泽斯坦纳相信，自己与这对死去的情人进行了精神交流。[57]1991 年 7 月的一个晚上，他悄悄潜入圣十字修道院墓地，在两名同伙的帮助下偷偷挖掘出玛丽的遗骸。"我曾以为能找到一些漂亮的东西，"弗拉泽斯坦纳这样谈及自己的发现，"但一切都是潮湿、肮脏的，闻起来也很糟糕。"[58]

弗拉泽斯坦纳说，在对骨骼残骸进行清理后，他接触了几位法医专家，称遗骸属于自己一位在一个世纪前去世的亲属。他想知道法医是否可以确定死因。林茨大学的克劳斯·雅罗施（Klaus Jarosch）教授得出的结论是，遗骸属于一名大约十八岁的女性。头骨是不完整的：弗拉泽斯坦纳在棺材里找到了部分下颌，但眼窝位置以下的颅骨留存得很少。雅罗施无法确定是否有子弹伤口，因为头骨太过破碎了。不过，他确实认为头骨有多处骨折，这可能是死亡的原因。[59]

弗拉泽斯坦纳认为自己掌握了重磅秘辛，开始四处向记者兜售他的故事。不过，得知此事的作家兼历史学家格奥尔格·马库斯（Georg Markus）将盗墓事件报告给了警察局，当局迅速缴获了遗骨。[60]经过检查，维也纳大学法医学研究所的约翰·西尔瓦希（Johann Szilvássy）教授认同骨骸可能属于一名十八岁的女性，她大约在一百年前去世。同样，他也认为头骨过于破碎，无法准确判断是否有任何可能的外伤。[61]然而，媒体依然抓住两次法医报告的不同之处进行揣测。左侧太阳穴的一处小的半圆形凹陷可能是子弹造成的，但同时媒体报道坚称，得出权威的鉴定结果是不可能的。[62]

尽管将 DNA 作为法医鉴定工具的做法仍处于起步阶段，但基因检测可以用来确定遗骸是否属于玛丽。有传言称，为了进行必要的检查，维茨拉和巴尔塔齐的后代将会献血；但实际上并未进行任何基因检测。[63]这只会导致更多的揣测，包括遗传物质的侵蚀过于严重，无法取得未经污染的样本。玛丽的家族突然传来了指令，禁止进行进一步的调查。"我无法理解，"在维也纳对遗骸进行检查的格奥尔格·鲍尔（Georg Bauer）教授抱怨说，"在悲剧发生一百多年后，为何还要制止现代法医工具的使用以及相应的调查。"[64]最后，遗骸被安置在一口新的棺材里，并于 1993 年 10 月 28 日上午重新安葬在圣十字修道院的坟墓中。[65]

与入土为安的玛丽不同，关于梅耶林的争议没有归于平静。1959 年在她的头骨上未发现任何子弹伤痕的说法，点燃了阴谋论的火焰；现代的法医检测又为火焰增添了燃料。在棺材中找到的被分离的头骨真的属于玛丽吗，抑或是苏联人将某人的头颅随意扔进了她的坟墓？如果那真是玛丽的遗骸，又做何解释？颅骨上是否真的没有子弹痕迹或者头部侧面的小凹陷，以证明玛丽被击中了头部？大量的骨折是否意味着玛丽在与鲁道夫的争吵中被杀害？或者说，正如日益流行的说法所暗示的那样，鲁道夫和玛丽死于谋杀？一个多世纪以来，混乱不清的主张围绕着梅耶林；为了解开这一谜团，我们有必要回到 1889 年 1 月，去拨开重重迷雾，探寻未被谣言吞噬的真相。

第十四章

　　梅耶林那扇上锁的卧室门后到底发生了什么？当鲁道夫关闭房门时，他与玛丽还活着；第二天早上，两人都死了。答案看似很明显：作为自杀协议的一部分，鲁道夫杀死了玛丽，然后将枪口转向自己。弗朗茨·约瑟夫对梅耶林的事件感到震惊和羞辱，下令停止调查，隐瞒玛丽死在儿子身边的事实，这些举动只会让谣言愈演愈烈。官方的说法在四十八小时内改变了不下三次，质疑这些事实的报刊遭到查封。对梅耶林事件的调查被突然取消，调查结果被隐瞒——这令人们产生共识：事情不对劲，他们向公众隐瞒了某些事情。

　　诺拉·富格尔公主写道："我不相信这仅仅是一场风流韵事，因为一位强盛帝国的皇储有许多手段随心所欲地终止或延续与年轻女孩的爱情。"[1]各种理论从似是而非到匪夷所思，有的甚至声称鲁道夫根本没有死。与著名的俄罗斯女大公阿纳斯塔西娅（Grand Duchess Anastasia）不同，长期以来都有传言说她奇迹般地逃脱了 1918 年对她家族的处决，而鲁道夫则被认为策划了自己的"死亡"，以逃避作为皇位继承人的空虚生活。1937 年出现了一本匿名作者写的书，名叫《他没有死在梅耶林》（*He Did Not Die at Mayerling*）。它提出了鲁道夫曾参与密谋反对他父亲的理论：当皇帝质问儿子时，鲁道夫决定假装死亡以逃避惩罚。据说他逃往了美国，在纽约市从事律师工作，直到 1950 年代去世。[2]或者，根据另一个版本，鲁道夫实际上逃往萨尔瓦多（El Salvador），在那里以胡斯托·阿马斯（Justo Armas）的假名生活，在 1936 年去世。[3]

1992 年，末代奥托大公，即奥地利末代皇帝卡尔一世的儿子和继承人说"我最相信双重自杀的版本"，但随后又神秘地说："只要我活着，梅耶林之谜将永远解不开。"[4]大公暗指的是什么"秘密"？这令人回味的说法隐含着长达一个世纪的悬疑。皇室不断变化的解释破坏了它的可信度：即使官方承认鲁道夫是开枪自尽的，却隐瞒了玛丽在行宫的存在和死亡——大部分维也纳人已经通过无处不在的传闻得知了这一点。

在鲁道夫去世后的几天里，谣言取代了真相。"真相就是，没有人知道其中的任何事情。"《费加罗报》说道。[5]《时代报》的记者则警告说："我不得不传达谣言，但怀着最大的保留意见，因为到处流传着夸大其词的猜测与幻想。"[6]这种幻想被证明是危险的：在鲁道夫葬礼那天，维也纳警察蜂拥至大大小小的咖啡馆，逮捕了所有对官方说法表示质疑的人。[7]

在鲁道夫去世后的二十四小时内，他被梅耶林的一名猎场看守出于报复而谋杀了的故事席卷了维也纳。当《新自由报》在 2 月 1 日奋勇报道了这则谣言后，政府收缴了报纸。[8]但不受帝国审查的《纽约时报》详细阐述了这个故事："谣言说，皇储被一个仆从从窗外射进来的子弹杀死，凶手随后自裁。"[9]第二天，此报引用了柏林的一份报告，写道：猎场看守的遗体被秘密火化并掩埋在树林里。[10]

同样可以自由传播流言蜚语的法国媒体也讲述了这样一个故事："新消息证实，一名管理员在嫉妒的驱使下杀死了鲁道夫。"2 月 4 日的《晨报》告诉读者："这名梅耶林的管理员怀疑妻子与皇储有染。据说那位女士非常漂亮。"射杀了鲁道夫后，这个猎场管理员接着"举枪自尽了"。[11]第二天，《高卢人报》（Le Gaulois）称犯人是护林员维尔纳（Werner）。在撞破妻子与鲁道夫的私情之后，维尔纳袭击了皇储；根据这个说法，洛舍克在别墅外面的雪地里发现了鲁道夫的遗体，"他的头骨破裂，身侧被刺伤；附近是护林员维尔纳的遗体，他用来自杀的步枪落在身旁"。[12]《时代报》的文章则推测，在巡视回来时，维尔纳看到一个神秘的身影爬出了他的卧室窗户，于是开了枪；当发现自己杀死的是皇储之后，他便开枪自裁了。[13]可惜的是，梅耶林从来没有一个名叫维尔纳的仆人，当时也没有任何一名雇工死亡。[14]

然而，传闻流传得太广，以至于首相塔菲也对此发表了评论。他将其视为胡说八道，说："如果一个奥地利护林员看到妻子与皇帝的儿子在一起，他不会开枪，而是会唱《天佑吾皇》!"[15]塔菲的评论回应了那些一厢情愿的想法，但没有提及事实，因此并没有平息猜测。根据贝·米德尔顿的说法，伊丽莎白皇后向他透露，鲁道夫因风流韵事被杀，尽管与玛丽·冯·维茨拉没有关系。[16]弗朗茨·约瑟夫的副官阿尔贝特·冯·马尔古蒂听说了一些二手传闻，即仆人们1月30日早上在狩猎别墅外的雪地中发现了鲁道夫，他的头部遭到了重创。几年后，马尔古蒂向匈牙利宫廷侍从长路德维希·阿波尼伯爵（Count Ludwig Apponyi）提及此事。阿波尼最后说道："嗯，这是严肃的事实！但不要外传。在皇储去世后，我们立即从梅耶林的一个狩猎仆人那里得到了消息。"根据阿波尼的说法，玛丽在鲁道夫与其分手之后就先结束了自己的生命。[17]

在哈布斯堡王朝崩溃后，马尔古蒂又与海军少将路德维

188

希·里特尔·冯·霍尼尔（Ludwig Ritter von Hohnel）谈到了这件事，后者在1889年担任弗朗茨·约瑟夫的副官。霍尼尔重复了同样的故事，但声称他是在霍约斯写给匈牙利亲戚的一封信中看到了事件的经过。根据霍尼尔的说法，弗朗茨·约瑟夫不知怎么得知了这封信的存在，于是命令霍约斯取回并立即销毁它。[18] 这个说法似乎在宫廷流传甚广：弗朗茨·约瑟夫的男仆欧根·凯特尔（Eugen Ketterl）在他的回忆录中重复了其中的细节，说自己得到的是第三手消息。[19]

鲁道夫的风流情史为这个故事带来了一定的可信度，尽管他在梅耶林的恋爱对象更有可能是他曾经的情妇安娜·皮克，她与丈夫莱宁根－韦斯特堡的赖因哈德伯爵住在梅耶林的庄园里。这意味着皇储在理论上有可能继续与她保持着暧昧关系，但在梅耶林事件之后，伯爵肯定没有自尽，也没有遭受任何社会舆论的指摘。[20] 如果说鲁道夫是被一个心存怨恨的丈夫杀死的，那他的绝笔信如何解释？为什么宫廷和当局要隐瞒这个事实，特别是在罪魁祸首已经自裁后？对信奉天主教的哈布斯堡王朝而言，它宁愿承认皇储死于一心想复仇的男子之手，也不会以自尽作幌子。

在鲁道夫去世后的一段时间内，同样流行的传言是他在决斗中被枪杀。又是百无顾忌的法国媒体率先刊发了维也纳流传的小道消息。2月2日，《费加罗报》报道称，有传言说鲁道夫"冒犯了一位几乎同他一样地位高贵的人士"，那是一名出身显赫贵族家庭的年轻女子。因此，她的一个亲戚向他提出决斗，鲁道夫因此身亡。[21] 同天的《晨报》说，维也纳盛传"谜案源于皇储引诱了一个出身高贵的年轻女孩，她是玛丽·瓦莱丽女大公的挚友"。根据这一说法，女孩的兄长在决斗中射杀

189

了鲁道夫。[22]在接下来的几天里，涌现了更多细节：这个年轻女子是一位公主，她发现自己怀了鲁道夫的孩子。当她向兄长坦白了她的情况后，兄长向鲁道夫发起进行决斗的挑战；鲁道夫并没有开枪，但愤怒的兄长开枪杀了他。关于"奥地利最高贵的家族之一"有许多提示，但直到2月9日，《时代报》才终于提到了流言中所涉及的名字是奥尔施佩格。[23]

阿格拉娅·冯·奥尔施佩格公主（Princess Aglaia von Auersperg）确实是玛丽·瓦莱丽的知己好友之一。根据这些说法，鲁道夫引诱了她。当她向兄长卡尔承认自己已经怀孕后，愤怒的大公向鲁道夫提出了所谓的美国决斗：两只球，一只黑色，另一只白色，放在一个密封的盒子里。鲁道夫摸出了黑球，他需要在一段时间内自尽。[24]这个荒谬的故事没有解释玛丽的死亡以及她的遗书是怎么回事。除了奥尔施佩格家族之外，没有人将它当回事：在1955年，公主的后人还起诉了一份刊载这些下流八卦的维也纳报纸。[25]

似乎没有什么能遏制离谱的传言在维也纳大肆传播。在得知这场悲剧后，罗马教廷大使路易吉·加林贝蒂于1月30日下午火速赶到了梅耶林。表面上他是来为鲁道夫的遗体祈祷，但宫廷特派员海因里希·斯拉京认为，加林贝蒂更有兴趣追查玛丽·冯·维茨拉可能也同时身亡的传言。[26]

在悲剧发生后的一周里，加林贝蒂似乎已经接收了在维也纳流传的所有流言蜚语，并将它们传递给德国大使。2月9日，罗伊斯亲王向俾斯麦报告："谣言甚嚣尘上，称皇储以及在他床上死去的年轻小姐是被谋杀的。"如果是真的，罗伊斯推测，宫廷将不得不说谎，因为任何司法调查都会揭露鲁道夫之死"在道德上的大问题"。"为了避免这种情况，据说皇帝可能会采用更加严重和更具破坏性的自杀说法，然后再通过精神错乱为自杀的鲁道夫取得赦免。"然后罗伊斯复述了加林贝蒂提供的关于鲁道夫的谣言："子弹不是官方所说的从右向左射入，而是从左耳的后侧向上射入的，在遗体上还发现了其他伤口。"根据教廷大使的说法，现场发现的左轮手枪不属于鲁道夫，它的弹匣是空的，意味着六颗子弹都打光了。至于玛丽，加林贝蒂吐露说，她的伤口"不是像流传的那样在太阳穴上，而是在她的头顶中央。据说她也有其他伤口"。[27]

这封外交信函在与梅耶林相关的阴谋论调中显得很突出，但仔细看来，罗伊斯只是传递了第三手乃至更缺乏凭据的流言——尽管是高层人士之间的传言——正如教廷大使加林贝蒂私下所说的那样。例如，在维也纳流传着关于射击的子弹数量的猜测：在2月15日的一篇文章中，《时代报》的记者将信息来源追溯到一位不愿透露姓名的匈牙利贵族，他似乎已经多次重复了这一说法。[28]尽管罗伊斯将故事汇报到了柏林，但他也指出，它们"不符合很多情况都指向自尽的这一事实"。[29]

罗伊斯指出，加林贝蒂是从托斯卡纳大公爵斐迪南以及"其他地方"搜集到的消息。[30]这并不是流传的全部说法：有一种说法是，被冷落的玛丽将鲁道夫的生殖器割下，然后自杀了；鲁道夫的姊母玛丽亚·特蕾莎和布拉干萨公爵米格尔对数名廷臣宣称，鲁道夫与许多无名刺客搏斗，受了很多伤，他的双手受伤太严重，以至于不得不戴上手套，他的下颚骨折，他"伤得很严重"——诸如此类的谣言难以一一列举。[31]

1907年7月3日，米兰报纸《意大利晚邮报》（*Corriere della Sera*）报道了曾任意大利驻维也纳大使的康斯坦丁·尼格拉（Constantine Nigra）伯爵在两天前去世。讣告提到了一些关于梅耶林的令人吃惊的主张。据说，尼格拉在 1 月 30 日下午陪同教廷大使加林贝蒂到了行宫，被带去看了鲁道夫的遗体。鲁道夫的头上缠着绷带；洛舍克默默地解开了绷带，尼格拉看到头骨"破碎了，仿佛被一只瓶子或一根粗棒子击中了似的。头发和骨头的碎片穿透了大脑。右耳下方和后方有裂开的伤口"。[32]

事实上，尼格拉的说法存在一些严重的问题。1 月 31 日至 2 月 7 日，大使总共发向罗马寄送了七份外交函件；事实上，如果伯爵拥有如此重要的第一手资料，那么为何他从未提到自己曾经进入别墅并查看了遗体？[33] 文章还声称，尼格拉陪同维德霍斐尔教授前往梅耶林——这显然不是真的；还说当天下午弗朗茨·约瑟夫来到了别墅，并与尼格拉相拥而泣——这一动人的场景根本没发生过，因为当天皇帝留在维也纳。[34] 最多可以说，那天下午尼格拉可能与加林贝蒂一起到了别墅内，或许看过了鲁道夫的遗体。但尼格拉的官方信函，以及在他去世后才发布的虚构细节，削弱了以他的名义提出的这些有争议性的主张的可靠性。

不过，在所有梅耶林理论中流传最久的小道消息是，在一场喧闹的派对上，不知出了什么问题，鲁道夫被人击打头部——通常说法是用香槟瓶子——而玛丽被醉酒的客人开枪击中。故事说，第二天早上，别墅一片混乱，家具翻倒，碎玻璃散落在地毯上。[35] 1942 年，梅耶林的一个名叫弗里德里希·沃尔夫（Friedrich Wolf）的木匠坚持认为，鲁道夫的卧室有"激烈争斗"的痕迹。他声称，鲜血溅在墙壁和地板上，椅子被掀翻摔坏，墙壁和家具上至少有五处弹孔——其他检查房间的人显然都没有发现这些证据。[36]

192

皇储被香槟酒瓶砸死的说法首次出现在 1897 年德国的小册子《皇储鲁道夫谋杀事件》（*Der Mord am Kronprinzen Rudolf*）上。[37] 这个故事很快变得有鼻子有眼起来。1907 年，匿名作者写的《巴黎与维也纳社交回忆录》（*Society Recollections in Paris and Vienna*）重复了这个故事，声称信息来自弗朗茨·斐迪南大公的副官。[38] 之后，在 1910 年，《纽约时报》发表了一篇奇怪的文章，引用了一位神秘的"H 博士"的说法——此人被描述为斯蒂芬妮的姐姐路易丝的密友，而消息应该是路易丝对他讲述的。根据他得到的二手传言，梅耶林的醉酒派对"达到了就要演变为狂欢的程度"，当鲁道夫吹嘘玛丽·冯·维茨拉肉体的魅力，并命令她向客人们展示时，派对发生了致命的转折。玛丽拒绝后，鲁道夫撕下了她的胸衣；玛丽感到羞辱，将一瓶沉重的香槟朝皇储头部砸下。鲁道夫受了伤，怒火中烧，拔出左轮手枪射杀了她。在场的其余人担心鲁道夫大开杀戒，于是一起攻击鲁道夫，用烛台砸他的头。[39] 尽管路易丝亲王妃实际上坚称鲁道夫是自尽的，但这个可疑的故事还是混淆了民众的视听。[40]

一个与哈布斯堡家族关系密切的人物也对这一理论提供了支持，那就是路易莎公主，她是托斯卡纳大公爵斐迪南的女儿。在她 1911 年的回忆录中，路易莎描述了她父亲 1 月 31 日上午在霍夫堡宫的经历。路易莎写道，当弗朗茨·约瑟夫带领大公爵去看鲁道夫的遗体时，大公爵"惊骇地发现遗体的头骨被砸碎了，玻璃酒瓶的碎片还插在伤口上。面部难以辨认，右手的两根手指被切断了"。当大公爵询问洛舍克时，据说男仆提到了 1 月 29 日晚上梅耶林举行的"一场非常喧闹的晚宴"，鲁道夫在醉酒斗殴中受到了致命伤。路易莎推测，玛丽

193　用香槟酒瓶击中了他的头部，之后几位癫狂的客人开枪打死
　　了她。[41]

　　　　此后，这个故事的基本要素——鲁道夫在醉酒斗殴中被香
　　槟瓶击打头部，玛丽随后被其他人枪杀——经常出现在哈布斯
　　堡廷臣的描述中。小伊丽莎白的家庭教师在她 1916 年匿名发表
　　的回忆录中重复了这一说法，弗朗茨·约瑟夫的一名内侍的儿
　　子罗杰·德·雷塞泽尔伯爵（Count Roger de Ressegtier）在他
　　1917 年出版的书中也提到了这一情节。[42]鲁道夫去世时在霍夫
　　堡宫任职的皇室神父劳伦斯·梅耶也对不少人讲述了这一说
　　法，包括阿图尔·波尔策-霍尔迪茨，他在末代皇帝卡尔一世
　　手下担任大法官法院的院长。[43]帕尔马公爵罗伯特（Duke
　　Robert of Parma）——他的女儿齐塔嫁给了卡尔一世——家族
　　的神父卡尔·瓦格穆特（Karl Wagemut），梅耶林的一名护林
　　员，以及一位曾在别墅执勤的警察的儿子，都复述过这个
　　故事。[44]

　　　　1932 年，路易莎公主对斐迪南大公爵访问霍夫堡宫的描
　　述得到了兄长利奥波德大公的呼应。"皇帝的主任医师维德霍
　　斐尔医生冷静自若地站在床边，"他写道，"当他看到医生以
　　职业化的态度将大块破碎的绿色玻璃稳稳地从鲁道夫的头骨中
　　取出时，父亲惊骇得几乎要叫出声来。头骨明显折断了，因为
　　它有几处很深的裂缝，脑部已经外露，很明显，这种伤口一定
　　会导致瞬间死亡。"据他儿子说，斐迪南大公爵认为有一个不
　　知名的男人——玛丽的仰慕者之一——来到梅耶林保卫玛丽。
　　醉醺醺的鲁道夫对他出言侮辱，这位神秘访客拿起一只香槟酒
　　瓶，击中了他头部，不小心杀死了他。得知此事的玛丽服毒自
　　尽了。利奥波德引用他父亲的话说："整件事过于骇人听闻，

不能让公众知情。"[45]

托斯卡纳大公爵斐迪南的确在 1 月 31 日早上抵达了霍夫堡，似乎也真的陪伴皇帝去看了鲁道夫的遗体。他制造了不少　194
与梅耶林的官方说法相悖的传言，主要是针对加林贝蒂的，但他显然从未说过曾看到医生从鲁道夫的头部取出玻璃。这个故事只是他的两名子女讲的，根本站不住脚。

在时间线上存在一个问题：弗朗茨·约瑟夫在 1 月 31 日早上 6 点接见了维德霍斐尔；当大公爵到达霍夫堡宫时，会面已于 6 点 40 分结束；7 点后不久，弗朗茨·约瑟夫——可能还有斐迪南——进入了鲁道夫的卧室。在梅耶林，维德霍斐尔就已经将鲁道夫的头部包裹好了；如果大公爵确实看到了医生工作的场景，那么在觐见弗朗茨·约瑟夫后，医生需要在霍夫堡宫疾步行进，迅速从鲁道夫的头上扯下绷带，并立即开始取出玻璃。但是维德霍斐尔那天早上没有必要对头部进行检查：他在前一天下午就检查过了，并且当天晚上他还要协助尸检。说不通的地方还有，如果医疗程序正在进行，皇帝是绝不会在场观看的，更别说揭开鲁道夫破碎的头骨、将脑部暴露出来这一过程了。

更有问题的是，正如利奥波德大公承认的那样，斐迪南大公爵是在"许多年之后"将这些细节告诉他的儿女的，可能是在香槟瓶理论已经见诸报刊之后。[46]路易莎公主的回忆录发表于大公爵去世三年后的 1911 年。那时，她的家族几乎与她脱离了关系，因为她已经离开丈夫萨克森王储弗里德里希·奥古斯特（Crown Prince Friedrich August of Saxony），与她孩子的法国教师私奔到瑞士。她的丈夫同她离了婚，1903 年弗朗茨·约瑟夫剥夺了路易莎的奥地利贵族身份和头衔。四年后，她抛弃了教师，嫁给音乐家恩里科·托塞利（Enrico Toselli）。她通过回忆录寻求对哈布斯堡王朝的报复。

195   她的兄长在几十年后证实了她的讲述，不过此人的名声也有污点。同妹妹一样，利奥波德大公在 1902 年与一个声名狼藉的女人私奔并结婚，在此过程中放弃了自己的贵族身份和头衔，并化名利奥波德·韦尔芬。随即在 1907 年两人离婚，之后这位曾经的大公一直丑闻缠身。韦尔芬 1932 年的回忆录中充满了极其荒诞、谬误百出的信息。也许他只是重复并详细阐述了妹妹在 1911 年的说法，力图支持她的故事。但是他们两人的说法也存在冲突和不一致的地方，这表明路易莎、利奥波德与许多人一样，只是重复传言并对梅耶林事件做出了推测。

      根据这些说法，杀害鲁道夫的凶手是谁？1 月 30 日上午，科堡的路易丝亲王妃写道，一位不知名的廷臣来到她在维也纳的宅邸，带来了一个令人震惊的消息，即她的丈夫谋杀了皇储。菲利普亲王在 1 月 29 日晚上参加了玛丽·瓦莱丽的晚宴，然后迅速消失了；直到 1 月 31 日下午他才回到家。[47]之后有一些二手传言说布拉干萨的米格尔公爵在喝醉后向一位官员透露——是科堡用一瓶香槟打死了鲁道夫。[48]

      1963 年，卡尔·阿尔布雷希特（Karl Albrecht）——其父托马斯警探曾在梅耶林执勤——声称，布拉干萨公爵对梅耶林的死亡事件负有责任，他这样做显然是出于嫉妒。根据阿尔布雷希特的说法，"洛尼奥伊亲王"——大概是指埃莱梅尔·洛尼奥伊，1900 年成为斯蒂芬妮的第二任丈夫——也是这次灾难中公爵的同伙。[49]事实上，布拉干萨公爵在 1 月 29 日至 30 日都在格拉茨，与军团待在一起。[50]

但这些故事中的大部分说法是，挥起香槟酒瓶的凶手是玛丽的一位舅父，通常是亚历山大或海因里希。据说巴尔塔齐冲到梅耶林搭救玛丽，并在皇储的床上找到了她，暴怒之下，举起酒瓶殴打了鲁道夫头部，并且在玛丽试图保护她的情人时误伤了她，或者在愤怒中杀死了外甥女。[51] 这些版本中，有许多人坚持认为巴尔塔齐在为玛丽的荣誉而战时受了重伤，要么不久后不治身亡，要么在罪行暴露后被迫流亡海外。[52] 这两种说法显然都是假的。玛丽的那些舅父都又存活了几十年，继续在维也纳的上流社会呼风唤雨。

复仇的巴尔塔齐的故事具有一定的吸引力，但是，正如护林员行凶的谣言一样，它们都经不起推敲。在这种情况下，绝笔信是谁写的？玛丽比鲁道夫早数个小时身亡的原因是什么？只有极少数沉迷于阴谋论的人将这些说法当真。如果是巴尔塔齐杀死了鲁道夫，宫廷就没有必要隐瞒真相。宫廷肯定能给出比鲁道夫自尽的版本更具说服力、在道德上更易于接受的说法。尽管说法荒谬，巴尔塔齐的后代还是不遗余力地抨击这些谣言。直到 1976 年，玛丽的侄子海因里希·巴尔塔齐·沙尔施米德（Heinrich Baltazzi Scharschmid）还威胁要以诽谤罪起诉一位造谣的作家。[53]

一个多世纪以来，香槟瓶致死的说法一直在梅耶林理论中占据一席之地。但是，如果这是真的，为什么皇室会选择更具损害性的自尽故事呢？在任何情况下，一位天主教皇帝怎么会更愿意承认他唯一的儿子死于自尽，而不是头部袭击？有三点是明显的。醉酒派对和玻璃瓶砸中鲁道夫头部的描述在 1897年德国的小册子《皇储鲁道夫谋杀事件》问世之后才出现，并且充其量都只是有关梅耶林事件的第二手，甚至是第三手或第四手的传言。还有，几乎所有消息都来自哈布斯堡家族的亲戚或廷臣。在通常情况下，他们与事件及相关人士的密切关系会增加故事的可信度。然而，就此事而言，给人的感觉是这些说法基于一个共同的目标：削弱鲁道夫杀害玛丽然后自尽的印象，从而使他摆脱谋杀与自杀的道德谴责。

现代奥地利对哈布斯堡王朝仍然怀有强烈的浪漫主义情感；许多人拒绝承认鲁道夫是自杀的，更不用说他杀害玛丽·冯·维茨拉了。[54]因此，为了寻求在道德上更易于接受的选项，鲁道夫死于政治暗杀的理论逐渐形成。

第十五章

数十年来，从历史的幽暗处浮现了一些流言，暗示鲁道夫
是因政治原因被谋杀的。不同于那些异想天开的死亡故事，这
些流言至少在动机方面有所依据，它基于鲁道夫一次更令人不
安的不幸遭遇。

在这类别出心裁的理论中，匈牙利占据了突出的位置。尽
管鲁道夫曾坚持认为匈牙利必须永久保持为哈布斯堡帝国的一
部分，但随着时间的推移，他的立场逐渐摇摆，并开始暗中支
持匈牙利自由派首相卡尔曼·冯·蒂萨的反对者们。[1]为了对抗
鲁道夫，蒂萨试图通过极力满足皇储的虚荣心来获取他的中立
态度。1867年的协定至少在理论上保留了匈牙利自行推举国
王的权利；1883年，蒂萨提出可以让鲁道夫加冕。匈牙利仍
然是哈布斯堡帝国的一部分，但鲁道夫将取代弗朗茨·约瑟夫
成为匈牙利的使徒国王。[2]

鲁道夫的每一个行动都有人跟踪，并且有间谍网络定期拦
截、阅读他的私人信件，并报告给他的叔祖阿尔布雷希特大
公。严肃的阿尔布雷希特得知了匈牙利的提议，大为震惊。
"我必须警告你别这样做，"他对鲁道夫建议道，"因为你将获
得的陛下头衔除了凸显虚荣心之外毫无意义。"[3]于是皇储听从
劝告，放弃了这个想法——这一举动令他深感后悔，因为随着
岁月流逝，政治权力和影响力于他而言仍然如同水中月一般。

鲁道夫的遗憾一直萦绕在心，直到五年后的 1888 年秋天，他到密友塞缪尔·特拉基·冯·塞克（Samuel Teleki von Szék）在特兰西瓦尼亚（Transylvanian）的黄尾鱼乡村（Sáromberke）庄园狩猎。传言说，在一个把酒言欢的夜晚，彼此的谈话转向了匈牙利独立，特拉基请求鲁道夫与其合作。据说当晚他们撰写了一份文件，醉醺醺的鲁道夫签下了他的名字，承诺支持发起一次叛乱，成功后他将获得匈牙利王位。[4]

鲁道夫积极密谋反对父亲的说法无疑令人吃惊，但现存的证据几乎是确凿的。在他生命的最后几周里，他正在阅读讲述推翻俄国保罗一世（Paul Ⅰ）的政变的书籍，政变是由保罗一世的儿子与继承人亚历山大发起的。[5]根据斯蒂芬妮的说法，鲁道夫确实参与了"一项秘密计划"，这令她"极度反感"。虽然鲁道夫"非常尊重皇帝，但只要有人提醒他有朝一日会登上宝座，他就将尊重抛到九霄云外去了。他的信念是自己注定要开创一个新时代，并且他已经准备好孤注一掷"。[6]斯蒂芬妮对这个话题只能点到为止，至少她不能当众多说什么；但私底下，她更为直接地提到了一场"皇储反对皇帝"的"阴谋"。[7]

这场阴谋似乎是哈布斯堡王朝公开的秘密。根据卡尔一世的私人秘书卡尔·冯·韦尔曼（Karl von Werlmann）的说法，鲁道夫"参与了匈牙利的一次冒险活动。后来，他想退出，但已找不到任何出路"。韦尔曼的消息来源于一个"亲耳从弗朗茨·约瑟夫那里听到了所有细节"的人，那几乎可以肯定就是卡尔皇帝本人。[8]阿图尔·波尔策－霍尔迪茨证实了这一点，他说鲁道夫的死是源于"政治性质的事件"，并补充道："从迄今所知的有关帝国悲剧的事实中，我们能近乎肯定地推断，在一场可怕的政治冲突中，皇储鲁道夫将死亡作为最终也是唯一的解决办法。"⁹1983 年，卡尔的遗孀、年长的齐塔皇后暗示，鲁道夫死于一场针对他父皇的阴谋；她提供的一些不可思议的细节很可能源于已故丈夫对一次匈牙利事变的了解。¹⁰ 201

1889 年 1 月下旬，首相蒂萨在匈牙利议会启动了一项提议——新陆军法案。提议中，维也纳要求禁止在军队中使用马扎尔语，德语将成为唯一的语言。这激怒了匈牙利民族主义者，包括外号"皮什陶"的伊什特万·卡罗伊伯爵，他是议会的重要成员，也是马扎尔独立的大力鼓吹者。卡罗伊反对这项法案；民族主义者们都料想，关于此事的争论将变得相当激烈，他们可以借势挑战蒂萨的自由派联盟，并让他的政府倒台。¹¹

众所周知，卡罗伊是鲁道夫最亲近的匈牙利谋士之一；可以想见奥地利皇储对马扎尔民族主义者持支持态度，而且卡罗伊对此毫不掩饰。在议会辩论之前，卡罗伊透露说自己定期与鲁道夫通电报。他补充说，"一个非常值得信赖的来源"向他保证，匈牙利将很快独立。由此可以推测，他的行动得到了鲁道夫的全力支持。¹²

在玛丽·冯·拉里施的书中，她讲述了一则非同寻常的故事。1 月 27 日周日，鲁道夫突然冲进她在大酒店的套房，他"非常激动"，脸色苍白，还发着抖。"你根本想不到我陷入了多大的麻烦"，他告诉他的表姐，并补充说他因为"政治"问题而"处于极大的危险中"。他递给她一个密封的盒子，解释说："它不能留在我的手里，因为皇帝随时可能下令收缴我的个人物品。"这肯定牵涉了匈牙利的阴谋，因为鲁道夫补充道："如果我对皇帝说了，就等于签署了自己的死刑令。"¹³拉 202

里施相信她的表弟"积极参与了"一场"神秘的政治阴谋"，可能与反对他父亲的政变有关。[14]

拉里施写道，在梅耶林事件后，她收到了一张纸条，要求她把锁着的盒子带到普拉特公园里的一处偏僻地点。纸条给出了鲁道夫曾提醒她记下的相同密码——RIUO，据说是"奥匈之皇鲁道夫"（Rudolf Imperator Ungarn Österreich）的首字母缩写。[15]当拉里施来到普拉特公园后，惊讶地发现鲁道夫的堂兄托斯卡纳大公爵约翰·萨尔瓦托在等着她。[16]约翰·萨尔瓦托比鲁道夫年长六岁，是一位职业军官，也是哈布斯堡家族的"害群之马"。他公开鼓吹自由改革，并倾向于发表对军方的批评言论，最终触怒了皇帝。[17]皇帝曾含蓄地警告儿子，约翰的"行为触犯了纪律、有损君臣关系"，并下令将大公暂时流放到林茨。[18]

根据传言，约翰·萨尔瓦托参与了鲁道夫的匈牙利计划，称皇储委托他代表自己与布达佩斯的叛乱分子进行秘密谈判。[19]霍夫堡宫的神父劳伦斯·梅耶甚至指认他是杀害鲁道夫的凶手，坚称大公曾去过梅耶林，将匈牙利的阴谋向堂弟摊牌。当鲁道夫拒绝履行先前做出的支持叛乱分子的承诺时，大公用香槟酒瓶打死了他。[20]阿图尔·波尔策－霍尔迪茨也暗示，约翰·萨尔瓦托曾以某种方式卷入了鲁道夫的死亡事件。[21]遗憾的是，当鲁道夫去世时，约翰·萨尔瓦托本人正在阜姆（Fiume）。[22]

当拉里施在普拉特公园将盒子交给大公时，大公证实其中装有与匈牙利阴谋有关的秘密。据说他承认："如果皇帝发现了这些文件，事态将一发不可收拾。皇储已经自裁了，但如果皇帝事先知晓此事，那么他就有责任让皇储受军法审判，并将其作为叛徒枪决。"[23]

在告别之前，大公告诉拉里施，"我要死了，但不是真的死"，他解释说，自己"将要离开奥地利并消失"。[24]1889 年 10 月，约翰·萨尔瓦托宣布放弃大公头衔，并化名为约翰·奥尔特前往南美洲。他的船后来在两处港口之间消失了；尽管他大概是在海上失踪了，但哈布斯堡家族的许多人都确信他是故意销声匿迹的，余生过着流亡的生活。[25]

与约翰·萨尔瓦托一样，拉里施交给大公的盒子也很快失去了踪迹。不过大公的情人——外号"米莉"的卢德米拉·施蒂贝尔（Ludmilla "Milli" Stubel）——的妹妹玛丽·施蒂贝尔（Marie Stubel）后来证实，大公确实拿到了盒子。[26]1993 年，有报纸说在加拿大发现了一只上锁的盒子，据说里面装有左轮手枪、鲁道夫的几封绝笔信和失落的文件；盒子的主人将其交给了已故皇帝卡尔一世的儿子奥托大公。大公坦率地承认自己收到了盒子，但拒绝谈及盒子内的东西。[27]

鲁道夫那些涉及匈牙利计划的文件也都失踪了。奥地利外交部一度保存了一份神秘的 25 号文件，其中包含鲁道夫和卡罗伊伯爵关于陆军改革法案的通信。文件在外交部存放了近十年，后被官员们从档案中撤走。[28]卡罗伊也销毁了鲁道夫写给他的全部信件；关于皇储人生中这至关重要的最后一个月，他们往来的文字记录已经荡然无存。[29]

尽管当局尽最大努力系统地清除了鲁道夫参与匈牙利计划的确凿证据，但仍有足够的可靠信源来佐证这一想法不仅仅是猜测。梅耶林历史学家弗里茨·朱特曼对梅耶林的悲剧进行了冷静的分析，他曾与特拉基伯爵的后代一起证实了这段情节的要素。[30]鲁道夫针对父亲的阴谋不仅是一种反叛行为，也反映了他对现实逐渐失去掌控。他知道自己的行动被人跟踪，信件

204　被人拆阅，然而他依然鲁莽地投身其中，罔顾他的背叛不可避免地暴露后可能产生的后果。

　　有一种谋杀理论特意将重点放在匈牙利阴谋的败露上。据此观点，弗朗茨·约瑟夫在 1889 年 1 月的第三周得知了儿子的计划，并将详情告知了其叔父阿尔布雷希特大公。作为一个忠诚的哈布斯堡成员，阿尔布雷希特知道自己的职责所在：他打算在玛丽·瓦莱丽的晚宴上当面质问鲁道夫，迫使他取消计划。然而鲁道夫并未露面，大公决定不再以礼劝服；相反，他向梅耶林派遣了一小队亲兵，以叛国罪逮捕了皇储。一场混战爆发了：当鲁道夫拔出左轮手枪自卫时，一名士兵抓住一只香槟酒瓶砸到他头上，而玛丽则被一颗流弹击中。[31]

　　在 1970 年代，历史学家朱迪思·利斯托尔（Judith Listowel）接受并扩展了这一理论。她的祖父是布达佩斯的一位前贵族议员，曾告诉她鲁道夫的死"与匈牙利独立有关"。[32]在进一步的调查中，她联系到了鲁道夫·冯·塔菲，他从已故的堂兄爱德华那里接手了祖父爱德华·冯·塔菲首相收缴的梅耶林文件。根据鲁道夫·冯·塔菲的说法，堂兄在去世前向他讲述了这起悲剧的详情。然后，利斯托尔与一个她认定是皇储后代的人进行了交谈，后者证实阿尔布雷希特大公与行宫的事件有关。据说，年长的大公将他的神枪手突击队的十名成员派往梅耶林，向鲁道夫出示了当局掌握的叛乱证据；他们给了皇储数小时来守护自己的名誉，即自裁谢罪。当皇储拒绝后，士兵们闯入他的卧室并枪杀了他。[33]

　　利斯托尔相信这一理论"可信且正确"。她宣称，这次行动不仅是阿尔布雷希特大公发起的，还有迹象表明塔菲首相本

人也参与其中——对于这一惊人断言，塔菲的后代肯定十分不 　205
悦。塔菲确实不喜欢鲁道夫；从警察局局长克劳斯的各路汇报
和调查中，塔菲知道皇储曾扬言要自杀，并且很可能与玛丽·
冯·维茨拉一起去了梅耶林，然而他什么也没做。利斯托尔认
为，这证明了"无论出于政治理念还是个人倾向，鲁道夫的
死都对塔菲有益无害。他故意决定不制止其自行了断的计划；
如果皇储没能完成自尽的愿望，那么他就会给出致命一击"。[34]

　　这并不具备说服力。对一位忠诚的首相而言，袖手旁观或
许可能，但说他积极参与谋杀皇帝之子就太离谱了。从逻辑上
看，这一理论也存在必须指出的明显漏洞。利斯托尔称弗朗
茨·约瑟夫在鲁道夫去世后不久就得知了真相，但阿尔布雷希
特大公为何继续得到皇帝的重用？阿尔布雷希特一直担任皇家
军队的督察长，直到 1895 年去世。奥地利军队的哪位士兵胆
敢在没有皇帝直接命令的情况下就杀死皇储？为了搭救鲁道
夫，洛舍克、霍约斯或布拉特菲施难道不会立即赶来开枪还击
吗？如果说玛丽被杀是为防止其泄露消息，那么，如何解释她
的死亡时间比鲁道夫早六小时，还写了绝笔信？还有鲁道夫的
绝笔信该做何解释？利斯托尔认为，阿尔布雷希特的安排就发
生在鲁道夫和玛丽写完绝笔信、准备殉情之际——且不说这一
巧合非同寻常，如果真是如此，那么对他们的谋杀就纯属多此
一举、节外生枝。[35]

　　然而，鲁道夫因政治原因被谋杀的说法在阴谋论的圈子里
已经流行，而对主使的怀疑长期以来一直指向柏林及德国首相
奥托·冯·俾斯麦。这并不奇怪：鲁道夫对普鲁士的敌意不是
秘密。同许多奥地利人一样，他鄙视普鲁士人的侵略性、日益
滋长的军国主义，以及对曾经属于哈布斯堡的欧洲德意志民族

206 统治权的羞辱性篡夺。"德国比我们更需要两国的联盟关系。"鲁道夫曾写信给塞普斯说。他相信，俾斯麦的目标是"将奥地利与其他大国日渐隔离开来，使我们依赖于德国的帮助"。[36] 至于俾斯麦，这位首相毫不掩饰对鲁道夫终将继承哈布斯堡皇位的忧虑之情。虽然他曾向一位奥地利官员称赞过皇储的"精神力量和思想观念的成熟"，但私底下表达了对鲁道夫"与文人和记者联系密切"的担忧，并补充说："如果皇储继续这般行事，那么我们对未来将充满忧虑。"[37]

俾斯麦担心，鲁道夫将抛弃奥地利与德意志帝国的联盟，转而支持与英国和法国结成新同盟。基本可以确定的是，为了诋毁皇储，这位大臣批准了 1888 年秋季德国报纸对皇储的抹黑报道。他还凭借一连串的线人来掌握鲁道夫的轻率言行和反德情绪。例如，维也纳警员弗洛里安·迈斯纳曾充当线人，向罗伊斯亲王出卖了有损皇储名声的信息。[38]

德国特工杀死皇储的指控，在当时肯定就有流传了。2 月 2 日，《纽约时报》报道，有传言说一名不明身份的刺客卸掉了鲁道夫卧室窗户的栅栏并射杀了他。[39] 但这种说法流传最广的阶段是在第一次世界大战期间，当时反德情绪处于高潮；有两部书接连发表，将皇储的死亡归咎于柏林。第一部书的作者是曾经的普鲁士特工阿姆加德·卡尔·格拉费斯（Armgaard Karl Graves）博士，他设想了一场发生在梅耶林的突然袭击，还虚构了一名身受重伤的"仆人"做证说鲁道夫死于谋杀。关于行凶者，他隐晦地暗示道："与普鲁士的关系已经在哈布

207 斯堡家族以及奥地利的外交事务上占据了优先地位，奥地利作为坚实的盟友，其一切目标和雄心都享有德国的支持。这种联盟关系已经牢固到，即使是奥地利帝国的法定继承人，如果得

不到普鲁士－日耳曼利益共同体的接受和认同，就无法登上皇位。哈布斯堡的鲁道夫出于本能的骄傲，对德意志在他的国家内日益增长的影响怀有根深蒂固的厌恶。他被除掉了。"[40]

第二部书是匿名出版的《鲁道夫大公的最后日子》（*The Last Days of Archduke Rudolf*），书中提出了一套最全面的说辞。作者声称他曾任鲁道夫的私人秘书；出生于 1861 年至 1863 年间；他的父亲曾是廷臣；他在英国接受了教育，并且从 1887 年起为大公服务。[41]根据这些线索，能推测出几种可能的作者人选。第一个候选人是阿图尔·吉斯尔·冯·吉斯林根，他曾在军事情报部门工作，1887 年被任命为鲁道夫的军械官。尽管他的上任时间与《鲁道夫大公的最后日子》里提到的日期相符，但其他条件不符合。吉斯林根出生于 1857 年，比该书的作者年长；他没有在英国接受教育，也没有担任过鲁道夫的秘书。另一个可能的人选是皇储秘书处负责人海因里希·里特尔·冯·施平德勒（Heinrich Ritter von Spindler）；然而，施平德勒比吉斯林根还要年长，并且上任时间也要早得多。最终的候选人是维克托·冯·弗里切中尉（Lieutenant Viktor von Fritsche），他确实比鲁道夫年轻几岁，并担任过他的秘书。如果该书的作者确实是鲁道夫的随从之一，那么可能性最大的就是弗里切。

《鲁道夫大公的最后日子》坚定地认为皇储死于政治谋杀。这位神秘的作者声称读过一封密信，内容是"一位最显要的人物——有才智的人可根据上下文推断其身份——构成了笔者委托人前行道路上的障碍，也是其他重要人物的眼中钉"。[42]他借此编造了一个故事，说在 1888 年 11 月，俾斯麦乘坐专列来到拉克森堡，与弗朗茨·约瑟夫谈论他将退位、让鲁道夫登基的传言。[43]作者称，毫无疑问，俾斯麦是梅耶林事件的幕后策划人。[44]书中写道，一封伪造的鲁道夫手书将玛丽召唤到了别墅。她乘火车从维也纳来到巴登，但实际上皇储根本没想到她会来梅耶林。[45]这部书说，在悲剧发生之前，有一些德国猎人在梅耶林周边的森林里游荡，给人带来一种不祥的感觉。[46]最后，这位匿名作者重复了一些三手八卦，即在 1 月 30 日早上，布拉特菲施听到了两声枪响，当他前去查看时，发现四名穿着狩猎服的男子悄悄溜出了别墅。[47]

1969 年，作家维克多·沃尔夫森（Victor Wolfson）在《梅耶林谋杀案》（*The Mayerling Murders*）中再一次提出了德国人暗杀鲁道夫的指控。他如获至宝似的将《鲁道夫大公的最后日子》当作真实的编年史，正如他所解释的那样，这是"英雄所见略同"。[48]沃尔夫森毫不怀疑俾斯麦策划了对鲁道夫的谋杀，鲁道夫的绝笔信出自"柏林的伪造装置"，柏林计划好要谋杀皇储，并想"确保"他表现出明显的自尽意图。[49]

他的主张与《鲁道夫大公的最后日子》相呼应，后者宣称在梅耶林发现的所有绝笔信都是巧妙的伪造物。[50]这一说法并不新鲜。2 月 10 日，维也纳期刊《黑黄旗》就对这些信件及其真实性提出了质疑："如果钞票可以被伪造，为什么皇储的信件和笔迹不能被模仿得以假乱真呢？"它如此揣摩。[51]这种想法存在巨大的纰漏。如果的确有诡计，存在所谓的伪造者策划杀害鲁道夫，那么为何这些共谋者要把玛丽也害死呢？如果在梅耶林发现的信件是某个外国政府伪造的，那么他们是如何潜入鲁道夫在霍夫堡宫内的房间，将部分信件放进上锁的办公桌抽屉里呢？

虽然《鲁道夫大公的最后日子》一书记录了不少准确信

息，但也掺杂了大量可疑的说法，它们涉及玛丽的梅耶林之行及其在别墅中的活动。沃尔夫森试图排除与自己的理论相悖的证据，他的解释同样令人难以信服。例如，他声称米兹·卡斯帕是在官员的强迫下，编造了鲁道夫请她结伴自尽的故事；然而，皇储确实曾经对许多人反复提过自杀的事。[52]俾斯麦肯定对鲁道夫的继位怀有疑虑，但没有令人信服的证据表明是他下令谋害了皇储。

然而，鲁道夫死于政治暗杀的最具知名度的说法，来自一位看似无懈可击的消息人士——奥地利末代皇帝卡尔一世的遗孀齐塔皇后。齐塔在梅耶林事件发生三年后才出生，但没有人怀疑她知道哈布斯堡的所有秘密。1983年，这位九十一岁的前皇后坚称鲁道夫并非自杀，而是死于一场反对弗朗茨·约瑟夫的国际阴谋。[53]据她的说法，谋划了鲁道夫之死的是法国人，而非德国人。未来的法国首相乔治·克列孟梭（Georges Clemenceau）接近鲁道夫，提出计划对他的父皇发动一场政变；待鲁道夫登上皇位后，新皇就可切断与德国的同盟，并与法兰西共和国结盟。齐塔声称，鲁道夫拒绝以如此不光彩的方式行事，于是克列孟梭派人暗杀了他。[54]

这一说法显得有些荒谬。鲁道夫钦佩法国并不是秘密。"我们要感谢法国，"他在写给塞普斯的信中说，"它是欧洲所有自由主义思想和宪政的源头。每当伟大的想法开始发酵时，法国都会成为范例。德国怎么能与它相比？那只不过是普鲁士军团野蛮主义的扩张，一个纯粹的军国主义国家。"[55]鲁道夫与威尔士亲王的友谊也影响了他对法国的友好看法。他萌生了一个想法，奥地利如果切断与德国的联盟，那么就能自由地与英国和法国联合，由此将实现对德国的包围和遏制。为此，塞普

210

斯甚至在 1886 年 12 月安排鲁道夫与克列孟梭举行秘密会议，讨论了潜在的重新结盟方案。[56]

埃里希·法伊格尔（Erich Feigl）1989 年发表的齐塔皇后传记使法国参与的离奇主张具体化。这位哈布斯堡的忠实拥护者写道，前皇后坚称自己从鲁道夫的姐妹吉塞拉和玛丽·瓦莱丽那里得知了阴谋的细节；据她的说法，法国的刺客小队是由犹太银行家科尔内利乌斯·赫兹（Cornelius Hertz）带领的。[57]她甚至宣称弗朗茨·约瑟夫完全知情，但表示："我没有别的选择。君主制受到了威胁。真相会动摇帝国的根基。在我过世后，档案将被公开。那将会完全恢复可怜的鲁道夫的名誉。"[58]

这些所谓的档案资料从未被公开发表，不过在 1983 年，齐塔承诺她很快会发布秘密的家族文件来证实她的说法。[59]但是当历史学家戈登·布鲁克–谢泼德（Gordon Brook-Shepherd）试图对此求证时，前皇后变卦了，改变了她的说法。"唉，"她在回信中说，"所有的证据，即资料文件，都已经消失或无法被找到了。"但她坚称鲁道夫的天主教葬礼可以证明梵蒂冈知道他是被谋杀的。[60]

齐塔皇后于 1989 年去世。她的主张从未得到任何证据支持。这位前皇后的家人确信她对自己讲的故事深信不疑，但他们对此只能表示尴尬和困惑。她的长子，已故的奥托大公，甚至曾在公开访问中温和地驳斥了母亲的陈述。[61]许多人认为齐塔是一位非常正直的女士，永远不会听信流言蜚语；但遗憾的是，在生命的最后十年间，齐塔曾发表过许多可疑的陈述，她很可能混淆了自己听到的匈牙利事变的经过，并基于自己的偏见添油加醋。齐塔是坚定的天主教徒，在她看来，鲁道夫的自尽是诅咒，是对哈布斯堡家族的玷污。在她发声期间，有一项倡议在同步进行并最终取得成功——天主教会为她的先夫卡尔皇帝行宣福礼，以表彰其在第一次世界大战期间寻求和平的努力——这并不是巧合。[62]

事实上，为何前皇后热衷于将鲁道夫之死怪罪到克列孟梭头上，也能从一战中找到解释。1917 年，在没有与德国盟友商议的情况下，卡尔皇帝派齐塔的兄长波旁 - 帕尔马的西克斯图斯亲王（Prince Sixtus of Bourbon - Parma）与法国就单独媾和进行秘密谈判。1918 年春天，对皇帝的安排并不知情的奥地利外交部部长奥托卡尔·冯·切尔宁伯爵（Count Ottokar von Czernin）公开抨击克列孟梭首相拒绝结束战争。被激怒的克列孟梭透露了卡尔皇帝的提议；当德国提出抗议时，卡尔谎称自己从未授权他的内兄与法国人谈判。克列孟梭公开了文件、揭露了此事，使得卡尔受辱、奥地利的力量被削弱，这无疑推动了当年秋天的革命，哈布斯堡王朝被推翻。齐塔从未忘记这一屈辱。不难相信，她针对克列孟梭的主张根源于挥之不去的个人仇恨。

可以看出，在梅耶林的研究文献中，鲁道夫死于政治暗杀的说法仍然很流行。除了缺乏证据之外，大多数理论都对无法解释的证据一否了之：绝笔信被视为伪造；鲁道夫曾经的自杀宣言被归结为事后胁迫证人而得到的；鲁道夫和玛丽的不同死亡时间则受到了质疑或忽视。这些断言堆积起了大量的矛盾冲突、令人难以置信的场景以及巨大的阴谋主张，使皇室遮掩真相的努力相形见绌。就像鲁道夫被香槟酒瓶殴打致死或被嫉妒的猎场看守击毙这些说法一样，很多说法都来自鲁道夫家族的后代、哈布斯堡家族的成员或曾经的廷臣，这绝非偶然——他们都下决心拯救他的身后名誉，并为他洗脱谋杀与自杀罪名。

212

第四部分

第十六章

一个世纪的时光将梅耶林的血腥场面演变成了浪漫的悲剧：时运不济的恋人宁愿共同赴死，也不想被冷酷无情的世俗分开。在历史记载、小说、电影、音乐剧以及芭蕾舞剧中，故事被重演了无数次。长久以来，谣言取代了事实。由迷人的浪漫主义与离奇的阴谋理论织成的面纱，到了该揭开的时候了——只有这样，才能尽可能地揭示导致悲剧的复杂而神秘的真相。

说到底，证据表明该对梅耶林事件负责的只有两个人：鲁道夫和玛丽。然而，在锁着的卧室门后到底发生了什么，世人永远无法确切得知。在一个多世纪后的观者眼中，这两位主角都有着严重的性格缺陷，在情感上受过伤害，精神高度紧张，有孤注一掷的倾向。但关于动机的疑问仍然存在：是什么驱使鲁道夫和玛丽走向如此悲惨的结局？他们是否如同某些多愁善感的历史学家所认为的那样，宁死也不愿忍受分离的痛苦？抑或，鲁道夫和玛丽选择走上绝路是出于一些与彼此毫无关联的原因？有一种新的视角，为梅耶林事件的来龙去脉提供了更为合理——最终也更令人震惊——的解读。

"毫无疑问，"维多利亚女王在梅耶林事件之后提到鲁道夫时说，"可怜的皇储完全失去了理智。"[1]官方宣称的精神不稳定很可能是源于宗教考虑的权宜之计，但鲜少有人怀疑鲁道夫早已失去了正常的心理状态。他的精神究竟有多么脆弱——以及这对他的自尽有何影响——是难解的历史谜题。而一项新的分析显示出一些令人吃惊的可能性。

家族间数代的乱伦婚姻，给鲁道夫的祖先带来了身体和精神上的缺陷。"对我们来说，"他的堂弟弗朗茨·斐迪南曾抱怨，"夫妻之间总有二十多层亲戚关系。结果，有一半的孩子是白痴或身患癫痫。"[2]大公并没有夸大其词。鲁道夫的父母是表兄妹；他的祖母和外祖母是姐妹；巴伐利亚国王马克西米利安·约瑟夫一世就是弗朗茨·约瑟夫和伊丽莎白的外祖父。[3]鲁道夫的官方传记作家奥斯卡·冯·米蒂斯男爵（Baron Oskar von Mitis）微妙地写道：皇储的族谱表明了其"祖先的稀缺"。[4]

哈布斯堡家族在遗传上就有这样的困扰。皇帝斐迪南一世经常被描述为"患癫痫的白痴"，是"几乎没办法说出连贯句子"的人，而他的妹妹玛丽女大公也有精神不稳定的迹象。[5]从鲁道夫的父系亲戚身上也能找到程度各异的反常表现：他的叔父路德维希·维克托流连于维也纳的公共浴室，引诱年轻的男性士兵，还喜欢穿着精美的舞会礼服留影；叔父卡尔·路德维希大公生性冷静严肃，但他的宗教狂热吓坏了第三任妻子玛丽亚·特蕾莎。而鲁道夫最喜爱的堂弟奥托大公是公开的虐待狂，以折磨动物和军团里的士兵为乐。[6]

斯蒂芬妮在回忆录中写道，鲁道夫"更像维特尔斯巴赫人，而不是哈布斯堡人。他聪明，很有才智，富有教养，为人宽宏大量。他像他的母亲一样敏感。他是冲动、善变、高度紧张的。他的脾气和情绪极易失控"。[7]这种巴伐利亚的传统令人格外不安。马克西米利安一世国王的儿子路德维希一世聪慧但性情极其古怪，与声名狼藉的舞娘洛拉·蒙特兹（Lola

Montez）有一段令人瞠目结舌的风流韵事，还因此失掉了王位。路德维希一世的女儿亚历山德拉一生都相信自己曾经吞下一架用玻璃制成的钢琴。国王的孙子奥托亲王在 1878 年被宣布为精神失常，余生都被禁锢在一座城堡中；他常因幻听而发出嚎叫，把送来的食物掰碎，还会将苍蝇碾碎在窗户上。[8]

然后是巴伐利亚国王路德维希二世，即伊丽莎白皇后身世不幸的表弟。他身材高大、英俊潇洒、行事怪异，在十八岁时就登上了王位，总将自己想象成最喜爱的一部瓦格纳歌剧中的主角。他与伊丽莎白的妹妹索菲的订婚于 1867 年彻底宣告失败，之后这位对异性不感兴趣的国王将自己投入了幻想的夜曲，建造着那座著名的城堡，在雪地里野餐，与幽灵交谈，并与英俊的年轻士兵寻欢作乐。他的妄想使巴伐利亚政府在 1886 年认定他精神失常，并将他废黜；一天后，路德维希二世的遗体被发现与他医生的遗体一起漂浮在一个高山湖泊中，这位曾经的君主可能先淹死了他的看守者，然后自尽，不愿像他的弟弟奥托那样忍受被锁住的人生。[9]

最后，当然还有皇后伊丽莎白。她的祖父皮乌斯公爵（Duke Pius）智力低下，过着与世隔绝的生活；伊丽莎白的父亲，巴伐利亚的马克西米利安公爵在与二级表亲路德维卡结婚后，变得越来越古怪。在马克西米利安和路德维卡的儿女中，长子路德维希——玛丽·冯·拉里施的父亲——性情焦躁，同祖父一样离群索居；而女儿伊丽莎白和她的姐妹海伦妮、索菲、玛丽和玛蒂尔德都患有严重的抑郁症，常有被迫害的感觉，偶尔也会出现不稳定的行为。[10]

正如米蒂斯男爵在皇储传记中所写的那样：

这种遗传基因对鲁道夫造成了何种影响，仍然是一个谜；但不可否认的是，不断累积的心理和生理上的压力，使他在 1889 年年初陷入了悲剧。

218

他行为的深层动机不是由单一因素构成的。个体遭受的大量刺激和大脑中对悲剧的联想，这二者往往是相互作用的，共同促进了轻生念头的萌芽，而这种子已经在生物学上存在于他的生命中了。无法承受的负担将他拖入了生命的深渊，并使他渴求死亡。每一项单独的构成要素，在一位冷静的旁观者眼中，都不足以破坏活着的乐趣；但对并不健全的头脑而言，它们组合在一起，就能令潜伏着的对死亡的向往不断滋生，直至迎来释放的时刻，上演出悲剧的最后一幕。[11]

鲁道夫在心理上一直很脆弱，容易焦虑和抑郁。弗朗茨·约瑟夫对统治国家过于专注，对自己崇高的角色过于投入；而在感情上则过于疏离，习惯以评判的眼光对待儿子，并未提供任何真正的指引或关爱。他的不认同可能让鲁道夫觉得父亲对自己很失望。当母亲第一次从维也纳避走时，鲁道夫才两岁，此后她经常一离开就是数月之久。伊丽莎白待在皇宫时，又常与鲁道夫的祖母索菲大公妃发生冲突，让小男孩陷入情感的两难中。尽管他崇拜伊丽莎白，但她太飘忽不定，无法为鲁道夫提供他渴望的爱与接纳。鲁道夫六岁时被迫与姐姐吉塞拉和保姆分离，这破坏了他的安定感，而皇后对玛丽·瓦莱丽明显的偏爱可能加深了他的自卑和怨恨。[12]由贡德勒古制定的教育制度在身体和精神上都是一种虐待，从鲁道夫持续的尿床、剧烈的情绪波动以及噩梦等表现，能明显看到创伤的后果。

鲁道夫很早就对死亡产生了不健康的迷恋。当他的祖母索
菲大公妃于 1872 年去世时，他坚持一遍又一遍地让人讲述她 219
最后时刻的每一个细节。有一天，他在公园散步时，看到一个
男人喝下烧碱，痛苦地死去；鲁道夫对这一场景非常痴迷，连
续几天无休止地谈论此事。[13] 在否定某事物的时候，他会表现
出好斗的倾向，这一倾向在他的艺术作品中也有所展现。他用
幼稚的线条和图案描绘死掉的动物、斩断的头颅和男人的决
斗——伤口都用绯红的色块鲜明地涂抹出来——这显示了暴力
倾向。[14] 玛丽·费斯特蒂奇记得，鲁道夫在小时候就会从窗口
射击红腹灰雀，好像有强迫症似的。"每一只活着的或有翅膀
的生物都注定要被他射死"，她写道，并补充说鲁道夫已经
"沉迷于某种杀戮的欲望"。[15] 这种喜好一直伴随着鲁道夫：他
有一个危险而令人不安的习惯，那就是到处挥舞他的枪——
1878 年他不小心射中了自己的手。[16] 并且，在婚礼前不久，鲁
道夫将笼养的动物放到宫殿的庭院里，冷血地射杀它们，以此
取乐。[17] 然而，似乎没有人对他的偏执行为表示出任何的担忧。

鲁道夫在十五岁时写过一段笔记："各种各样的想法在我
的脑海中肆虐，令人困惑，一整天我的大脑都沸腾不止、劳碌
不停。一个（想法）出去，另一个（想法）进来，每个都掌
控了我，每个都告诉我一些不同的东西：有时是平静和快乐
的，有时是如乌鸦般漆黑邪恶、充满了愤怒的；它们斗争着，
真相从斗争中缓慢地浮现。"[18] 回顾性分析是一种棘手且不严密
的方法，但有证据表明，鲁道夫可能患有双向情感障碍一型；
他提到的想法肆虐可能是躁狂发作的表现，这是双向情感障碍
一型的常见症状。其他症状包括抑郁、自大、焦躁、易怒、好
斗、偏执，睡眠明显减少，鲁莽的行动和性行为，以及不断增

强的轻生念头。上述所有症状贯穿了鲁道夫的一生。[19]

220   鲁道夫的政治无力感侵蚀着他的自尊，令他感到沮丧：他的父亲、政府的官员和他的大家族都没有将他当回事。他不停地抱怨自己被忽视、被排斥，这加重了他的绝望感。[20]三十岁生日当天，鲁道夫写信给塞普斯，发泄了内心压抑着的、肆虐的对抗情绪，写到了自己"空虚"的人生、越来越强的沮丧感，以及对"等待伟大的改革时代"日益滋长的疲惫厌倦。[21]陆军高级司令部会议的闭门羹、与阿尔布雷希特大公的冲突，以及要他辞去步兵团检察长职务的父命，都被鲁道夫视为个人和职业的失败，让他感到羞辱。德国自由派皇帝弗里德里希三世的崩逝，摧毁了鲁道夫对未来的希望；1888 年秋天德国媒体的持续抨击将皇储贬成了声名狼藉的"另类"和不配继承哈布斯堡皇位的精神不稳定者。[22]在他人生的最后几个月，鲁道夫与以前的朋友断绝了联系，并丧失了对写作、狩猎和科学追求的兴趣。

1889 年年初，淋病的新一轮爆发让皇储的眼部感染，加重了他的抑郁。[23]痛苦的症状在没有预警的情况下反复发作，让他的酗酒和药物成瘾的状况不断加剧。鲁道夫患上了失眠、头痛和关节痛，变得瘦弱苍白、面无血色，焦躁的双眼下总带着黑眼圈。香槟、干邑和吗啡不仅让他的行为变得越来越不稳定，还损伤了他的男性气概，使他经常不举。现已无法证实医生是怎样向鲁道夫解释他的病症的，但鉴于鲁道夫的疑病症和过激反应倾向，他很可能担心自己感染了梅毒。这不啻死刑判决，皇储认为自己的头脑将逐渐丧失理智，这一耻辱的念头摧毁了他已混乱不堪的精神。[24]梅耶林事件后，罗马尼亚的伊丽莎白王后在给斯蒂芬妮的一封信中写道："我想，作为一个才

智杰出的人，他看到了毁灭的路途，并绝望地投入了深渊，在　221
黑夜降临前匆匆地抓住人生能给予他的一切。"[25]

斯蒂芬妮记录了鲁道夫人生最后几年的"紧张不安"、
"狂暴的脾气"和"彻底的精神衰败"。[26]他的脑海中充满了对
未来的宏伟想法，但无力将其付诸实践，这使他徒增不安与烦
躁。在鲁道夫人生的最后几年，斯蒂芬妮、玛丽·冯·拉里
施、伊丽莎白皇后和玛丽·瓦莱丽等人都注意到了他充满敌意
的举止，尽管他从小就是这样。斯蒂芬妮回忆说，在刚结婚的
那段日子，她的丈夫经常睡得很晚，但第二天一早总能投入工
作；在他人生的最后几个月，鲁道夫每晚只睡四五个小时——
这也可能是患有双向情感障碍一型的一个迹象。[27]

在他人生的最后一年里，鲁道夫行事越来越鲁莽。在
1888年的那次事件中，他差点开枪打死了父亲；他无数次喝
得酩酊大醉地出席公众场合，心焦的廷臣不得不在引发丑闻之
前迅速救场。鲁道夫的性行为也成问题。他不仅随心所欲地与
数不清的女性发生关系，留下了不少私生子，还粗心地染上了
淋病，并传染给了妻子。到1889年，鲁道夫的私人生活陷入
混乱，婚姻名存实亡，他却几乎没有能同他分享失落心情的亲
密朋友。

随着希望的消逝，轻生的念头不断滋生。鲁道夫对死亡的
迷恋以及对自杀事件的狂热兴趣，不仅仅是维也纳帝国痴迷自
尽风气的反映；忧愁烦闷最终驱使他产生了一种想法，认为死
亡要好过不称心地活着。当1888年夏天鲁道夫要求米兹·卡
斯帕与他一同赴死时，这种绝望情绪演变成了实质性的危险。
米兹对他的话一笑置之，他又向身边的几个随从提出了请求，
甚至威胁要杀死斯蒂芬妮再自杀。这些都是他真实意图的宣

泄，也许在潜意识中，鲁道夫希望有人会进行干预，向他保证他的生命和未来是至关重要的。

222　　　数条线在 1889 年 1 月不幸交织在了一起。匈牙利事件对鲁道夫而言是灾难性的，他对于政治的绝望感和对于人生的挫败感驱使他做出了无可辩驳的叛国行为，但此事与他和玛丽·冯·维茨拉的私情毫无关系。这段私情最初只不过是皇储拿来解闷的短暂消遣，但随着时间的推移，在玛丽·冯·拉里施、海伦妮·冯·维茨拉和玛丽自身的合力推动下，它变成了一张复杂缠绕着的密谋之网。

由于私生女身份和永远还不清的赌债，拉里施一直处于名利场的边缘。她和玛丽的家族关系密切：不仅与海伦妮母女是朋友，而且与海因里希·巴尔塔齐有私情，她的第三个和第四个孩子都是巴尔塔齐的。拉里施总是想方设法地谋取金钱上的好处，以及随之而来的勒索机会，她可能向海伦妮·冯·维茨拉提出了勾搭皇储的建议，并提出只要给她经济上的回报，她就可以利用地位和影响从中牵线。拉里施和海伦妮两人中一定至少有一人在尽力促成此事，1887 年海伦妮携玛丽去了伦敦，并对年轻的男爵小姐有意给风流的皇储带来慰藉一事毫不避讳。

英格兰之旅并没取得什么成果，但是在 1888 年的春天，女士们又开始努力了。尽管后来海伦妮·冯·维茨拉声称自己对女儿与鲁道夫的私情毫不知情，但其实她不仅知晓此事，还一手参与了策划。十年前在格德勒，海伦妮毫不掩饰自己追逐皇室家族——特别是鲁道夫——的野心。海伦妮的行为越过了底线，但她似乎并不在意。现在，她为女儿的情事推波助澜，使玛丽成了她向上攀附的工具。这位母亲向男士们宣扬女儿的善解人意，大胆地邀请他们来她的宅邸，并在离开房间时把玛丽推到他们身边——这些直白的暗示很容易得到回应。这并非寻找潜在的丈夫人选：绅士们不会娶这类行为出格、声名狼藉的年轻小姐。海伦妮的举动是为了让玛丽成为猎艳的对象，以此换取社交活动的宝贵入场券、与权贵结识的机会和金钱上的奖赏；她甚至可能怀有更为邪恶的动机——以散播流言为要挟，利用自己掌握的丑闻对当事人进行敲诈勒索。

玛丽并非不谙世事：在第一次见到鲁道夫之前，她就经历了一连串的浪漫征服。然而，她算不得是工于心计的。她只有十六岁，尚未成年，心智不成熟，性情不稳定，习惯于服从母亲。在母亲野心的驱使下，缺乏道德管束、沉迷于幻想的玛丽轻易投入了这场激动人心的新冒险，对鲁道夫展开了追求。随着时间的推移，她很可能真的深爱上了他。也许在少女的想象中，玛丽相信皇储也不顾一切地爱着她；毕竟，她常阅读的那些充满禁忌与危险之爱的法国言情小说中就有类似情节，她开始将自己想象成一个史诗般的皇室爱情故事的女主人公。

鲁道夫并未注意到这段婚外情是几位女士暗中操纵的结果。他只看到一位美貌而主动的年轻女性，对自己表现出热切的英雄崇拜。玛丽通过迎合皇储的虚荣心，暂时达成了她的目的。女性对他施以奉承讨好的崇拜和令人窒息的浪漫主义，在鲁道夫的猎艳生涯中早已屡见不鲜：这不过是游戏的一部分，短暂燃烧的热烈火焰将不可避免地熄灭。他会驾轻就熟地逢场作戏，直到兴趣消退。对鲁道夫来说，这段私情与别的消遣一样，终究是露水情缘。

两人的恋情在1888年秋天展开，他们在普拉特公园会面，在爱德华·帕尔默的公寓幽会，玛丽还屡次到霍夫堡宫探望鲁

道夫。尽管在不少历史故事里，鲁道夫都被描绘为不顾一切地
爱上了玛丽，既然无法厮守，宁愿与她共死；但实际上在 1888
年年底，他的感情已经淡漠了。浪漫的传说在确凿的证据面前
不堪一击；无疑，在生命的最后几个月，鲁道夫态度明确地渐
渐疏远了玛丽。这一发展对他而言是顺理成章的。鲁道夫的堂
弟——托斯卡纳的利奥波德大公回忆说："他在一生中爱恋过很
多女性，但没有一次是长久的。我很确信，他清楚地知道自己
对玛丽小可怜的迷恋很快就会消失。"鲁道夫会"采摘他够得着
的每一朵鲜花，并在腻味之后立即将其扔到一边"。[28]

　　1888 年 12 月 21 日，布拉特菲施驾车将玛丽接到霍夫堡
宫探望鲁道夫。这是他们在那一年的最后一次见面。这似乎也
是鲁道夫试着与玛丽保持距离的开端，而讽刺的是，背后的推
手竟是玛丽的母亲。玛丽的行为日渐莽撞、举止难以预料，令
海伦妮·冯·维茨拉感到不安。如今维也纳流传着太多关于她
女儿的流言蜚语：好像所有人都知道玛丽与鲁道夫的关系，这
原本也没什么，但玛丽因为不成熟而不断引起公众的关注，尤
其是当皇储妃在场的时候。海伦妮并不愚蠢：与皇储的私情可
以带来潜在的金钱与社交回报，但终有结束的一天。等到那
时，她将希望寄托在布拉干萨公爵身上；她想当然地认为，作
为一名鳏夫，他可能会迷上一位哪怕德行有亏的年轻小姐。

　　但玛丽的行为威胁到了这项计划。她将与皇储的隐秘私情
变成了街谈巷议的社交丑闻。如果海伦妮希望避免情势变得不
可收拾，那么就必须控制住玛丽。出于她的浪漫幻想，玛丽确
信鲁道夫也死心塌地地爱着她，根本不情愿结束这段关系，于
是她的母亲试图介入以挽回局面。据说，海伦妮在 1888 年 12
月给鲁道夫写了一封信，收信人一定对收到这封信感觉很怪

224

异：十年前他曾与这个女人发生过关系，现在她的女儿又成了他的情人；如今作为母亲，她请求他结束与她女儿的私情。[29]

　　海伦妮这一所谓的请求恰中鲁道夫下怀：此时的他对这段恋情的兴趣已经减弱了。根据匿名发表的《鲁道夫大公的最后日子》，到了年底，皇储"对维茨拉小姐的依恋因某方的心不在焉，或者说二者的话不投机——他们的争执称得上频繁——而正在走向不可避免的结局"。[30]在梅耶林事件后，警方调查显示，鲁道夫新结交了卡尔剧院（Karl Theater）一位名叫格拉泽（Glaser）的歌姬，还赠予她一枚价值 1200 古尔登（相当于 2017 年的 7668 美元）的钻石戒指。[31]曾在奥地利末代皇帝卡尔的首相府担任幕僚长的阿图尔·波尔策－霍尔迪茨后来提到鲁道夫与玛丽·冯·维茨拉在 1888 年年底互发的所有电文一度被存放于维也纳的一个政府档案馆。他说，电报显示："男爵小姐的爱已经对皇储造成了困扰。尽管他措辞委婉，但拒绝之意是显而易见的。"[32]消息格外灵通的沃尔布加·佩吉特夫人也表示，她"可以肯定地说"鲁道夫"压根儿不爱"玛丽，他"只想摆脱她，但她不肯放手"。[33]

　　鲁道夫已经意识到，野心勃勃的海伦妮·冯·维茨拉想借助私情来获得社会地位和经济保障——"玛丽是她最后一次掷出的骰子"，他曾经尖酸地评价。[34]1 月 27 日在罗伊斯亲王的晚宴上，鲁道夫与科堡的路易丝亲王妃的对话透露了他对玛丽的真实想法："唉，如果有人能把我从她那里救出来的话该多好！"[35]鲁道夫不止一次恳求玛丽·冯·拉里施把玛丽带离维也纳。他甚至向玛丽提出了这个想法，玛丽呜咽着说："我知道这意味着什么！""天知道我多么尽力劝她接受布拉干萨公爵米格尔，"鲁道夫对拉里施吐露道，"那就太称我心了。"[36]这样

225

226

一位拼命想摆脱现任情妇、想将她送走并试图说服她嫁与他人的皇储，绝不可能被爱冲昏了头脑。鲁道夫对玛丽·冯·拉里施和科堡的路易丝说的话，以及那些据说言辞冷淡的电报，都表明他试图结束这段私情。

鲁道夫享用够了爱的果实，如今他的注意力已经转移了：剧院的歌姬新欢，还有即将到来的匈牙利事变。他通常很擅长结束私情，一旦兴趣消磨殆尽，他就出其不意地送出告别信和礼物。他的大多数征服对象都接受了皇室情人专断的分手方式。但鲁道夫之前并没有交往过玛丽这种行为难以预测、会在公众场合失态的贵族少女。对玛丽，他有些拖泥带水：拉图尔·冯·特尔姆伯格抱怨说，鲁道夫总是对她敷衍搪塞，避免发生对抗。但断然结束私情也有潜在的风险。玛丽拥有令人窒息的浪漫倾向，以及在歌剧院、剧场和舞会上乱出风头的"才能"，是个不受控制的危险对象；一旦打破她抱定的爱情理想，可能会导致难堪的场景，甚至刺激她做出败坏名声之举。鲁道夫没有快刀斩乱麻，而是退避三舍地躲着玛丽，并在言语上变得冷淡。在 12 月 21 日之后的某个时候，或许是在海伦妮·冯·维茨拉书信的影响下，皇储向年轻的情人赠送了一枚刻有自己名字的烟盒——这是他结束一段私情时的标准告别礼物。

但海伦妮并没有坐等皇储的行动。那年的 12 月，她与她的兄弟们商议了这一情况，请他们出手干预，帮忙掐灭这段恋情的火焰——依照巴尔塔齐家族惯常的行事方式，他们不免又用到了一些狡猾的花招。赫克托·巴尔塔齐知道弗朗茨·约瑟夫与卡塔琳娜·施拉特的关系，早已与这位女伶建立了友谊，希望他的恭维和献上的纯种马能说服她帮自己得到宫廷的接纳。[37] 1888 年夏天，心存疑虑的弗朗茨·约瑟夫警告施拉特说，最好不要与赫克托一起骑马或者出现在公共场合。皇帝在写给施拉特的信中说，虽然他偶尔也会和巴尔塔齐聊上几句，并且皇后曾经与他们兄弟有非常友好的关系，但这些人"在赛马和金钱问题上的名声不是无可指摘的"。[38]

在赫克托碰壁后，他的哥哥亚历山大似乎接手了这项任务：据说这位潇洒而优雅的巴尔塔齐先生把女伶给迷住了，成了她的情人，从而打通了门路。但是在 1888 年 12 月，巴尔塔齐最想请施拉特帮忙的就是让她与弗朗茨·约瑟夫谈谈鲁道夫和玛丽的私情，询问皇帝是否能加以制止。[39] 弗朗茨·约瑟夫身边的廷臣们向他屏蔽了所有可能使他不悦的消息，因此皇帝也许是维也纳贵族社会中唯一被蒙在鼓里的。施拉特同意了，但她生了一场病，接着又逢圣诞假期，直到 1 月中旬她才见到了皇帝；到那时，又有不可预见的情况发生了，为梅耶林的悲剧埋下了伏笔。

第十七章

　　12月21日在霍夫堡宫私会后，鲁道夫有三周没有见玛丽。过了圣诞节，他离开了维也纳五天，但返回后并未急着与情人再次见面，这印证了他从私情中逐渐抽身的打算。之后，在1月13日晚，他同意玛丽来霍夫堡宫的套房探望他。

　　那天晚上发生了一件至关重要的事情，让玛丽巩固了她在鲁道夫人生中的地位——至少她是这么认为的。两天后，玛丽从罗德克购买了一个金烟盒，刻上了1月13日的日期以及"感谢上天的恩赐"的字样，将它赠给了鲁道夫。[1]玛丽要纪念什么"恩赐"？几乎可以肯定地认为，她相信自己怀孕了。正如与梅耶林有关的大多数事情一样，这尽管缺乏明确的证据，但并非捕风捉影。[2]在悲剧发生几天之后，意大利大使康斯坦丁·尼格拉伯爵向罗马报告说，玛丽"已经怀孕，或者说自以为怀孕了"，这可能是他从教廷大使加林贝蒂那里得到的信息。但尼格拉又补充说，据说尸检结果否认了这一点。[3]而斯蒂芬妮在回忆录中隐晦地表示，如果鲁道夫和玛丽没有死，"两人可能会有私生子"。[4]法国皇后欧仁妮后来向一位外交官透露了她与伊丽莎白皇后的谈话，说玛丽在死时是怀着孕的。[5]1955年，塞雷基的佐薇·瓦西尔科伯爵小姐回忆说，根据她在1919年读过的塔菲档案，玛丽在去世时怀有三个月或五个月的身孕。[6]

这一切或许只是围绕着梅耶林事件的另一桩无稽之谈，但鲁道夫多年的情妇米兹·卡斯帕透露的一则关键信息增强了它的可信度。这名女子没有什么不轨的意图，也没有理由说谎。2月3日，米兹告诉警员弗洛里安·迈斯纳，玛丽在去世时怀有四个月的身孕。[7]特别值得注意的是，米兹的消息来源只能是鲁道夫本人。

鉴于她的经验和名声，玛丽不太可能对避孕措施一无所知。但如果她真的相信自己与鲁道夫相爱，那么她可能就会不太谨慎，也许还会刻意怀孕。玛丽用烟盒来纪念的"恩赐"，可能就是她的身孕，而不是与鲁道夫的床笫之欢。她充满兴奋之情，真心认为天意已经将她与皇储的命运绑在了一起：生下鲁道夫的孩子，就会将她与心爱之人永远联结在一起。

可以想见，鲁道夫的心情就没那么愉快了，特别是当他的注意力已经转移，并试图结束与玛丽的恋情时。他之前有过一些私生子女——这种情况似乎从未让他感到困扰。他利用宫廷无限的资源来掩盖自己的轻率行为，给孩子母亲金钱的补偿，承担孩子的赡养费，并确保当事人保持沉默。但这次的情况不同了，有些棘手。玛丽并不是无名的女伶或歌姬，愿意消失得无声无息。她不太可能离开，更别说安静地离开了：为了让她不要张扬、避免丑闻，肯定得付出代价；谁知道野心勃勃的维茨拉会索取什么呢？想到以百无顾忌闻名的海伦妮·冯·维茨拉，鲁道夫难免担心自己需要在金钱与社会关系上做出妥协，并默认她们将得到宫廷的接纳，才能避免事情曝光。

然而，如果玛丽确实向他坦白了怀孕之事，鲁道夫可能会为了安抚她和避免对抗而佯装喜悦。随着匈牙利事变的结局即将揭晓，他变得前途未卜。如果事变失败了，他可能被迫流亡海外，甚至自裁。如果他逃过了这两种下场，那么就再来考虑与玛丽的分手安排。在那之前，顺应她的美好幻想比摧毁它更容易。

疾病和圣诞假期让卡塔琳娜·施拉特直到 1 月 17 日才面见皇帝，向其转达了亚历山大·巴尔塔齐对皇储私情的担忧。据说皇帝对此大为震惊，并于几天后在霍夫堡宫私下召见了巴尔塔齐，向他询问了详情。[8]皇帝也许得知了玛丽在 1 月 13 日到过霍夫堡宫，很可能认定这两人正打得火热，没想到鲁道夫已经打算与玛丽分手；如今面对她家人的要求，弗朗茨·约瑟夫决心要制止这段私情。

鲁道夫对这些讨论一无所知，直到 1 月 24 日周四晚上，当他在听歌剧时，弗朗茨·约瑟夫突然走进了皇室包厢。没人想到皇帝会来：注重秩序的弗朗茨·约瑟夫从未打乱过自己的日程安排，而此次，他没有发布任何通知，直接出现在歌剧院。他见鲁道夫是有紧急事项要谈。在场的观众无暇欣赏表演，全都盯着这一史无前例的场景。人们看到弗朗茨·约瑟夫专注地与儿子谈话，而谈话的氛围似乎很紧张。最后，在第二幕结束时，弗朗茨·约瑟夫突然起身离开了。[9]

这次谈话似乎与鲁道夫和玛丽·冯·维茨拉的私情有关。弗朗茨·约瑟夫很坚决：鲁道夫必须立刻与情人分手。这不是要求，而是命令：皇帝甚至让儿子"以他的荣誉"承诺会做到此事，就像玛丽后来所写的那样。[10]

但弗朗茨·约瑟夫之前从未干涉过鲁道夫的风流韵事，为何这次的事如此要紧，需要他赶去歌剧院与儿子面谈？在 1950 年代，奥地利官员、艺术史学家彼得·波奇纳（Peter Pötschner）博士研究了奥尔宾·冯·维茨拉在玛丽出生前一年

的外交档案。根据他查找到的通信和函件，奥尔宾在 1870 年
5 月的第二周前往达姆施塔特就职，而海伦妮留在了维也纳。
十个多月后的 1871 年春天，在 3 月 19 日玛丽出生之前，这对
夫妇才再次相见。这个时间线意味着玛丽极有可能不是奥尔宾
的亲生女儿。[11]实际上，在玛丽出生后，有传言说她的母亲并
不能完全确定孩子的生父是谁。一位外交官讥诮地说："在维
也纳的社交圈子里，玛丽的绰号是'野餐'，因为有五六位男
士都可能是她的父亲。"[12]

在关于她生父身份的传言中，有一位身份极高的人物牵涉
其中：弗朗茨·约瑟夫皇帝。这个谣言在梅耶林的故事中若隐
若现，像一团没人愿意触碰的恶臭漂浮物。[13]斯蒂芬妮的姐姐
路易丝暗示说，在这段私情中，玛丽将鲁道夫置于"没法收
场的位置"。[14]鲁道夫的堂妹——托斯卡纳的路易莎认为，皇帝
向儿子"揭露了某事，以证明他与玛丽·冯·维茨拉之间存
在不可逾越的障碍，两人的恋情是不可能继续的"。[15]对鲁道夫
的家族成员来说，对于这种相当不体面的可能性，只能隐晦地
点到为止。

有人猜测，这种可怕的担忧让弗朗茨·约瑟夫差点发疯，
他不得不与儿子当面说清，承认玛丽·冯·维茨拉也许是他的
私生女儿的秘辛。在这种情况下，事实是无关紧要的：在
1889 年，没有办法百分百确认这件事情，但哪怕是最轻微的
可能性——鲁道夫可能与他同父异母的妹妹卷入了一场乱伦之
恋——都将威胁到君主制。如果这个消息传出去——弗朗茨·
约瑟夫知道海伦妮·冯·维茨拉的名声，难免会担心消息泄
露——将爆发巨大的丑闻。皇帝甚至怀疑海伦妮一手策划了女
儿与皇储的私情，就是为了执行周密的勒索计划。对鲁道夫来

说，可能的乱伦已经很糟了；如果玛丽确实怀孕了，或者告诉鲁道夫她怀孕了，那么皇储就面临着难以收拾的局面。

此外，鲁道夫即将遭受另一沉重的打击。鉴于帝国广泛的线人和秘密特工网络，将皇储与在布达佩斯鼓动独立的势力联系起来并不难。这已经很值得担忧了，但在 1 月 25 日，鲁道夫的朋友伊什特万·卡罗伊大意地泄露了整个事件。

在那个周五，卡罗伊向媒体泄露说他定期与鲁道夫联系；他明显地暗示记者，"一个非常值得信赖的消息来源"使他确信匈牙利很快就会独立。[16]当天下午，卡罗伊在布达佩斯的议会上起立反对首相蒂萨根据维也纳的要求提交的陆军改革法案时，还将这句宣言当作开场白。如果卡罗伊在 1 月 28 日周一投票时能够赢得足够的支持，他就能发起不信任投票并让蒂萨的政府垮台，进而启动匈牙利独立计划。卡罗伊的轻率举动让维也纳当局毫不怀疑皇储参与了这场叛国阴谋。事实上，当瑟杰耶尼 - 马里奇伯爵 1 月 31 日在霍夫堡宫整理鲁道夫的办公桌时，弗朗茨·约瑟夫派了一名专门的监督官员来收缴"与家族的最后一次重大争执有关的文件"，这次重大争执很可能就是指匈牙利的失败事变。[17]

在卡罗伊发表言论的几个小时后，皇帝本已因维茨拉的家事而烦心并面对着儿子的背叛，现在似乎又得知了鲁道夫的另一桩罪过：皇储愚蠢地请求废止他的婚姻。许多人都相信确有此事——这并非捕风捉影，事实上，在梅耶林悲剧发生两周之后，柏林的报纸大肆报道了皇帝和他的继承人之间关于废除婚姻请求的"非常激烈的对抗"。[18]尽管官方文件的销毁使此事无法得到核实，但依然可以从多方找到令人信服的相符证据。伊丽莎白皇后忠实的侍女玛丽·费斯特蒂奇证实，鲁道夫提出了废除婚姻的要求；持相同说法的还有弗朗茨·约瑟夫的弟弟卡尔·路德维希大公家的专职神父——辅理主教戈特弗里德·马沙尔（Gottfried Marschall）博士，以及其他与宫廷和教会圣统有着密切关系的人。[19]科堡的路易丝亲王妃在梅耶林事件中最有发言权：她从妹妹斯蒂芬妮和丈夫菲利普亲王那里都能得到一手消息，菲利普是少数得到鲁道夫信任的朋友之一，无疑清楚皇储的秘密。而路易丝坚称，鲁道夫试图解除自己的婚姻。[20]

还有四位称得上是皇储知己的人士，也证实了他废除婚姻的请求。鲁道夫的忠实朋友和前导师拉图尔·冯·特尔姆伯格断言，鲁道夫曾写信给教宗利奥十三，要求教宗解除他的婚姻。[21]鲁道夫应该也与莫里茨·塞普斯讨论过这个问题，因为莫里茨的女儿贝尔塔（Bertha）曾根据私人谈话与父亲的文件讲述过此事。[22]皇储的私人秘书维克托·弗里切后来声称，鲁道夫以斯蒂芬妮的不孕为由申请废除婚姻，但遭到了教宗利奥的拒绝。[23]也许最令人信服的来源是拉迪斯劳斯·冯·瑟杰耶尼－马里奇——鲁道夫的朋友和遗产执行人，他告诉俄国临时代办皇储曾要求废止自己的婚姻。[24]瑟杰耶尼－马里奇在鲁道夫去世后整理了死者的私人文件，并将所有可能影响皇储形象的文件交给了皇帝的代表；如果确实有与废除婚姻相关的信件，他肯定是看过了的。

海因里希·罗伊斯亲王听到这一说法后，找到了派驻哈布斯堡宫廷的教廷大使路易吉·加林贝蒂当面询问。在1889年2月5日发给柏林的一封函件中，罗伊斯报告说，加林贝蒂"否认他知晓此事。他并未经手过任何相关的请求"。但是随后加林贝蒂又耐人寻味地说，或许教宗没有直接回复鲁道夫，而是将请求转交给了斯蒂芬妮的父亲，即在布鲁塞尔的利奥波德二世国王；加林贝蒂说，比利时国王可能又转达给了维也纳的弗朗茨·约瑟夫。[25] 如果鲁道夫没有提出过这样的要求，加林贝蒂不太可能就教宗所谓的无回复提供如此详细的说明。

尽管进行了大量搜索，但请求废止婚姻的文件从未被发现。不过几乎所有关于鲁道夫人生最后几个月及其死亡事件的敏感文件都已消失了。在这种特殊情况下，证据的缺乏不能说明什么。鲁道夫对他的婚姻感到不满是众所周知的。他将淋病传染给了斯蒂芬妮并导致她失去生育能力，让她永远无法诞下他所需要的儿子和继承人。当然，这位信奉天主教的哈布斯堡帝国的未来皇帝会认识到取消婚约或离婚是不可能的——如果他打算坐上奥地利皇位的话。但假使鲁道夫确实参与了夺取匈牙利王权的阴谋，那么撤销婚姻的请求可能与布达佩斯的王位有关。他要建立一个新的王朝，就必须有继承人来保障其连续性。一旦登上王位，鲁道夫将需要一位合适的配偶，一位来自煊赫而古老的马扎尔家族的公主，她可以为他诞下拥有无可置疑的匈牙利血统的后代。看起来，鲁道夫不仅与布达佩斯的叛乱分子沆瀣一气，还要求废除自己的婚姻。对奥匈帝国的未来皇帝和信奉天主教的哈布斯堡王朝皇储而言，这是匪夷所思的举动。这些都证明他的头脑已经混沌不清。

236   这些威胁性的丑闻不断累积，即使是对不愿采取激烈手段的皇帝来说，也有些忍无可忍了。1月26日周六清晨，弗朗茨·约瑟夫突然急召鲁道夫前往霍夫堡宫觐见。他们谈话的确切内容始终是个谜，但此次令人不安的父子对抗可能是由前一天布达佩斯的事件发展激发的，不仅涉及鲁道夫的匈牙利阴谋，还包括他所要求的婚姻废除。第一件事不仅是一次反叛行为：它与弗朗茨·约瑟夫所珍视的忠诚和荣誉的观念背道而驰，是对皇帝的公然冒犯。至于第二件事，拉图尔·冯·特尔姆伯格和瑟杰耶尼－马里奇都说，这一请求激怒了弗朗茨·约瑟夫，因为他可能担心儿子想要摆脱斯蒂芬妮，是为了娶玛丽·冯·维茨拉。拉图尔·冯·特尔姆伯格称，皇帝被"痛心和愤怒压倒了，他召来皇储，极度烦躁、残酷而直接地告诫他，自己在任何情况下都不会准许这种疯狂的行为"。[26]瑟杰耶尼－马里奇说，父子之间发生了"激烈的冲突"。"与您谈完以后，我知道我接下来要做什么了。"据说鲁道夫告诉他的父亲。"随便你，"皇帝这样回答，"我永远不会同意你离婚。"[27]根据斯蒂芬妮的说法，弗朗茨·约瑟夫告诉他的儿子，他要摆脱困境，"只有一条出路"。[28]皇储颤抖着走出房间，面色苍白，他的父亲大喊："你不配当我的继承人！"[29]由于鲁道夫可能已经承诺了会结束与玛丽的私情，这句话并不是针对他的婚外情说的。它似乎指的是匈牙利阴谋或废止婚姻的请求，或两者皆有。在这种背景下，皇帝后来向维德霍斐尔说出的有关鲁道夫之死的话显得意味深长："上帝的安排是无法揣测的，也许他赐予我的这场试炼，是为了让我今后免遭更艰险的考验。"[30]这强烈地暗示了，如果他的儿子活着，皇帝将会因为他的行为承受可怕的折磨。

来自父亲的质问让鲁道夫感到不安。他离开了霍夫堡宫，与堂弟奥托大公一起乘车到郊外，通过猎杀鸭子来释放挫败感。[31]第二天早上，他的情绪显然还很亢奋，不请自来地冲进玛丽·冯·拉里施在大酒店的套房。她说，鲁道夫"非常激动"，还发着抖。"你根本想不到我陷入了多大的麻烦"，他告诉他的表姐，并补充说他因为"政治"问题而"处于极大的危险中"。他递给她一个密封的盒子，解释说："它不能留在我的手里，因为皇帝随时可能下令收缴我的个人物品。"这肯定和匈牙利的阴谋有关，因为他补充道："如果我对皇帝说了，就等于签署了自己的死刑令。"[32]

与玛丽的私情也折磨着他的精神。"在很多方面，我的生活都乱七八糟。"他对拉里施说。在向父亲承诺会与玛丽分手之后，他让拉里施第二天早上将玛丽带到霍夫堡宫。他对表姐解释说，他试图摆脱玛丽，但"就是甩不掉她"。情况变得棘手起来。他抱怨说，玛丽"完全是个小恶魔"，她"丧失了理智"，威胁要"不顾一切地制造丑闻"。他最后说："只要不妨碍那些更重要的事情，那她的事也没什么要紧。"[33]

这些言论透露出鲁道夫的心烦意乱。他一直试图让玛丽悄然离开他的生活，但她不肯；如今她利用自己可能怀孕的事情来迫使他做出让步，否则她就要制造丑闻——如果鲁道夫的父亲确实警告过他玛丽可能是其同父异母的妹妹，那么这种可能性就更加令人担忧。在这关系重大的四十八小时内，打击接连发生，一个接一个：玛丽拒绝离开他，废除婚姻的要求被驳回，与匈牙利叛乱分子的关系被揭露。皇储的世界正在崩塌。

与此同时，玛丽的世界也在坍塌。自从 1 月 13 日与鲁道夫会面以来，她一直沉浸在幸福中，确信她与皇储的未来是无虞的。然后，在 1 月 26 日周六——正当鲁道夫在霍夫堡宫面对父亲的时候——玛丽也面临着母亲的质问。前一天晚上，她听到了占卜师对死亡迫近的噩兆的预言，感到精神紧张。玛丽的行为终于使她的女仆阿格内斯·亚霍达感到不安。她是玛丽的密友，对私情完全知情，曾掩护玛丽溜上布拉特菲施的马车去与鲁道夫幽会，也看到了玛丽买来赠送给皇储的烟盒。她一直保持着沉默，直到那个周六早上，有什么事情促使她去告了密。也许是担心她会丢了工作——还有她的门房父亲——阿格内斯去找了海伦妮·冯·维茨拉，告诉她玛丽可能怀孕了。

阿格内斯不仅是玛丽的密友，也是她的女仆：她会知道她年轻的小姐突然没有了要换洗的月经布。无论她是怀疑了什么还是听到了什么，阿格内斯都觉得不能再保守玛丽的秘密了。这样就能解释海伦妮的突然爆发了。玛丽的"疯狂举动"，她警告说，"将会对她造成极大的伤害"。[34]海伦妮将所有野心倾注在玛丽身上。与鲁道夫的私情可能带来社交地位、经济利益和宫廷的接纳，但它不可避免地会结束；到那时，玛丽需要缔结一桩合适的婚姻，或许是同布拉干萨公爵结婚，继续光耀门楣。

意外的怀孕威胁到了这些计划。如果说玛丽的名声在她与鲁道夫有染之前就有污点，那么怀孕会彻底毁了她。这也可能激怒弗朗茨·约瑟夫，他会将惹麻烦的维茨拉家族从维也纳驱逐出去。在搜寻了女儿的房间之后，愤怒的海伦妮似乎叫来了弟弟亚历山大·巴尔塔齐召开紧急家庭会议，然后他们向玛丽告知了一项明显出于绝望而提出的新计划。巴尔塔齐会马上把玛丽带到君士坦丁堡去，在那里与她结婚；这样她可以作为已婚妇女分娩，并掩盖孩子生父的身份。海伦妮并没有完全抛弃她的野心：生完孩子后，玛丽可以回到维也纳，正如她对诺拉·富格尔公主说的，"做任何她想做的事，而不败坏她的名声"——换句话说，继续维持与鲁道夫的关系。[35]

玛丽吓坏了。她不想嫁给她的舅父，也不想放弃与鲁道夫的关系。当惊恐的玛丽逃离了她母亲的房子，到大酒店寻求玛丽·冯·拉里施的庇护时，场景一定很混乱。拉里施记得玛丽当时歇斯底里。"你不知道我母亲有多么残忍！"玛丽抽泣着说，"妈妈想卖了我。"她抱怨道，海伦妮"怪我给我的家族蒙羞——体面的维茨拉们！"玛丽宣称，如果拉里施要把她送回去，"我就去跳多瑙河！"[36]

在酒店里，玛丽肯定对拉里施说了她与舅父亚历山大的对抗，因为这位伯爵夫人写信给鲁道夫，告诉他周六玛丽和"A"之间的"事件"——几乎肯定"A"是指亚历山大·巴尔塔齐——这让她们两人都很害怕。拉里施还说，她不敢让玛丽单独与"A"待在一起，她认为他"有能力做出任何事情"[37]。当拉里施那天晚上终于将玛丽送回家以后，不愉快的事情再次发生了，愤怒的海伦妮抱怨她的女儿现在"名声已经毁了"[38]。

周日晚，在罗伊斯亲王的晚会上，命运让鲁道夫和玛丽最后一次同时在公开场合露面。在命令儿子结束婚外情之后，弗朗茨·约瑟夫一定很惊愕看到玛丽·冯·维茨拉还在舞厅里趾高气扬，目光跟随着鲁道夫的一举一动。也许，鲁道夫几个小时之后向莫里茨·塞普斯抱怨的父亲对他背过身去的场景，正是因为皇帝目睹了这一幕。皇帝明显的蔑视，玛丽和斯蒂芬妮的斗气，以及离开大使馆时妻子与他的尖锐争吵，让鲁道夫像塞普斯回忆的那样，"处于一种可怕的紧张亢奋状态"[39]。当他周一凌晨出现在米兹·卡斯帕住处的时候，鲁道夫也许已经接受了一种可能的选择：想逃脱雪崩般压在他肩上的难题，自尽是唯一的途径。米兹之前曾听他谈到过寻死，但现在鲁道夫告诉她，他将要"给当局搞个大乱子"，在梅耶林自尽[40]。当鲁道夫在凌晨3点与米兹告别时，这一想法得到了证实：他破天荒地在她的前额上画了十字，这暗示如果匈牙利的计划失败，他就决定结束自己的生命[41]。

　　鲁道夫和玛丽面临着两条不同的道路。他在与父亲对峙之前就想摆脱这段私情，关于玛丽生父身份的疑问确保他做出了同意分手的承诺。如果第二天在布达佩斯举行的议会投票对马扎尔民族主义者不利，鲁道夫就准备结束自己的生命。但玛丽仍然沉浸在用幻想谱写的浪漫恋曲之中。对鲁道夫已经承诺结束婚外情的事，她还蒙在鼓里，仍然意志高昂地对抗着家庭的阻挠。在不到四十个小时后，方向不同的这两条路将在一场血雨腥风中相撞。

第十八章

　　周六与父亲对峙后，鲁道夫突然改变了计划，决定周二就前往梅耶林，而不是等到周中。周日早上，他让拉里施第二天把玛丽带到霍夫堡宫：既然已经向父亲保证会结束这段关系，他很可能计划在周一这样做。正如皇储向他的表姐抱怨的那样，他还有太多"更重要的事情"要考虑："我不能把时间浪费在谈情说爱上。"[1]

　　但他心里已经感到了焦虑。玛丽可不是逆来顺受的：她情绪无常，喜欢装腔作势，很可能会当众失态，而霍夫堡宫里到处都是爱听闲事的仆人。情况也许会变得很糟糕，将遭到情人抛弃的玛丽留在热衷于流言蜚语的维也纳，留在她那诡计多端、行动难测的母亲身边，这样的风险似乎太大了，尤其是若鲁道夫对匈牙利的计划还抱有一丝希望的话。或许是周日晚上在德国大使馆发生的情景，促使鲁道夫改变了他的计划。第二天一大早，他临时决定当天下午就前往梅耶林，一天也不多等了，还要带着玛丽一起去。与她同去行宫不仅是为了将分手拖延到最后一刻：梅耶林也足够隐私，那里远离是非，任何情绪的爆发都可以得到控制。鲁道夫的决定确实太过仓促，以至于

他对别的事情全都不管不顾了。他一心想着远离维也纳，甚至没顾及原定周一下午与大主教舍恩博恩 – 布赫海姆伯爵（Count Schönborn-Buchheim）的会面，也许他本打算与主教商

议废除婚姻的请求；也忘了当天晚些时候他本该到陆军历史博物馆（老军械厂）出席一场会议。[2]

周一上午，鲁道夫等到了两封神秘的来信，准确地说是一封信和一封电报，寄信人的身份不明。关于陆军改革法案的投票即将在布达佩斯举行；在接下来的三十小时内，伊什特万·卡罗伊伯爵每隔一段时间就给鲁道夫发电报，因此这两封来信的内容可能与匈牙利的事变有关。也许它们报告说布达佩斯街头支持马扎尔的暴力示威活动迫使议会将投票推迟到了第二天；也许它们提醒他，投票的前景不再有利于那些谋求从奥地利独立出来的势力。[3]

鲁道夫·普赫尔回忆说，阅读了电报的皇储焦灼地将它折叠起来并自言自语："是的，只有这样了。"[4]在离开维也纳之前，鲁道夫坐下来给拉迪斯劳斯·冯·瑟杰耶尼 - 马里奇伯爵写了一封告别信，并将其随身携带到了梅耶林。这封信指示瑟杰耶尼 - 马里奇到维也纳打开鲁道夫的办公桌，处理里面的信件。"我死意已决，这是体面地离开这个世界的唯一途径。"鲁道夫补充道。然而鲁道夫尚未下定决心。由于匈牙利局势尚待解决、投票推迟，他似乎仍对自己的计划能取得有利结果抱有希望。事实上，同一天早上他告诉玛丽·冯·拉里施"在两天内可能会发生很多事"，这表明他还没有做出最后决定。[5]

退往梅耶林给了鲁道夫短暂的喘息机会，他等待着匈牙利的消息，并思索着自己的命运。然而，与浪漫传奇故事不符的是，没有证据表明玛丽是怀着轻生的心情赶赴行宫的。事实上，周一早上在霍夫堡宫的短暂会面中，鲁道夫似乎只是让她一起去梅耶林。她没有带任何行李——没有洗漱用品，没有替换衣物，只有她穿来霍夫堡宫的那套溜冰服。她没意识到鲁道夫计划与她分手，应该还在期待着一场浪漫的约会。

虽然鲁道夫早有轻生之意，但玛丽有自杀倾向的证据极为稀少：梅耶林悲剧的发生放大了她曾说过的只言片语。海伦妮·冯·维茨拉后来回忆说，根据法国教师加布里埃尔·迪布雷的说法，玛丽曾经说起过一个名为亨利·尚比热（Henri Chambige）的学生的自杀事件。一年前，尚比热与情人达成了自杀协议，枪杀了她，然后把枪转向自己；但他没有成功自尽，最终因为谋杀情人而被定罪。[6]令迪布雷惊讶的是，玛丽对案件的详情"熟悉得令人吃惊"，还说她的一位朋友告诉她，尚比热应该手拿镜子来调整准头。不过，玛丽只是复述了鲁道夫——就是她向迪布雷提到的那位朋友——曾告诉她的关于伊什特万·凯格尔在自杀时手持镜子辅助瞄准的事。[7]对此事十分痴迷的人不是玛丽，而是鲁道夫，他曾经不顾妻子的不满，打断她与廷臣的对话，只为探听案件的细节。[8]

1888 年的圣诞节，玛丽给玛丽·冯·拉里施寄了一张签名照片，那是她们 11 月 5 日在阿黛尔照相馆拍摄的合影，下面题着"至死不渝"，并在附信中写道："这将是我此生拍摄的最后一张相片。"这听起来很不祥，但玛丽接着解释说，她要效仿反感镜头的伊丽莎白皇后，从此不拍照片了，这样人们会"记住我年轻漂亮的样子"。[9]还有，她在 1888 年秋天给赫米内·托比亚斯写了一封信，提到她与鲁道夫讨论了自杀协议——这很值得注意，不过还有下一句话："但是不行！他一定不能死。他必须为他的人民而活。围绕着他的只能是名声和荣耀。"[10]11 月 5 日，玛丽又写信给赫米内，说如果她的母亲或姐姐发现她与鲁道夫的私情，她就"只能自杀了"。鉴于海伦妮和汉娜对她的行为都很清楚，这似乎是玛丽在道德观念严格的托比亚斯面前进行的一点伪装。

情绪起伏的玛丽惯于使用这些夸张的情感表达。1 月时，有三手传闻称她向一位廷臣暗示几周后自己就会死去。[11]玛丽经常发表这类戏剧性的宣言，因此并无人在意。在玛丽·冯·拉里施 1 月 28 日转交给海伦妮·冯·维茨拉的纸条上，玛丽再次坚称自己无法"继续活着"，但这种浮夸的话语她说了太多次，故而也没太令人警觉。她要去跳多瑙河的说法，看起来仅是为了掩饰自己从维也纳私逃到梅耶林这件事。

在维也纳，自杀行为经过报刊的渲染，成了迷人的丑闻，给人以超现实之感。轻生被视为吹嘘的资本和冒险的体验，变成了一种可怕的大众消遣，迷住了帝国首都的上流人物。在与鲁道夫有染之前，玛丽从未表达过对轻生的兴趣，也没有吐露过不祥之语——至多是随口一说，并不作数。皇储逐渐将她拖入了对死亡不断滋长的阴暗痴迷，直到玛丽被他的病态思想所同化。正如鲁道夫之前屡次做的那样，他肯定告诉过玛丽自己考虑轻生，而且也向她抛出了他曾问过许多人的问题，即对方是否愿意加入他的自杀协议。这种看似浪漫的主意，对容易情绪激动的十七岁的玛丽而言很有吸引力。

在痴迷之情的驱使下，玛丽飘飘然地看待死亡，并未意识到那将意味着一切的终结；但现实终于使她回过味来。1 月 18 日，玛丽写下了一份遗嘱，将它锁进了珠宝盒，这表明她一定程度地考虑了自己即将赴死的可能性。然而仅仅一周之后，占卜师对她的家族即将发生自杀事件的不祥预测让玛丽异常烦乱，以至于无法入睡，这无疑表明她还没有放弃对生活的渴望。

事实上，与沮丧的鲁道夫形成鲜明对比的是，玛丽在生命的最后几周里处于情绪高昂的状态。她的一切行为——对私情的炫耀，宣称要与斯蒂芬妮比个高下，在罗伊斯的晚会上与皇储妃对抗——都表明了一种胜利感，而不是即将走向悲剧的宿命感。她没有望向坟墓，而是面朝未来——在她的想象中与鲁道夫共享的未来。这很大程度上解释了在 1 月 13 日发生的事情：玛丽很可能对鲁道夫坦白自己怀了他的孩子，她有充分理由认为他们现在"身体和灵魂"都属于彼此。

玛丽在狂热的脑海中，一砖一瓦地构建起了一座闪闪发光的幻象宫殿；而鲁道夫在过量的酒精与吗啡的影响下，很可能透露过自己的匈牙利计划以及废除婚约的请求，无意中奠定了玛丽的信心。鲁道夫并不愚蠢：迎娶一个十七岁的、声名狼藉的低阶贵族，对他建立匈牙利新王朝的计划没有任何帮助。但脱离现实的玛丽可能进行了错误的联想，相信自己的终极幻想已经触手可及。这个易受哄骗的年轻女子确信鲁道夫爱着她，并自认为是皇室爱情史诗的女主角，在她的设想中，未来自己会站在鲁道夫的身边：一旦他获得自由，自己就能成为他的妻子、他继承人的母亲，并成为布达佩斯的王后。而鲁道夫为了避免不愉快的场景和情绪化的对抗，可能会默许并放任她去相信自己的想象，直到命运让他不得不做出应对为止。

而命运——或者说是弗朗茨·约瑟夫令他必须与玛丽分手的旨意——已经向他下达了最后通牒。正如鲁道夫向拉里施承认的那样，匈牙利的计划比任何情爱都要紧得多。对玛丽避而不见、在言语上日渐冷淡疏远、与一名歌姬开始新恋情、馈赠刻字的烟盒作为告别礼物、抱怨并恳求拉里施将她带走——鲁道夫尝试过的方法都收效甚微，直到他终于收到了帝国的谕示。无论是否伴随着对可能的乱伦关系的警告，无论玛丽是否怀孕，无论是否出于对擅长要挟的维茨拉家族的担忧——父亲的命令无意中为鲁道夫提供了帮助，给了他最需要的东西，那就是结束这段私情的方法。

与玛丽的分手是不可避免的，但鲁道夫缺乏快刀斩乱麻的勇气。玛丽写给汉娜的一封未完成的信件清楚地表明，直到周二鲁道夫才将皇帝的命令告诉她。周一的晚上，他们仍在梅耶林等待来自布达佩斯的消息：将决定他未来的消息，以及她幻想的能使她成为匈牙利王后的消息。在鲁道夫的世界崩溃之际，玛丽与他的关系却达到高潮，这是她的不幸。

1 月 29 日周二，鲁道夫缺席了与科堡的菲利普亲王和约瑟夫·霍约斯伯爵在梅耶林的狩猎。他以感冒为托词，很可能是为了等待布达佩斯事态发展的最新消息。显然，匈牙利的全盘谋划取决于当天上午的议会投票。尽管弗朗茨·约瑟夫已对密谋了如指掌，但鲁道夫或许依然怀着一丝峰回路转的希望。

随后，卡罗伊从布达佩斯发来的三封电报到达了梅耶林。[12]议会投票已经举行。所有人都认为首相蒂萨的维也纳陆军改革法案至多能得到 60 名代表的支持；而结果却是惊人的 126 张赞成票。"打倒叛徒！"马扎尔民族主义的代表们在巨大的嘘声中呼喊，"有 126 名叛徒！"[13]马扎尔人的挫败意味着推动独立的进程终止了：匈牙利事变以失败告终。

仓促间，鲁道夫取消了回维也纳参加妹妹的订婚晚宴的计划，他恍惚地来回踱步。一个猎场看守记得，那天下午皇储似乎心不在焉——这很容易解释。鲁道夫必须面对自己冲动行为的后果。尽管他做了最大努力，但怎么也甩不掉情绪起伏的玛丽，眼下她似乎相信自己怀孕了。弗朗茨·约瑟夫命令他与未成年的少女情人分手，并可能担心她是他同父异母的妹妹。与弗朗茨·约瑟夫令人不安的对抗、废除婚姻的请求以及匈牙利阴谋的暴露……如今，鲁道夫对未来的最后一丝希望也在布达佩斯消失了。

　　皇帝永远不会允许臣民得知他儿子的背叛，也不会将自己的继承人交给军事法庭。弗朗茨·约瑟夫太过固守传统，他无法解除鲁道夫的继承权，这意味着公然羞辱哈布斯堡家族。但在鲁道夫焦虑不安的头脑中，自己将来要承受的羞辱可能会被放大。他本就不多的自主权力将被剥夺，他的自由将受到限制，他也将被迫回到父亲的屋檐下，在狭窄的天地里过着被操控的生活。鲁道夫一如既往地预见最坏的情况，并将死亡视为逃脱不断加深的困境的唯一途径。皇储的命运被封印了。

第十九章

自梅耶林悲剧发生以来，已经过去了超过一百二十五年。变换的情节、刻意的谎言、离奇的理论以及湮灭的证据，将这一故事笼罩在看似难以穿透的迷雾之中。由于缺乏档案记录，历史学家们只能推测在那处偏僻的行宫里鲁道夫和玛丽发生了什么。但如果将存世的证据与现代法医学和心理分析学相结合，就能较为合理地还原事件，使其不仅与已知的事实框架相符，并且对那最终的、毁灭性的宿命时刻，也能进行较为可信的重构。

1月29日周二，卡罗伊发来的电报使鲁道夫抱定了结束生命的想法。在死意已决后，他不得不面对与玛丽分手的烦心事。她还在行宫角落的卧室里等着。缺乏勇气、不喜欢情绪对抗的鲁道夫，可能会采取最简便的方法来应付情绪起伏不定的情人。那天晚上的某个时候，他告诉玛丽，是皇帝命令他结束婚外情的。"今天他终于向我坦承，我永远不可能成为他的妻子，"玛丽当晚写信给汉娜说，"他以荣誉向他父亲保证，将与我分手。一切都结束了！"[1]

鲁道夫显然将父亲的命令当成了省事的借口，来掩盖近一个月来他在爱意表达上的冷淡。这免除了他的责任，让他无须承认自己一直在试图甩掉她，哪怕他已送出了惯用的分手赠礼烟盒，新结交了卡尔剧院的歌姬，还保持着与米兹·卡斯帕的关系。鲁道夫将责任推到了"冷酷的"皇帝身上，他可能认为这样玛丽就不会对他太失望；如果她有任何情绪爆发的话，那也是针对他父亲，而不是针对他的。他可以对此表达抗议和怜悯，并表现得伤心欲绝，避免玛丽知道真相。

但出乎鲁道夫预料的是，玛丽竟会幼稚到看不清现实。他与她提到过自己不愉快的婚姻；在喝醉时，他可能透露过匈牙利的密谋以及打算废除婚姻的想法。鲁道夫知道玛丽永远得不到皇室的接纳，因此他不太可能对她许过任何承诺，但听风就是雨的玛丽只会按照自己的想法来理解。她极其天真、一厢情愿地梦想着鲁道夫会娶她，并让她做匈牙利王后。

这些梦想现在一个接一个地破灭了。私情结束了，没有匈牙利王位，也没有婚姻的废除。惨淡的现实一定压垮了她，但玛丽还有最后一张王牌：她似乎怀孕了。即使鲁道夫无法与她长相厮守、让她成为匈牙利王后，一个孩子也能联结他们的未来，向世人证明他们的爱。但如果她提及了这一点，只会让鲁道夫的决心更坚定。孩子绝不能出生，如果鲁道夫和玛丽真的有血缘关系的话，就更不成了。为了消除这种可能性，可以安排玛丽堕胎，但风险太大了。再说，根本不会有什么共同的未来：鲁道夫已经决意自尽。

鲁道夫之前曾寻找过协议自杀的同伴：斯蒂芬妮、米兹·卡斯帕、他的随从们——谁能加入他似乎并不重要。但是现在，他展现了最后的无私姿态，决定必须让玛丽返回维也纳。鲁道夫在 7 点离开房间与霍约斯共进晚餐时，让布拉特菲施备好马车，第二天一早将玛丽送回首都。[2]而他将在白雪皑皑的行宫里，独自面对自己的未来。

当鲁道夫和霍约斯共进晚餐时，玛丽仍然藏在卧室里，独自一人咀嚼着失望。她永远不会成为匈牙利王后，也永远不会成为他的妻子；他的保护将会消失，连她可能怀孕一事都无法带来希望——对她生父身份的担忧让这个孩子前途渺茫。她步入了一个魔法般迷人的世界，却四处碰壁。可以预见的是，她将回归充满敌意的家庭，被她的母亲斥责，被威胁必须嫁给舅父以掩盖她怀孕的事实。这让玛丽无法承受：从前的生活令她厌烦，她不想再回去。她还将面临不可避免的公众的羞辱。所有人都会知道她的皇室爱人抛弃了她；而且玛丽肯定担心一旦鲁道夫自尽，自己会因他的死而备受指责。

她之前从未认真考虑过轻生，但这一想法突然变得真实起来。当玛丽轻松地向赫米内·托比亚斯提出自杀协议一事时，她曾担心结果成真，写道："但是不行！他一定不能死。他必须为他的人民而活。"[3]但现在，面对着黯淡的未来，玛丽做出了自己的决定。她不愿蒙受羞辱，被送回维也纳；相反，她会与他一起死去，将自己脑海中的浪漫幻想实践到最终。

维也纳对自杀风气的推崇，对戏剧化细节的近乎无脑的沉醉，可能对玛丽的思想产生了强烈的影响。而且，她狂热的头脑似乎已经设想过将与皇储一同赴死作为向上攀爬的最后一级阶梯，从而使她所信仰的浪漫神话变得不朽。她如果不能分享他的人生，那么就分享他的死亡，从而对他、她的家人和青史证明她的爱意。如果匈牙利的王冠永远不会落在她的头上，那么就用一顶殉难的王冠代替，让她在伟大的瓦格纳《爱之死》（*Liebestod*）乐章中得以永生。

玛丽将她即将面临的场景浪漫化了。"在某个无人知晓的地方"，她写信给赫米内·托比亚斯说，"度过欢乐的时光后"，她会与鲁道夫"共同"赴死。[4]雪中的行宫成了玛丽自我

252

牺牲的祭坛。行宫外，寒风吹过黑暗的山谷，卷起细碎的雪粒拍向垂着帷幕和百叶帘的窗户；卧室里，壁炉闪着火光，瓦斯吊灯的光照着蓬松柔软的红色天鹅绒沙发和椅子。玛丽从桌上拿起一摞印有梅耶林纹章的信纸开始写信，在信件中将自己描绘成浪漫史诗中迎接命运终结的女主角：玛丽和鲁道夫，在禁忌之爱中携手对抗残酷无情的世界。对她的母亲，她声称自己"无法抗拒爱情"，并且"死后会比活着更快乐"。[5]玛丽在给汉娜的信中重复了这句话，"我也无法抗拒爱"；她很乐意与鲁道夫一起"踏入未知世界"。[6]只有在另一封给汉娜的未写完的信中，玛丽才承认鲁道夫已经与她分手，并补充道："我将平静地走向死亡。"[7]

此时，对玛丽的想法一无所知的鲁道夫正在与霍约斯共进晚餐，表面上依然平静而潇洒。他胃口大开，还喝了很多葡萄酒。"维也纳的森林很美，非常美。"他对伯爵说。随后，当他们饭后坐着吸烟时，鲁道夫从口袋里拿出卡罗伊发来的三份电报，在空中挥舞着。之前那种快活的气氛消失了。他没有让霍约斯读电文内容，但抱怨说卡罗伊的行为"毁了"他。据霍约斯回忆，鲁道夫痛苦地说："这件事绝对是灾难性的。"[8]

在那个周二，过了晚上9点，鲁道夫与霍约斯道别，回到了自己的房间。鲁道夫警告洛舍克不要让任何人进来，"连皇帝也不行！"玛丽则将她的金镶钻手表给男仆"留作最后的纪念"。[9]这对情人走进房间，鲁道夫锁上了身后的门。

鲁道夫在进餐时就抱定了死意，但他以为玛丽会听他的话，服从他的旨意，让布拉特菲施第二天一早送她回维也纳。但现在他发现，玛丽已经写好了绝笔信，决心与他一同赴死。一场争论爆发了：洛舍克后来说自己听到鲁道夫和玛丽"以非常严肃的语气谈话"，但他声称不清楚谈话内容是什么。[10]这听起来不像实话：如果洛舍克将谈话描述为"非常严肃的"，那他一定听到了某些内容。

毫无疑问，谈话是关于自杀的：鲁道夫决定自尽，但努力说服玛丽改变主意，不要陪着他走上不归路。他越争辩，她就越坚持。"她可能不想被送回家"，弗朗茨·约瑟夫的副官爱德华·帕尔对海伦妮·冯·维茨拉描述了她的女儿对于离开行宫的"抗拒"。[11]玛丽似乎用尽手段要留下来：她解开了头发，脱下了溜冰服，把裙子、外套和衬衫都整齐地叠放在椅子上——或许是希望以自己的赤身裸体来阻止鲁道夫将她赶走，或许是还想用肉体来打动他，从而延长浪漫的幻想。然而鲁道夫显然抵制住了她的诱惑。当遗体被发现时，鲁道夫衣着整齐，穿着靴子，说明那天晚上他根本没有宽衣。

无数的书和电影描绘过接下来发生的一幕：心满意足的玛丽静静地躺在床上，闭上眼睛，沉入无忧无虑的梦乡；醒着的鲁道夫凝视着心爱的人，等到她沉睡后，才将左轮手枪对准了她的头。但证据表明，根本不是这么回事。玛丽的遗体被发现时，身上覆盖着凝结的血迹，血从她的口鼻涌出流到了腰部；她的眼睛是睁开的，左手抓着一块手帕。如果她在死时是仰卧的，那么血液只可能覆盖到面部、颈部和肩膀。流淌汇集到腰部的血液，意味着玛丽在被枪杀时是醒着的，她正坐在床的右侧；手帕表明她正在哭泣。洛舍克证实了这一点，他记得玛丽的头是"垂下来"的——如果她平躺在床上，就不会出现这种姿势。[12]

子弹是突然袭来的，玛丽毫无准备。鲁道夫似乎是在"非常严肃"的争论当中突然开了枪。他们说了些什么，已经

254

无从考证：也许冲动的玛丽孤注一掷地乞求鲁道夫让她留下来，死在他身边，如果他强迫她回维也纳，她就要说出一切。肯定有什么激怒了鲁道夫，冲昏了他的头脑。这个曾希望玛丽离开梅耶林的人突然扣动了扳机，猝不及防地射杀了她。当鲁道夫突然把枪指向玛丽的头并扣动扳机时，他一定是坐在床的左侧；伤口周围的火药灼伤，以及她头发的烧焦痕迹，表明左轮手枪在射击时距离额头只有几英寸。子弹从左上方的太阳穴以大约 30 度的轨迹向下穿过她的头颅，从右耳的上方穿出。玛丽当场死亡。[13]

尽管在 1959 年玛丽的遗骸被挖掘之后出现了相互矛盾的说法，但玛丽被击中头部的事实是很清楚的。证据是决定性的：洛舍克、霍约斯、维德霍斐尔、奥钦泰勒、海因里希·斯拉京、亚历山大·巴尔塔齐和格奥尔格·冯·斯托考都看到了玛丽太阳穴上的子弹伤口；当阿洛伊斯·克莱因在 1959 年从破碎的棺材中挖出玛丽的头骨时也看到了这一状况。维也纳法医专家克里斯蒂安·赖特尔（Christian Reiter）医生在 1990 年代的检查中同样证实了这一点。尽管头骨处于碎片状态，但赖特尔在左眼窝的上后侧发现了一处小凹槽，其边缘的斜面是子弹射入留下的痕迹；头部右侧也有相应的子弹射出的伤口，枪伤还导致了颅骨的大面积骨折。[14]

洛舍克肯定听到了杀死玛丽的枪声。很明显，他知道的比他愿意承认的更多。当洛舍克在 1928 年口述回忆录时，声称那天早上 6 点之后不久自己听到了两声枪响。这很可能是捏造的，至少枪击的次数不对。当天早上洛舍克不仅没有对霍约斯提及任何枪响，并且在与警员谈话时也没有说。警察局局长克劳斯第二天早上的报告复述了洛舍克说法的要点，但也没有提到任何枪声。[15]

洛舍克在卧室门口近距离地听到了鲁道夫和玛丽进行的"非常严肃"的谈话,也许还听到了可能的自杀安排,之后他应该是回到了自己在隔壁的房间。虽然行宫的外墙厚达3英尺,但内墙很薄:隔开两间卧室的只是一道普通的砖墙,门仅有1英寸厚。[16]洛舍克不可能没听见杀死玛丽的枪声,事发位置离他的床还不到20英尺。他的直接反应一定是担心的,特别是如果他怀疑皇储有轻生的想法。从逻辑上讲,他会急忙出来敲鲁道夫的卧室门,问他的主人是否还好。如果发生了这种情况,鲁道夫肯定会在房间里答话让洛舍克放宽心,甚至会打开门来缓解他的忧虑。考虑到鲁道夫有乱挥手枪的习惯,或许他只是将这一枪声解释为意外走火;也许他承认玛丽已经死了,并命令洛舍克不要声张,直到他想好该怎么应付。但无论经过如何,洛舍克之后都会面临失职的指控:如果他承认听到了第一声枪响,并且在接下来的六个小时里什么都没做,就意味着他错失了干预并挽救皇储生命的时机。他的主人死了,他面临着调查,现在需要依赖皇室保住工作和养老金,因此洛舍克当时才声称自己毫不知情;后来他才杜撰了那天早上6点钟后听到两声枪响的事,认为这一说法可以免除自己的责任。

可能的情况是,洛舍克在那天早上6点之后听到了一声枪响——鲁道夫自杀的枪声。这样一来,那些令人费解的陈述就说得通了。比如,洛舍克只是从破开的门板向里看了一眼,都还没踏入卧室,就能告诉霍约斯和科堡鲁道夫与玛丽都死了吗?他一定是基于自己听到的争论、主人关于自杀的谈话、第一次枪声、第二次枪声以及上锁的卧室门,归纳得出了最坏的结论。似乎在那天一早,正是洛舍克告诉在马车上等待送玛丽回维也纳的布拉特菲施，鲁道夫和男爵小姐都死了；这就能解释为什么车夫在发现遗体的 90 分钟前就对沃迪卡说出了"鲁道夫死了"的惊人之语。

在安抚了担心的洛舍克以后，鲁道夫回到了令人悚然的情人遗体身边。在写给母亲的信中，鲁道夫说死去的玛丽就像"纯洁的赎罪天使"。[17] 但这个常将死挂在嘴边的男人，如今从自己一时激愤的行为当中看清了现实：玛丽太阳穴上烧焦的伤口淌着血，从口鼻涌出的丑陋的深红血液覆盖了她的身体。这景象一定使他感到不安，因为他对眼前的惨状束手无策，他甚至没有将玛丽空洞凝视着的眼睛合上。

看着玛丽越来越冰冷的身体，鲁道夫失去了行动的勇气。如果他真的希望与她共赴死亡，如果他真的认为没有她生命就毫无意义，他会立刻自杀。相反，他在接下来的六个小时里一边写着绝笔信，一边不停地饮酒，也许还服用了吗啡来积蓄勇气。从某种意义上说，玛丽的死迫使他不得不自杀。他已在政治上出了丑，被父亲羞辱，心理上不堪重负。杀死玛丽只会加重他的心理负担。然而哪怕事已至此，如果鲁道夫真的还想活下去，那么他依然有机会逃脱谋杀行为的后果：玛丽的死因可以被伪装，真实的情况可以被遮掩，她的家人也可以在贿赂之下保持沉默。但鲁道夫的肩上已经承受了太多的失望，让他无法清楚地思考。尽管玛丽可能是自愿的牺牲者，但杀死她的人是他。

在这些独处的时刻，鲁道夫逐渐下定了决心。可以肯定的是，他的行为带着报复的意味。他曾经想过在一处献给皇帝与帝国的新古典主义神殿里与米兹·卡斯帕戏剧性地自杀，公然蔑视弗朗茨·约瑟夫所珍视的一切。鲁道夫在梅耶林的自杀不仅反映了他人生的幻灭，也表达了他对自己的父亲、迟滞的政府、疏离的母亲和轻忽的妻子的报复。

不像玛丽，鲁道夫在凌晨时分只写了四封信。后来在霍夫堡宫上锁的办公桌里找到的书信中，除了写给玛丽·瓦莱丽的，给斯蒂芬妮、莫里斯·希尔施男爵和米兹·卡斯帕的信几乎可以肯定是在他来梅耶林的几周之前就写好了的——给米兹的信甚至早在七个月之前就写好了。[18]由此可知，鲁道夫已经为可能的死亡准备了一段时间。在霍夫堡宫发现的那批书信里，给斯蒂芬妮和玛丽·瓦莱丽的信暗示了他的动机。鲁道夫对妻子说的是"只有死亡可以挽救我的名声"。[19]他还告诉妹妹自己"必须"自尽，但瓦莱丽说他"没有给出理由"。[20]艾达·冯·费伦奇对伊丽莎白皇后的早期传记作者孔特·科尔蒂说，鲁道夫在给瓦莱丽的信中提到了"我并非心甘情愿地赴死；但为了挽救我的荣誉，我不得不这么做"。[21]

鲁道夫给洛舍克的留言和给修道院院长的电文底稿没有提到他的自杀动机。只有在给伊丽莎白皇后的信中，才能找到可能的解释，然而那又令人费解。据说他这样写道："我无权活在人世了：我犯了杀人罪。"[22]分析到这里，他的文字才说得通了。玛丽愿意为他殉情，但他实际上谋杀了她，她是他的受害者。在声称自己必须赴死以挽救蒙污的荣誉之后，鲁道夫提到了父亲，"我十分清楚，自己不配做他的儿子"。[23]这几乎复述了皇帝在周六的争吵结束后对他说的话："你不配当我的继承人！"

鲁道夫对母亲说的这句话有两层含义。第一层，也是最明显的，是谋逆行为的曝光最终让他的良心不堪承受，他真心相信自己的行为是可耻的，因而不配苟活于人世。但还有第二层意思，也许从心理学上看是更有可能的解释。通过在绝笔信中引用父亲亲口说的话，将其作为自己绝望之举的动因，鲁道夫明显是要将他的自杀归咎于皇帝。这种解释的可信之处还在于，鲁道夫刻意不给父亲留下只言片语。他希望弗朗茨·约瑟夫为他的死感到自责，对这个给自己的人生带来如此多苦难的男人，这是他能进行的唯一报复。

这两个原因——挽救自己的名声和荣誉——再次指向了匈牙利事变是鲁道夫决定结束生命的主要动机。他在 1888 年夏天对米兹·卡斯帕提出过类似的主张，说明从那时起他已经有了轻生的念头，这比人们之前怀疑的要早得多。而反复提到"荣誉"一词也表明鲁道夫遭受着宏大妄想的折磨，这可能是双向情感障碍一型导致的症状，使他倾向于夸大某个事件以及自我角色的作用，将它们看得至关重要。"荣誉"成了一种借口，鲁道夫试图借此为自己轻生的决定寻求赦免。

鲁道夫给瑟杰耶尼 – 马里奇伯爵的信最为清晰地表明了他的最终想法。"我死意已决，这是体面地离开这个世界的唯一途径。"他解释道。这句话是用匈牙利语写的；意味更深的是另一句："向你及我们热爱的匈牙利祖国致以最热烈的问候和最美好的祝愿。"[24] 他没有提到奥地利或帝国——只有匈牙利，意味着这是鲁道夫心中唯一的挂念。对于已经被身体和心理上的失望与创伤湮没的鲁道夫来说，密谋的失败成了最终的致命打击。

后来的尸检发现鲁道夫在自杀时神志不清，这只是出于宗教考虑的托词，旨在确保他能以天主教仪式下葬。他并没有发疯，但是医生们无意间发现了一个在现代精神病学出现之前并不为人所知的真相。在杀死玛丽之后，在与她僵硬的遗体共度了几小时之后，在写完自己的绝笔信之后，鲁道夫在周三早上 6 点 10 分还能与洛舍克交谈，并轻松地吹口哨。在他生命的最后几个小时里，鲁道夫可能处于双向情感障碍一型引起的躁狂中。[25]几分钟后，鲁道夫反锁了房门，坐到情人遗体旁边的床上，将左轮手枪对准右太阳穴，平静地崩碎了自己的头颅。他那原本承载着巨大期望开始的人生，最终在孤独与苦难中走到了终点。

尾　声

在签署于 1887 年 3 月 3 日的最后遗嘱中，鲁道夫指定父亲作为幼女伊丽莎白女大公的监护人。这对斯蒂芬妮来说不啻一记耳光，在丈夫去世后，她发现自己被排挤，成了无足轻重的人。在皇后缺席的情况下，弗朗茨·约瑟夫请他的弟媳玛丽亚·特蕾莎大公妃接手斯蒂芬妮曾经的角色，作为宫廷地位最高的夫人，行使各项职能。[1]不过，失去丈夫的斯蒂芬妮并未耽于悲伤太久：在写给姐姐路易丝的信中，最令她感到沮丧的似乎是失去未来的皇后之位。在梅耶林事件之后不到一个月，她再次让路易丝安排她与情人阿图尔·波托茨基见面，并解释说在维也纳重聚要比到其他地方来得方便。[2]

作为皇储寡妃，斯蒂芬妮居住的套房被保留在霍夫堡宫，不过她感到在维也纳不受欢迎，因此主要居住在拉克森城堡和的里雅斯特的米拉马尔。随着时间的推移，她对已故的丈夫和奥地利皇室愈加不满——这多少是可以理解的。伊丽莎白皇后仍然因为鲁道夫的死而责备她："你憎恶你的父亲，你不爱你的丈夫，你也不爱你的女儿！"她曾经尖声斥责斯蒂芬妮。[3]在经济上完全依赖皇帝的资助，斯蒂芬妮有些自惭形秽。弗朗茨·约瑟夫还将年幼的伊丽莎白作为争执中的武器，拒绝斯蒂芬妮带女儿离开奥地利去探望在比利时的亲戚。[4]皇帝对伊莎（伊丽莎白的昵称）十分溺爱，给予她无数礼物，在这方面斯蒂芬妮无法与之匹敌，因而女孩开始对她的母亲心怀怨恨。伊丽莎白曾经崇拜她的父亲，并且——像她的祖母一样——因为父亲的死而不公平地责怪她的母亲。

　　1900 年，当斯蒂芬妮惊世骇俗地再婚时，双方的嫌隙越发加深了。波托茨基于 1890 年因癌症去世后，斯蒂芬妮向路易丝倾诉说："我失去了最好的朋友，他是我珍视且深爱的男人。"[5]1900 年，她与匈牙利的纳吉－洛尼奥伊和瓦沙罗什瑙梅尼的埃莱梅尔·洛尼奥伊伯爵坠入爱河。弗朗茨·约瑟夫听闻消息，大为惊恐，认为再婚是对鲁道夫的侮辱。[6]1900 年 3 月 22 日，斯蒂芬妮在米拉马尔与洛尼奥伊结婚，皇帝褫夺了她皇储寡妃和奥地利大公妃的封号。[7]这对新婚夫妇几乎完全避世隐居，住在斯洛伐克的鲁索维策城堡（Schloss Oroszvár）。少女伊莎已经十六岁了，她像祖父一样，切断了与母亲的所有联系。

　　伊莎并不比她的父母省心多少，她爱上了温迪施－格雷茨的奥托·韦芮安德亲王。亲王不仅比伊莎年长十岁，并且已经与另一位小姐订了婚。伊丽莎白径直去找祖父，不顾丑闻，坚持要嫁给奥托。皇帝很快召见了亲王，命令他废除婚约，向伊丽莎白求婚。[8]亲王遵从了，他与伊丽莎白 1902 年 1 月在霍夫堡宫结婚。

　　与处于隐居状态的斯蒂芬妮不同，伊丽莎白日渐困顿的婚姻被展现在公众眼前。婚后不久，伊莎就得知她的丈夫与布拉格的一位女伶有染。有其父必有其女，伊丽莎白用一把左轮手枪射伤了丈夫的情人。女伶后来因伤势过重而死，但弗朗茨·约瑟夫设法将事件掩盖下来，庇护了他的孙女。[9]尽管琴瑟失和，伊丽莎白还是生下了四个孩子：1904 年出生的弗朗茨·

约瑟夫（Franz Josef）亲王，1905 年出生的恩斯特（Ernst）亲王，1907 年出生的鲁道夫（Rudolf）亲王和 1909 年出生的斯蒂芬妮（Stephanie）公主。像母亲一样，伊丽莎白很快也有了情人，以此回应丈夫的屡次出轨。

只要她的祖父还活着，伊丽莎白就没办法从婚姻里解脱；而正如鲁道夫忧虑的那样，弗朗茨·约瑟夫注定要长命百岁。在梅耶林事件之后，弗朗茨·约瑟夫愈加将自己局限在官僚案牍主宰的狭窄天地里，而伊丽莎白皇后继续漫游欧洲，过分消瘦的她总是身着一袭黑衣。1898 年，在日内瓦度假期间，她死于一名意大利无政府主义者的刺杀。皇帝在得知她的死讯后哭泣道："没有人知道我们彼此多么相爱！"[10]

皇帝尽力将鲁道夫淡忘，但每年的 1 月 30 日，他都会前往皇家墓穴虔诚祈祷。他在 1896 年写给伊丽莎白的信中说："明天是痛苦的日子，让我们一起为亲爱的鲁道夫祈祷。七年过去了，痛苦已经缓解，但悲惨的记忆及对未来不可挽回的损失仍然存在。"[11]宫廷的每个人都知道，永远不要提及已故皇储的名字。1901 年，当一位初就任的廷臣无意间谈到鲁道夫时，皇帝的副官爱德华·帕尔警告他："别说了。这个话题是我们不喜欢谈论的。"[12]1903 年，弗朗茨·约瑟夫实现了对梵蒂冈国务卿马里亚诺·兰波拉的报复，后者曾拒绝为皇储举行天主教葬礼，还说服枢机主教们抵制在罗马为鲁道夫举行安魂弥撒，以示抗议。当利奥十三世去世后，所有人都认为枢机主教团会选举兰波拉继任教宗。但是，弗朗茨·约瑟夫利用哈布斯堡家族担任神圣罗马皇帝时期的古老遗产，否决了选举结果；主教团不得不推举枢机主教朱塞佩·萨托（Giuseppe Sarto）继任，是为庇护十世（Pius X）。[13]

　　弗朗茨·约瑟夫始终无法安然接受侄子弗朗茨·斐迪南将取代鲁道夫成为皇位继承人的现实。在梅耶林事件几天后，皇帝接见了他的侄子。弗朗茨·斐迪南在会面后抱怨道："我是否真的成了皇位继承人，将永远得不到官方的确认。好像梅耶林的蠢事是我的错！我从未受过如此冷酷的对待。"[14]像之前一样，皇帝以曾经对待鲁道夫的错误方式来对待大公，试图阻止他有所作为，并尽可能地向他隐瞒政府事务。这种反感之情部分来源于 1900 年大公与索菲·霍泰克（Sophie Chotek）的贵贱通婚，就像斯蒂芬妮的第二次婚姻那样，皇帝认为这是对哈布斯堡家族尊严的侮辱。具有讽刺意味的是，斯蒂芬妮成了大公夫妇在皇室少有的几位朋友之一。但弗朗茨·斐迪南证明了自己比堂兄鲁道夫内心更加强大，并且通过纯粹的意志和努力的工作，最终迫使皇帝允许他担任相当重要的职位。

　　1914 年夏天，弗朗茨·斐迪南和索菲访问了萨拉热窝。二十六年前，鲁道夫和斯蒂芬妮在可能遭遇暗杀的忧虑之中来到了这座波斯尼亚城市。1888 年与 1914 年的历史重合是令人悚然的：像鲁道夫和斯蒂芬妮一样，弗朗茨·斐迪南和索菲下榻在附近的伊利扎（Ilidže）度假胜地的博斯纳酒店（Hotel Bosna）；他们也参观了萨拉热窝，并前往闻名遐迩的古老集市购物。但与鲁道夫和斯蒂芬妮不同的是，弗朗茨·斐迪南和索菲没能活着离开这座城市：暗杀者的子弹最终打开了欧洲大战的闸门。年老的皇帝又度过了两年的悲伤岁月，在 1916 年 11 月 21 日，他因肺炎逝世，终年八十六岁。他的侄孙继承了皇位，是为卡尔一世。新皇对斯蒂芬妮的态度更为慷慨友善：1917 年，皇帝将她的丈夫埃莱梅尔·洛尼奥伊的品阶提升为世袭亲王。但在一年之后，帝国分崩离析：卡尔和齐塔流亡海外，而斯蒂芬妮也失去了能保障其舒适生活的年度津贴。到了1921 年，失去资金来源的前皇储妃不得不在布达佩斯开起了电影院。[15]

265　　斯蒂芬妮与女儿的关系依然疏远，君主制垮台后，伊丽莎白将父亲的政治遗产发扬光大，加入了社会民主党，还与政治家利奥波德·佩兹内克（Leopold Petznek）坠入爱河。1924年，伊丽莎白与丈夫正式分居，而温迪施-格雷茨亲王未能争得子女的抚养权，当时的报纸头条对此幸灾乐祸。不过，她并没有寻求离婚：佩兹内克是已婚人士，尽管他的妻子被幽禁在一个收容所里；在爱情上与父亲一样放浪形骸的伊丽莎白在维也纳买了一栋房子，与情人公然同居，并肩参加政治集会和游行。[16]

　　1935 年，斯蒂芬妮发表了她的回忆录《我本应成为皇后》（*Ich Sollte Kaiserin Werden*），第二年又发行了英文译本。回忆录是在一对贵族夫妇的帮助下写就的，直截了当地回顾了她与皇储的婚姻；毫无疑问，书的内容旨在为蒙受冤屈的妻子博得同情。与鲁道夫的婚姻生活仍然让斯蒂芬妮感到受伤和屈辱；她的文字带有一定的敌意，但并不像鲁道夫的许多传记作者所认为的那么尖酸苦涩。朱莉安娜·冯·施托克豪森（Juliana von Stockhausen）伯爵夫人是斯蒂芬妮的代笔人之一，她回忆说，斯蒂芬妮"在想要说出真相与不愿公开事态之间徘徊犹豫"。[17]但这部书过于坦率地描绘了鲁道夫混乱危险的精神状态，伊莎设法禁止其在奥地利发行；作为报复，斯蒂芬妮解除了伊丽莎白对自己财产的继承权。[18]但当她的利益受到妨害时，斯蒂芬妮也会采取与伊莎类似的策略。1935 年，她了解到导演阿纳托尔·利特瓦克（Anatole Litvak）正在将克劳德·阿内（Claude Anet）1930 年出版的小说《梅耶林》（*Mayerling*）改编为电影，由查尔斯·博耶（Charles Boyer）饰演鲁道夫，丹尼尔·达里厄（Danielle Darrieux）饰演玛丽·冯·维茨拉。斯蒂芬妮立即反对，并以某种方式说服了奥地利和她的祖国比利时禁放这部影片。[19]

当欧洲再次爆发战争后，斯蒂芬妮和丈夫依然居住在鲁索维策城堡。但随着 1945 年苏联军队的进攻，他们不得不逃离，到匈牙利西部的潘诺恩哈尔姆本笃会修道院（Benedictine Abbey of Pannonhalma）寻求庇护。1945 年 8 月 23 日，斯蒂芬妮在修道院逝世；不到一年后，她的丈夫也离开了人世。两人都被安葬在潘诺恩哈尔姆本笃会修道院。

伊丽莎白也没有逃脱第二次世界大战的创伤。1944 年，纳粹逮捕了佩兹内克，将他送到慕尼黑附近的达豪集中营（Dachau concentration camp），他在那里一直待到战争结束。他的妻子 1935 年就去世了，但直到 1948 年，伊丽莎白才终于与奥托亲王离婚，并与佩兹内克结婚。在苏联占领维也纳期间，她失去了她的别墅，直到 1955 年才返回故居。在伊丽莎白正式宣布放弃自己的头衔之后，人们将其称为"红色女大公"，以彰显其激进的政治观点和作为。佩兹内克于 1956 年去世，伊丽莎白于 1963 年去世。应她的要求，她被埋葬在维也纳的一处墓地，没有竖立墓碑。她的四个孩子——鲁道夫的外孙——如今都已不在人世：鲁道夫亲王于 1939 年去世；恩斯特亲王于 1952 年去世；最年长的弗朗茨·约瑟夫亲王逝世于 1981 年；而他的妹妹斯蒂芬妮公主于 2005 年寿终正寝，享年九十五岁。

●

　　不少与梅耶林悲剧有牵连的人，后来也都品尝了命运的苦果。斯蒂芬妮的姐姐路易丝与科堡的菲利普亲王的婚姻并不美满，直到 1895 年，她在普拉特公园结识了一位年轻的克罗地亚军官盖萨·马塔西奇伯爵（Count Géza Mattacic）。路易丝并未着意掩盖这段私情，她的出轨行为导致弗朗茨·约瑟夫禁止她再踏足宫廷。义愤填膺的友人们说服了菲利普亲王与马塔西奇决斗，决斗很不成功，年轻的军官故意打偏，而科堡则没能射中目标。没能处理掉这位放肆的军官，科堡很快声称马塔西奇一直在伪造斯蒂芬妮的签名，用于支付路易丝的开销；当局逮捕了他并判处他六年徒刑。与此同时，路易丝面临的选择是：要么回到丈夫身边，要么被送到收容所。她选择了后者，

267　而当局根据皇帝的指令，宣布她精神失常。在公众的压力下，马塔西奇于 1902 年被释放，他很快就设法将路易丝从收容所解救出来，两人一起逃离了奥地利。1906 年，路易丝终于与科堡离婚，但在马塔西奇早逝后，她四处漂泊，过着穷困的生活，众叛亲离——她的妹妹斯蒂芬妮也与她形同陌路——直到 1924 年离开人世。[20] 菲利普亲王，鲁道夫的好朋友、襟兄和狩猎伙伴，于 1921 年去世。

　　作为表弟鲁道夫与玛丽·冯·维茨拉之间私情的共谋者，玛丽·冯·拉里施伯爵夫人被维也纳宫廷放逐了。她放弃了声誉受损的海因里希·巴尔塔齐，将感情转移到奥托－克雷克维茨的卡尔·恩斯特（Karl Ernst von Otto-Kreckwitz）身上，并于 1894 年生下了他的儿子弗里德里希·卡尔；如今玛丽已经失去了社会地位，格奥尔格·冯·拉里施不愿再容忍妻子的轻

率行径，两人终于在 1896 年离婚。仅一年后，拉里施就抛弃了奥托－克雷克维茨，与音乐家奥托·布鲁克斯（Otto Brucks）结婚。这次婚姻依然是失败的：布鲁克斯发现与声名狼藉的玛丽·冯·拉里施伯爵夫人结婚并没有任何好处，很快便沉迷酒精。坐吃山空的玛丽开始撰写有关自己的哈布斯堡亲戚的故事。1897 年，弗朗茨·约瑟夫用一大笔钱换取了玛丽的一份手稿，主题当然是他不愿回忆起的那次事件。[21] 后来，她的儿子海因里希·冯·格奥尔格了解到母亲与梅耶林事件的瓜葛，以及自己真正父亲的可能身份，在 1909 年自杀身亡。拉里施一心想要报复。1913 年，她与英国作家莫德·福克斯（Maude Ffoulkes）合作，发表了回忆录《我的过去》（*My Past*）。像海伦妮·冯·维茨拉一样，拉里施的小册子意在改写历史，否认自己知晓并参与了表弟的婚外情。海伦妮·冯·维茨拉曾将矛头对准拉里施，如今伯爵夫人还以颜色，坚称玛丽的母亲从一开始就对这桩私情了如指掌。在这本消遣读物中，拉里施将梅耶林事件宣称为"围绕着我编织成的谎言之茧"，抨击其说法的真实性值得怀疑。[22] 她还谩骂了那些令她蒙受冤屈的人，包括皇帝，并将他称为"维也纳的那个蠢老头子"。[23]

268

布鲁克斯于 1914 年去世。在第一次世界大战期间，拉里施从事护士工作；战后，她再次将注意力转回了哈布斯堡往事。得知德国导演罗尔夫·拉斐（Rolf Raffé）在制作一部关于伊丽莎白皇后的影片，"盛装打扮的伯爵夫人"不请自来，造访了导演在慕尼黑的工作室，并提出可以告诉他"我本人关于梅耶林秘密——或者说是秘辛——的看法，以及鲁道夫皇储和维茨拉男爵小姐的死亡与葬礼的情况，你一定不会失望"。拉斐对此很感兴趣，他聘请拉里施参与创作了一份关于梅耶林的剧本；项目完成后，拉斐觉察到自己掌握的素材极富戏剧性，于是又邀请拉里施在这部关于皇后的电影中扮演她本人。《奥地利皇后伊丽莎白》（*Kaiserin Elisabeth von Österreich*）于 1921 年如期公映，但现已失传。随之消失的还有拉里施提出的任何关于梅耶林的"看法"。1928 年，拉斐着手拍摄《哈布斯堡王朝的命运》（*Shicksal derer von Habsburg*），影片中扮演玛丽·冯·维茨拉的居然是日后成为纳粹宣传机器的莱尼·里芬斯塔尔（Leni Riefenstahl）。但这部影片同样已经失传——甚至连剧情大纲都没有保留下来，因此拉里施提供的信息完全无从查考。[24]

当这部电影最终上映的时候，拉里施已经离开了欧洲。她手头永远缺钱，于是在 1924 年嫁给了一位美国医生，但这第三次婚姻也是痛苦的。她离开了丈夫，在新泽西给人家当女仆，后来回到了家乡德国，1940 年在穷困中死去，享年八十二岁，此时她的五个孩子中有四个已经离开了人世。在梅耶林事件之外，拉里施也算获得了某种不朽的声名——她的形象被朋友 T. S. 艾略特（T. S. Eliot）写入了伟大的诗作《荒原》（*The Waste Land*）。

在梅耶林悲剧发生几天后，鲁道夫的朋友和狩猎伙伴霍约斯伯爵觐见弗朗茨·约瑟夫，慷慨地表示愿意对外承认是自己在狩猎事故中不小心射杀了皇储——皇帝拒绝了他的提议。[25] 斯蒂芬妮从来没有因丈夫的不幸死亡而责怪霍约斯：在梅耶林事件两周之后，她在给伯爵的信中感谢了他"真挚的友谊，无论在快乐还是悲伤的时刻"，并请他"只记得与我心爱的鲁道夫一起度过的美好时光"。[26] 在鲁道夫去世后不久，霍约斯写了一份漫长的备忘录，记录了自己在狩猎行宫的经历，将其存放在维也纳的家族、宫廷和国家档案馆，它在那里尘封了近四十年。霍约斯于 1899 年去世。

约瑟夫·布拉特菲施始终保持着沉默，直至 1892 年因咽喉癌去世。约翰·洛舍克也拒绝了一切采访，但在 1932 年去世之前，他向儿子口述了一份回忆录。当时洛舍克很可能不知道霍约斯伯爵也留下了一份书面记录，并且很快就会发表；他相信自己是最后一个还在世的目击者，因此他的许多主张与已知的事实以及伯爵同期的回忆录相悖。[27]或许其中的部分差异可以归因于时间的流逝，但曾在梅耶林担任报务员的尤利乌斯·舒尔德斯认为，洛舍克的主要目的是"为自己贴金"并"将自己推到事件的最前线"，同时为自己当晚在别墅中的行为提供合适的解释。[28]洛舍克的声明没有让梅耶林之谜变得更加清晰，反而将水搅得更浑。

鲁道夫的朋友莫里茨·塞普斯于 1908 年去世。1891 年，米兹卖掉了鲁道夫在黑穆尔街给她买的公寓，并在余生中过着舒适的生活。她拒绝谈论自己与鲁道夫的恋情，并在去世前销毁了皇储写给她的绝笔信。[29]她在 1907 年 1 月去世，流行的说法是死于脊柱疾病，但她实际死于梅毒。[30]

尽管与皇室及当局的审查机构针锋相对，但海伦妮·冯·维茨拉在将玛丽与皇储的私情出版成册后，仍然居住在维也纳。她的巴尔塔齐兄弟们也没有离开。1890 年，卡塔琳娜·施拉特与亚历山大·巴尔塔齐一起乘坐了热气球，事情传得沸沸扬扬，让弗朗茨·约瑟夫有些担心。"我从来没有反对你与亚历山大·巴尔塔齐交游，"他写信给施拉特说，"但经过媒体的报道，别有用心的人会利用它来伤害你。"[31]亚历山大·巴尔塔齐和弟弟阿里斯蒂德都在 1914 年离开人世；赫克托·巴

270

尔塔齐逝于两年后，最长寿的海因里希则在 1929 年去世。

至于海伦妮·冯·维茨拉，维也纳的上流社会紧跟宫廷的风向，这位风光一时的女主人逐渐门庭冷落。她离开了塞勒希安街的气派宅邸，住进维也纳欧根亲王街（Prinz-Eugen-Strasse）的一间普通公寓，生活在挥之不去的耻辱阴影之下。玛丽的姐姐汉娜嫁给了荷兰贵族拜兰德 – 莱特的亨德里克伯爵（Count Hendrik von Bylandt-Rheydt），但她在 1901 年流产后意外死于伤寒。[32]玛丽的弟弟弗朗茨 1915 年在第一次世界大战中以奥地利骑兵身份在俄国的前线作战身亡。海伦妮的四个孩子，都先于她离开人世。战后维也纳的通货膨胀消耗了她剩余的财产，她在维也纳的一间小公寓里度过余生。1925 年 2 月 1 日，海伦妮在寓所去世，享年七十七岁；她被葬在派尔巴赫（Payerbach），陪伴在儿子弗朗茨身旁。传言说，在去世之前，她销毁了与梅耶林有关的私人文件。[33]事实上，玛丽写给她的信件被存放在维也纳银行的金库里，直到 2015 年才重见天日。

今天，鲁道夫与父母一起长眠在维也纳嘉布遣会教堂的墓穴中，他那雕饰精美的由黄铜、青铜和红铜制成的棺椁安放在一侧，居中是弗朗茨的棺椁，另一侧则是伊丽莎白的。鲁道夫的去世在不经意间引发了一连串的动荡事件：他的堂弟弗朗茨·斐迪南在萨拉热窝遭暗杀，第一次世界大战爆发，欧洲君主制解体。有人开始怀念鲁道夫遗留下的现代思想，将他描绘成一位具备杰出智慧和才能的、拥有远见卓识的自由派人物，一位本可以在欧洲其他皇室王朝崩溃之际，改变甚至挽救哈布斯堡王朝的人。这种观点未免过于天真了。鲁道夫无疑比他的父亲更了解民主的远景和改革的必要性，但他过于浮躁和冲动，无法推进长远而周全的政治计划。如果他还活着，鲁道夫可能会徘徊在权力的边缘而无力作为，并被父亲循规蹈矩的统治所压制。

1916 年，弗朗茨驾崩，如果鲁道夫还在人世的话，他将是五十八岁。对一个年过半百的人来说，无休止的等待一定会使他变得越来越痛苦沮丧。在三十岁的时候，鲁道夫就已经陷入了自我毁灭的境地。毫无疑问，如果鲁道夫没有死，为了与淋病抗争，他对药物和酒精的依赖会更加严重，他的身心健康状况也将进一步恶化。即使没有发生 1889 年 1 月的事件，鲁道夫似乎也不可能在他父亲去世前的二十七年内让自己不出岔子。末代奥托大公简洁明了地总结了皇储的一生："虚掷生命，"他说，"随后是无谓的死亡。"[34]

●

在格雷厄姆·格林（Graham Greene）1950 年出版的小说《第三人》（*The Third Man*）中，那个不知名的旁白者有先见之明地指出："你们瞧，一个人的档案是永远也称不上齐全的。一桩案件哪怕过去了一个世纪，所有当事人都死了，也从来不能真正称得上完结。"[35]像所有重大的悲剧事件一样，梅耶林的混乱局面导致了相互冲突的理论，将当晚的事件演变成了终极的密室谜案，使其笼罩在难以捉摸的层层迷雾中。实情——或者说动机因素——其实很简单，但为了对民众隐瞒毁灭性的真相，当局不必要地激发了探究心理，并使自身陷入了巨大的阴谋论旋涡。

即使在一个世纪之后，崩溃的哈布斯堡王朝仍然在现代奥地利人心目中占有一席之地。梅耶林的故事，以及一系列关于伊丽莎白皇后的高度理想化的电影，将弗朗茨·约瑟夫的家庭

272 　塑造成了文化符号。游客蜂拥而至，参观他们曾居住的宫殿，观赏皇后的豪华礼服，沉浸在童话般的皇家浮华世界，欣赏镀金的宫殿和优雅的制服，在施特劳斯的浪漫华尔兹旋律中放飞想象的翅膀。

　　鲁道夫去世后，他在霍夫堡宫的土耳其沙龙留存了下来，但在君主制垮台后被拆除。就在旁边，一段狭窄的木台阶以维茨拉楼梯之名为人们所熟知，这段台阶曾被玛丽用来与情人私会。[36]现在这些房间是政府办公场所，不向公众开放；如果好奇心难以满足，人们可以去参观皇家家具博物馆（Hofmobiliendepot）或宫廷家具博物馆（Court Furniture Museum），鲁道夫和玛丽死去时的睡床是那里的热门展品。

　　位于塞勒希安街的维茨拉豪宅一度被萨尔姆亲王家族占据，不过它在 1921 年被夷为了平地。[37]但痴迷于梅耶林故事的游客可以往首都西南方向行驶 12 英里。在修道院，玛丽·冯·维茨拉墓仍然吸引着众多参观者的目光，那方小小的坟墓被低矮的铸铁栅栏和刻有她名字的大理石纪念碑包围。

　　已经来到维也纳森林的游客难免会再走上几英里，去参观梅耶林狩猎行宫。在鲁道夫死后不到一个月，弗朗茨·约瑟夫就接管了梅耶林，并下令将其改建成一所加尔默罗修女院。古老的圣劳伦茨教堂被拆除，狩猎行宫周围扩建了侧翼，将庭院围绕在中间。[38]

　　在悲剧发生一周年之际，皇帝、皇后和玛丽·瓦莱丽来到这里哀悼鲁道夫，当时改建工程仍在进行。只有留在米拉马尔的斯蒂芬妮和小伊丽莎白缺席，这招致了公众的辛辣抨击。[39]但皇帝夫妇毫不掩饰他们对斯蒂芬妮的责怪之情，认为她应当对丈夫的死负责；而斯蒂芬妮很可能根本不愿与他们一起悼念

鲁道夫，尤其在一个月前皇帝、皇后只邀请玛丽·瓦莱丽和她
的未婚夫共度圣诞，而有意将斯蒂芬妮母女排除在外后。在新
教堂里举行安魂弥撒是一件庄严的事情：伊丽莎白和她的女儿
身着黑衣，皇帝看似吟诵祷告词的神父一般坚忍克制。[40]玛
丽·瓦莱丽在日记中写道，"这恍若一场噩梦"。[41]

　　隐藏在静谧森林中的梅耶林，仍然是能唤起往昔悲剧的浪
漫史的地方。2014 年，加尔默罗会修女们开设了一处游客中
心，其中摆放了一些来自行宫的家具、玛丽的原始铜棺和她第
一口松木棺材上留存下来的几块木板，这些都是修道院的修士
在 1959 年将玛丽重新安葬后，一直存放在地窖里的。[42]但狩猎
行宫已经不复往昔面貌。建筑的西侧被分隔成了单间，鲁道夫
私人套房的原址上则新建起了一座哥特复兴风格的小教堂。这
座教堂的设计有令人悚然之处，建筑覆盖了鲁道夫卧室的轮
廓，一座精心雕刻的伊斯特拉大理石祭坛精确地竖立在睡床曾
经摆放的位置。[43]直至今日，修女们仍然遵从着皇帝的指示，
每天都聚集到悲剧的发生地，为鲁道夫不幸的灵魂祈祷。

注 释

序幕: 1889 年 1 月 27 日

1. Cantacuzène, 64.

2. Lansdale, 146; Hamilton, 65.

3. Hamilton, 50.

4. Cited in Crankshaw, 31.

5. Marek, 22.

6. Cone, 119.

7. Marek, 21; Morton, *Thunder*, 29; Radziwill, *Austrian Court*, 131.

8. Cantacuzène, 74.

9. Paget, *Scenes and Memories*, 227.

10. Friedrich, *Der Kriminalfall Mayerling*, 140n850.

11. Louise of Belgium, 103.

12. Stephanie, 240 – 41.

13. Larisch, *My Past*, 147; Louise of Belgium, 104; Judtmann, 44; Bibl, 78 – 79.

14. Cantacuzène, 142 – 43.

15. Ibid. , 79.

16. Bibl, 78; Paget, *Embassies*, 2: 465.

17. Louise of Belgium, 103.

18. Dr. Konrad Ritter von Zdekauer, in *Neues Wiener Journal*, June 2, 1923.

19. Larisch, *My Past*, 268, 270; *Der Vetsera Denkschrift*, 64, in Markus and

Unterreiner, 255.

20. Louise of Belgium, 102 – 3.

21. Larisch, *My Past*, 271; Judtmann, 47.

22. Hoyos Memorandum, in Haus-, Hof-und Staatsarchiv, Vienna (hereafter HHS), Box 21; also in Mitis, 342.

23. Larisch, *My Past*, 268.

24. Louise of Belgium, 104.

25. Dr. Konrad Ritter von Zdekauer, in *Neues Wiener Journal*, June 2, 1923; *Le Matin*, February 5, 1889.

26. Cited in Listowel, 214.

27. Larisch, *My Past*, 271; Louise of Belgium, 104.

28. *Der Polizeibericht*, 11. 这一动作似乎进行得太快了，以至于在场的大部分人都没有注意到。关于这一点，见 Judtmann, 47。斯蒂芬妮只在日记中记录她参加了这次活动，但没有补充任何细节；但是，斯蒂芬妮不可能写下她受到的公开羞辱。见 Stephanie, 243；斯蒂芬妮 1889 年 1 月 27 日的日记见 Hamann, *Der Weg nach Mayerling*, 133。

第一章

1. Jászi, 34.

2. Mahaffy, 3 – 4.

3. Taylor, *Habsburg Monarchy*, 47; Hamann, *Reluctant Empress*, 7.

4. Haslip, *Lonely Empress*, 21; Marek, 41.

5. de Weindel, 63; Mahaffy, 8 – 9, 11 – 12.

6. Ernst, 45; Listowel, 44.

7. Rumbold, *Austrian Court*, 158.

8. Strong, 49.

9. Harding, 254 – 57.

10. Jászi, 34.

11. Taylor, *Habsburg Monarchy*, 9.

12. Margutti, 19.

13. Ernst, 187.

14. Margutti, 50.

15. Ibid. , 44.

16. Ibid. , 38, 49.

17. Taylor, *Fall of the Dynasties*, 93.

18. Margutti, 38.

19. Nikitsch-Boulles, 47 – 48.

20. Margutti, 216; Corti, *Empress Elisabeth*, 13; Ernst, 20.

21. Crown Prince Rudolf to Josef Latour von Thurmberg, letter of December 2, 1881, HHS, Box 16; also quoted in Mitis, 205 – 6; and in Hamann, *Majestät, ich warne Sie*, 10.

22. Jászi, 116.

23. Countess Marie Festetics, diary entry of 1873, cited in Marek, 203 – 4.

24. Taylor, *Fall of the Dynasties*, 89; de Weindel, 27; Palmer, 65.

25. Redlich, 201, 205; Bagger, 248; Corti, *Empress Elisabeth*, 22.

26. Corti, *Empress Elisabeth*, 26.

27. Hamann, *Reluctant Empress*, 45.

28. Haslip, *Lonely Empress*, 74; Hamann, *Reluctant Empress*, 46 – 47.

29. Corti, *Empress Elisabeth*, 49; Palmer, 78; Hamann, *Reluctant Empress*, 47.

30. Cited in Hamann, *Reluctant Empress*, 72.

31. Cited in Marek, 106.

32. Corti, *Empress Elisabeth*, 49 – 50.

33. Ibid. , 54.

34. Crankshaw, 111.

35. Larisch, *My Past*, 137.

36. Hamann and Hassmann, 18, 30 – 31.

37. Corti, *Empress Elisabeth*, 81 – 82.

38. Ibid. , 201 – 2.

39. Hamann, *Reluctant Empress*, 231 – 32.

40. Corti, *Empress Elisabeth*, 90; Haslip, *Lonely Empress*, 137; Margutti, 64; Vivian, 77; *Martyrdom*, 49; Marek, 128; Larisch, *My Past*, 154 – 55.

41. Haslip, *Lonely Empress*, 140 – 41; Listowel, 12 – 13.

42. Haslip, *Lonely Empress*, 141.

43. Corti, *Empress Elisabeth*, 143 – 44.

44. Ibid. , 206 – 7.

45. Louisa of Tuscany, 51 – 52.

46. Larisch, *My Past*, 98 – 101.

47. Paoli, 6 – 9.

48. Corti, *Empress Elisabeth*, 411.

49. Cited in Hamann, *Reluctant Empress*, 250.

50. Margutti, 75.

51. Corti, *Empress Elisabeth*, 186.

52. Franz Josef to Katharina Schratt, letter of August 7, 1866, in Nostitz-Rieneck, 1: 57 – 58; Corti, *Empress Elisabeth*, 152.

53. Margutti, 26, 44 – 45; de Weindel, 243 – 44; Rumbold, *Francis Joseph*, 329.

54. Beller, 138.

55. Corti, *Empress Elisabeth*, 327; Haslip, *Lonely Empress*, 346.

56. Kürnberg, 99 – 100.

57. See Morton, *Nervous*, 23; Morton, *Thunder*, 85.

58. Marek, 215.

59. Haslip, *Lonely Empress*, 358 – 59.

第二章

1. Haslip, *Mexico*, 112.

2. Thiele, *Crown Prince Rudolf*, 8.

3. Corti, *Empress Elisabeth*, 77.

4. Ibid. ; Listowel, 8; Franzel, 75; Mitis, 15; Salvendy, 8.

5. Judtmann, 14; Marek, 256; Salvendy, 39.

6. Unterreiner, *Emperor Franz Joseph*, 52.

7. Marie Valerie, diary entry of May 29, 1884, cited in Salvendy, 129; Barkeley, 32; Ernst, 186; Lónyay, 25.

8. Lónyay, 20.

9. Haslip, *Lonely Empress*, 16.

10. Listowel, 18.

11. Corti, *Empress Elisabeth*, 102; cited in Salvendy, 15.

12. Unterreiner, *Crown Prince Rudolf*, 2.

13. Rudolf to Latour von Thurmberg, letter of December 2, 1881, in HHS, Box 16; also in Barkeley, 82.

14. Mitis, 23; Listowel, 17, 26; Barkeley, 11; Salvendy, 13, 151; Lónyay, 23.

15. Salvendy, 11.

16. Bibl, 183.

17. Mitis, 16, 43; Franzel, 76.

18. Lónyay, 11 – 12.

19. Corti, *Empress Elisabeth*, 12; Franzel, 25.

20. Lónyay, 12.

21. Corti, *Empress Elisabeth*, 110; Lónyay, 12.

22. Marek, 166; Salvendy, 14 – 15.

23. Barkeley, 12; Listowel, 20 – 21.

24. Empress Elisabeth to Franz Josef, letter of August 24, 1865, cited in Corti, *Empress Elisabeth*, 123 – 24.

25. Haslip, *Lonely Empress*, 273 – 74.

26. Hamann, *Reluctant Empress*, 123; Margutti, 88; Mitis, 16; Listowel, 23; Barkeley, 13.

27. Mitis, 16.

28. Cited in Barkeley, 35.

29. Listowel, 29 – 30; Barkeley, 10; Corti, *Empress Elisabeth*, 125; Mitis, 20; Lónyay, 18; Thiele, *Crown Prince Rudolf*, 12.

30. Mitis, 128 – 29.

31. Ibid. , 22.

32. Ibid.

33. Latour von Thurmberg report, May 1868, quoted in Lónyay, 50; Latour von Thurmberg report, December 15, 1868, quoted in ibid. , 49.

34. Rudolf, diary entry of December 1872, cited in Barkeley, 25.

35. Rudolf to Latour von Thurmberg, 1881, cited in ibid. , 74.

36. Rudolf to King Ludwig II of Bavaria, letter of March 9, 1878, quoted in Mitis, 198 – 99.

37. Rudolf, notebook entry, December 1873, in HHS, Box 12; also in Mitis, 26 – 27.

38. Ibid.

39. Rudolf, last will, April 15, 1879, quoted in Mitis, 200 – 201.

40. Crankshaw, 294.

41. Margutti, 87.

42. Crankshaw, 293; Morton, *Nervous*, 174; Franzel, 29.

43. Jászi, 120; Ronay, 58.

44. Rudolf, *Notes on Sport*, 2, 28.

45. Corti, *Empress Elisabeth*, 211 – 12; Listowel, 35.

46. Ronay, 56 – 57.

47. Margutti, 87.

48. Lónyay, 101.

49. Cone, 147.

50. de Weindel, 104.

51. Margutti, 105 – 6; Mitis, 33; Listowel, 51; Bibl, 187.

52. Corti, *Empress Elisabeth*, 281.

53. Mitis, 38

54. Rudolf to King Ludwig II of Bavaria, letter of January 1878, quoted in Mitis, 198 – 99.

55. Cited in Barkeley, 40 – 41.

56. Cornwallis-West, 106; Barkeley, 44.

57. Corti, *Empress Elisabeth*, 286; Haslip, *Lonely Empress*, 303 – 4.

58. Mitis, 49; Listowel, 62 – 63; Lónyay, 56; Franzel, 78.

59. Listowel, 64; Lónyay, 57 – 58; Mitis, 61 – 63.

60. Mitis, 63.

61. Margutti, 91.

62. Ibid. , 82 – 83.

63. Radziwill, *Austrian Court*, 121 – 22; Grant, 36; Louise of Belgium, 106.

64. Stephanie, 23; Radziwill, *My Recollections*, 143.

65. Louise of Belgium, 106.

66. Grant, 36; Wölfing, 50.

67. Radziwill, *Austrian Court*, 122,

68. Marie Festetics, diary entry of June 9, 1881, in Corti, *Empress Elisabeth*, 307.

69. Quoted in Mitis, 31 – 32.

70. Wölfing, 49.

71. Larisch, *My Past*, 89, 91, 46.

72. Cited, Hamann, *Reluctant Empress*, 323.

73. Marie Valerie, diary entry of December 9, 1887, quoted in Corti, *Empress Elisabeth*, 405.

74. Marie Valerie, diary entry of June 20, 1885, cited in Salvendy, 128.

75. Haslip, *Lonely Empress*, 293.

第三章

1. Mitis, 24.

2. Judtmann, 17; Barkeley, 33; Lónyay, 17.

3. Listowel, 118.

4. Corti, *Empress Elisabeth*, 296.

5. Monts, 98.

6. Wölfing, 49.

7. Cited in Listowel, 121.

8. Barta, 27.

9. Lónyay, 134.

10. Grant, 111, 104.

11. Vacaresco, 100 – 101.

12. Lónyay, 130 – 33.

13. Hamann, *Der Weg nach Mayerling*, 114.

14. Lónyay, 134.

15. Listowel, 119; Marek, 500n5; Barta, 35. 据称是鲁道夫之子的罗伯特·帕赫曼（Robert Pachmann）后来提起了要求承认其哈布斯堡家族成员法定身份的诉讼，并移居美国。

16. Barta, 35.

17. Wolfson, 79.

18. Judtmann, 33; Louise of Belgium, 113; Burg, 224; Thiele, *Crown Prince Rudolf*, 51; Haslip, *Lonely Empress*, 379; Defrance and van Loon, 26.

19. Quoted in Beéche, 196.

20. Cantacuzène, 141.

21. Louise of Belgium, 60 – 62; Ascherson, 205.

22. *Recollections of a Royal Governess*, 141; Ascherson, 206; Vivian, 95.

23. Rudolf to Latour von Thurmberg, letter of January 15, 1879, quoted in Lónyay, 70.

24. Rumbold, *Austrian Court*, 303; de Weindel, 126 – 27.

25. Larisch, *My Past*, 144 – 45.

26. Louise of Belgium, 105.

27. King and Woolmans, 38; Schiel, 97.

28. Rappoport, 230 – 31.

29. Stephanie, 54.

30. Cited in Tuchman, 40.

31. Margutti, 83.

32. Salvendy, 105; Listowel, 126.

33. Stephanie, 88.

34. Ibid. , 94.

35. Ibid. , 89 – 90.

36. Barta, 15; Larisch, *My Past*, 146; Wolfson, 81; Ascherson, 213; Stephanie, 23, 92.

37. Rudolf to Latour von Thurmberg, letter of March 7, 1880, in HHS, Box 16; also in Mitis, 68.

38. Rudolf to Latour von Thurmberg, letter of March 11, 1880, in HHS, Box 16; also in Mitis, 68; Lónyay, 72; Rudolf to Latour von Thurmberg, letter of March 13, 1880, in HHS, Box 16; also in Mitis, 68 – 69.

39. Margutti, 89.

40. Corti, *Empress Elisabeth*, 301; Cone, 148.

41. Haslip, *Lonely Empress*, 320.

42. Marek, 258; Stephanie, 98; Palmer, 221; Harding, 270.

43. Schiel, 124 – 25.

44. Kürenberg, 92.

45. Stephanie, 110 – 11; Larisch, *My Past*, 108; de Weindel, 169; *Martyrdom of an Empress*, 179.

46. Stephanie, 112 – 13.

47. Ibid. , 255.

48. Marie Valerie, diary entry of November 26, 1883, cited in Salvendy, 84.

49. Lónyay, 99 – 100.

50. Rudolf to Latour von Thurmberg, letter of December 2, 1881, in HHS, Box 16; also in Salvendy, 83.

51. Stephanie, 258.

52. Ibid. , 29, 144.

53. Corti, *Empress Elisabeth*, 323.

54. Barkeley, 91.

55. Mitis, 70 – 71.

56. Stephanie, 151 – 52.

57. Haslip, *Lonely Empress*, 326.

58. Lónyay, 119, 123 – 24.

59. Larisch, *My Past*, 145 – 47.

60. Stephanie, 255.

61. Margutti, 87.

62. Listowel, 138

63. Stephanie, 153 – 54.

64. Friedrich, *Der Kriminalfall Mayerling*, 79n453.

65. Morton, *Nervous*, 114.

66. Lónyay, 130 – 31; Larisch, *My Past*, 116; Thiele, *Crown Prince Rudolf*,

48；Wolfson，77 – 78；Marek，268；Markus，101.

67. Larisch，*My Past*，148 – 49；Haslip，*Lonely Empress*，378；*Recollections of a Royal Governess*，141.

68. Queen Victoria to Princess Victoria of Battenberg，letter of February 20，1889，quoted in Hough，87 – 99.

69. Stephanie，30.

70. Marie Valerie，diary entry of August 14，1885，in Schad and Schad，74；Marie Valerie，diary entry of August 17，1885，cited in Salvendy，78.

71. Cited in Hamann，*Reluctant Empress*，323；Kürenberg，92 – 93.

72. Stephanie，30.

73. Judtmann，81 – 82；Barta，50 – 52；Unterreiner，*Crown Prince Rudolf*，16.

74. Stephanie，31.

75. Ibid. ，124.

76. *Martyrdom of an Empress*，194；de Weindel，173；Margutti，90.

77. Listowel，149；*Neue Illustrierte Wochenschau*，September 18，1953.

78. Judtmann，19；Corti，*Empress Elisabeth*，341；Listowel，145.

79. Holler，37.

80. Sulzberger，163；Listowel，149. 在第 218 页，利斯托尔称对玛丽·冯·维茨拉执行尸检的弗朗茨·奥钦泰勒医生发现她患有梅毒，因此推断鲁道夫也是感染者。但其援引的信息来源于斯蒂芬妮的侄子卡尔·洛尼奥伊（Carl Lónyay）所撰写的书，该书仅声称鲁道夫和玛丽都被发现患有淋病，而非梅毒，见 Lónyay，193。

81. *Wiener Zeitung*，February 2，1889.

82. Margutti，98.

83. *Neue Illustrierte Wochenschau*，September 18，1955；Judtmann，19 – 20；Markus and Unterreiner，53 – 54.

84. Judtmann，19 – 20；*Neue Illustrierte Wochenschau*，September 18，1955.

85. Salvendy, 88; Listowel, 147; Markus, 108.

86. Salvendy, 88.

87. Zweig, 129.

88. Letter of Juliana von Stockhausen to Judtmann, January 29, 1968, in Judtmann, 18.

89. Stephanie, 196.

90. Stephanie, draft manuscript in Corti papers, quoted in Judtmann, 18.

91. Listowel, 147; Louise of Belgium, 108; Schiel, 238.

92. Salvendy, 80.

93. Cited in Salvendy, 89; de Weindel, 178; Listowel, 147; Holler, 37.

94. See Markus and Unterreiner, 54 – 55.

95. Salvendy, 151; Markus, 108.

96. Stephanie, 256, 208.

97. Corti, *Empress Elisabeth*, 373.

98. Rudolf to Stephanie, letter of April 5, 1887, cited in Salvendy, 97.

99. Rudolf to Stephanie, letter of March 31, 1888, quoted in Schiel, 174.

100. Stephanie, 208 – 9.

101. Salvendy, 99; Hamann, *Der Weg nach Mayerling*, 114; Wolfson, 85; Schiel, 319, 325 – 27.

102. Salvendy, 171.

103. Fugger, 5 – 6; Judtmann, 35.

104. Listowel, 164.

105. Monts, 127 – 28; *Der Polizeibericht*, 47.

106. Mitis, 200 – 201; Barkeley, 53; Listowel, 288.

107. Mitis, 288 – 89.

第四章

1. *Society Recollections*, 176; Radziwill, *Austrian Court*, 120.

2. Larisch, *My Past*, 268.

3. Margutti, 94; de Weindel, 80 – 81; Ryan, 33; *Martyrdom of an Empress*, 211; Louise of Belgium, 103; Haslip, *Emperor and the Actress*, 97.

4. Kürenberg, 94.

5. Margutti, 95 – 96; Kürenberg, 94 – 95; de Weindel, 184; *Martyrdom of an Empress*, 211.

6. Van der Kiste, 95.

7. Stephanie, 210.

8. Listowel, 166.

9. Waddington, 111.

10. Hollaender, in Hantsch and Novotny, 160n62.

11. Judtmann, 31; Markus, 23; Listowel, 190 – 91; Markus and Unterreiner, 16.

12. Corti, *Empress Elisabeth*, 254.

13. http: //levantineheritage. com/testi47. htm.

14. Corti, *Empress Elisabeth*, 254.

15. *Der Polizeibereicht*, 66; Lónyay, 156; Listowel, 192; Monts, 106; *Recollections of a Royal Governess*, 158; Marek, 269.

16. Corti, *Empress Elisabeth*, 296 – 97.

17. Ibid. , 296.

18. Hamann, *Kronprinz*, 109 – 10; see also Markus, 79; Haslip, *Emperor and the Actress*, 95; Sulzberger, 163.

19. Larisch, *My Past*, 102 – 3.

20. Larisch, *My Past*, 213; Markus, 79.

21. Friedrich, *Der Kriminalfall Mayerling*, 43.

22. Ibid. , 62. 海伦妮后来皈依了天主教。

23. Judtmann, 30; de Weindel, 181; Listowel, 188 – 89; Markus, 23.

24. Listowel, 189; Friedrich, *Der Kriminalfall Mayerling*, 50.

25. Listowel, 189; Judtmann, 30.

26. Paget, *Scenes and Memories*, 220.

27. Friedrich, *Der Kriminalfall Mayerling*, 62n306.

28. Ibid. , 52.

29. *Le Journal*, February 2, 1939.

30. Friedrich, *Der Kriminalfall Mayerling*, 61.

31. Judtmann, 77 – 78; Friedrich, *Der Kriminalfall Mayerling*, 40. 这栋宅子后来成了萨尔姆宅邸，于 1916 年被拆毁。见 Judtmann, 30。

32. Motley, 2: 124.

33. Listowel, 192.

34. Cassels, *Clash*, 58.

35. Radziwill, *Austrian Court*, 134.

36. Larisch, *My Past*, 215 – 16.

37. Markus and Unterreiner, 16.

38. Listowel, 192.

39. *Der Polizeibericht*, 66; Lónyay, 156; Listowel, 192; Monts, 106; *Recollections of a Royal Governess*, 158; Marek, 269.

40. See Friedrich, *Der Kriminalfall Mayerling*, 451 – 52.

41. Markus, 24; Friedrich, *Der Kriminalfall Mayerling*, 55 – 56.

42. Friedrich, *Der Kriminalfall Mayerling*, 40.

43. Ibid. , 52.

44. Marek, 296; Judtmann, 29.

45. Radziwill, *Austrian Court*, 120.

46. *Berliner Börsencourier*, February 24, 1889.

47. Larisch, *My Past*, 219 – 20.

48. Paget, *Embassies*, 2: 467.

49. Ibid. ; Vivian, 56; Fugger, 192.

50. Fugger, 205.

51. Larisch, *My Past*, 234 – 35.

52. Fugger, 205.

53. Larisch, *My Past*, 241.

54. Baltazzi-Scharschmid and Swistun, 170.

55. Quoted in Freisler, 18.

56. Paget, *Embassies*, 2: 470; Margutti, 100.

57. Baltazzi-Scharschmid and Swistun, 179; *Berliner Börsencourier*, February 24, 1889.

58. Larisch, *My Past*, 222; cited in Friedrich, *Der Kriminalfall Mayerling*, 357n1941.

59. Friedrich, *Der Kriminalfall Mayerling*, 356n1983.

60. Quoted in ibid. , 356.

61. Ibid. , 50, 52.

62. Nemec and Nemec-Jirak, 174.

63. Louise of Belgium, 103.

64. Larisch, *My Past*, 210 – 20; *Berliner Börsencourier*, February 24, 1889.

65. Larisch, *My Past*, 221 – 22.

66. Radziwill, *Austrian Court*, 120.

67. Larisch, *My Past*, 218.

68. Lansdale, 15; Cantacuzène, 64; Marek, 9; Morton, *Thunder*, 30.

69. Morton, *Nervous*, 83.

70. Marek, 9; *Society Recollections*, 221.

71. Morton, *Nervous*, 78.

72. *Der Polizeibericht*, 67.

73. Hollaender, in Hantsch and Novotny, 150.

74. Ibid. ; *Der Polizeibericht*, 19.

75. Judtmann, 108, 203; Fugger, 222; Lónyay, 156; Radziwill, *Dethroned*, 138; cited in Cassels, *Clash*, 209.

76. Baltazzi-Scharschmid and Swistun, 181; Haslip, *Lonely Empress*, 387.

77. Fugger, 206.

78. *Society Recollections*, 155 – 56; Levetus, 370 – 72; Paget, *Scenes and Memories*, 226.

79. Morton, *Nervous*, 82; Barkeley, 210; Markus, 24; Thiele, *Crown Prince Rudolf*, 80.

80. Markus and Unterreiner, 19.

81. Ibid., 18 – 19; *Der Vetsera Denkschrift*, 23 – 24, in Markus and Unterreiner, 242 – 43.

82. Markus, 24.

第五章

1. Margutti, 93; Corti, *Empress Elisabeth*, 278; Ffoulkes, 305.

2. Ffoulkes, 314 – 16.

3. Corti, *Empress Elisabeth*, 278, 280.

4. Haslip, *Emperor and the Actress*, 100; Haslip, *Lonely Empress*, 295; Burg, 179; Margutti, 93; de Fontenoy, *Secret Memoirs*, 2: 160.

5. Larisch, *My Past*, 104, 106 – 7.

6. Larisch, *My Past*, 375.

7. Haslip, *Lonely Empress*, 388; de Fontenoy, *Secret Memoirs*, 2: 161.

8. Sokop, 152; Larisch, *My Past*, 76, 102; Listowel, 191; Judtmann, 33.

9. Sokop, 156.

10. Ibid.

11. *Der Vetsera Denkschrift*, 23, in Markus and Unterreiner, 242.

12. Larisch, *My Past*, 221.

13. Monts, 277.

14. Larisch, *My Past*, 244.

15. *L'éclair*, September 3, 1891; Haslip, *Lonely Empress*, 367; Judtmann, 32,

72 - 73 ; Listowel, 192 ; Markus, 103.

16. Baltazzi-Scharschmid and Swistun, 191.

17. *Der Vetsera Denkschrift*, 35, in Markus and Unterreiner, 246.

18. Ibid. , 33, in Markus and Unterreiner, 245.

19. Ibid. , 25, in Markus and Unterreiner, 243.

20. Schiel, 281.

21. Kürenberg, 95.

22. Baltazzi-Scharschmid and Swistun, 185.

23. Quoted in "Glimpses," *Royalty Digest* 1, no. 1 (July 1991) : 20.

24. Markus and Unterreiner, 20.

25. Cited in Barkeley, 207.

26. *Der Vetsera Denkschrift*, 19, in Markus and Unterreiner, 241.

27. Ibid. , 25, in Markus and Unterreiner, 243.

28. Larisch, *My Past*, 221 - 27.

29. Hoyos Addendum, in HHS, Box 21 ; also in Mitis, 281 ; Haslip, *Lonely Empress*, 389.

30. Haslip, *Lonely Empress*, 389.

31. Larisch, *My Past*, 220 - 21, 235.

32. Ibid. , 226 - 27, 235.

33. Larisch, *My Past*, 243 ; Markus, 24 - 25, 61.

34. Friedrich, *Der Kriminalfall Mayerling*, 213.

35. Sokop, 120, 182 ; Friedrich, *Der Kriminalfall Mayerling*, 213.

36. Larisch, *My Past*, 228.

37. Dom Duarte de Bragança to Sue Woolmans, e-mail of February 1, 2016.

38. Larisch, *My Past*, 237.

39. Ibid. , 248.

40. Ibid. , 269.

41. Barkeley, 208 ; Listowel, 131 ; Lónyay, 122 - 24.

42. Corti, *Empress Elisabeth*, 390.

43. Morton, *Nervous*, 130.

44. Larisch, *My Past*, 260.

45. Ibid. , 248.

46. Ibid. , 238 – 39.

47. Fugger, 190.

48. Haslip, *Emperor and the Actress*, 92; Haslip, *Lonely Empress*, 388; Fugger, 191.

49. Barkeley, 207; Morton, *Nervous*, 83 – 84; *Neue Freie Presse*, August 21, 1921.

50. Morton, *Nervous*, 119.

51. Ibid. , 121 – 23.

52. Quoted in ibid. , 123.

53. Cited in Barkeley, 206.

54. Larisch, *My Past*, 249, 303 – 4; Judtmann, 81; Mary Vetsera to Hermine Tobias, letter of November 5, 1888, in *Der Vetsera Denkschrift*, 29 – 32, in Markus and Unterreiner, 244 – 45.

55. Larisch, *My Past*, 303 – 4; Judtmann, 81.

56. Mary Vetsera to Hermine Tobias, letter of November 5, 1888, in *Der Vetsera Denkschrift*, 29 – 32, in Markus and Unterreiner, 244 – 45.

57. *Der Vetsera Denkschrift*, 35 – 37, in Markus and Unterreiner, 246; Hoyos Addendum, in HHS, Box 21; also in Mitis, 281.

58. Hoyos Addendum, HHS, Box 21; also in Mitis, 281; Krauss report on Bratfisch, February 2, 1889, quoted in Loehr, 106.

59. Judtmann, 82.

60. Barta, 37.

61. *Der Vetsera Denkschrift*, 24, in Markus and Unterreiner, 241.

62. Ibid. , 49 – 53, in Markus and Unterreiner, 251.

63. *Der Vetsera Denkschrift*, 48, 64, in Markus and Unterreiner, 250, 255; Lónyay, 157; Thiele, *Crown Prince Rudolf*, 84; Morton, *Nervous*, 131.

64. Morton, *Nervous*, 153.

65. Larisch, *My Past*, 244 – 47.

66. Louise of Belgium, 108.

67. Baltazzi-Scharschmid and Swistun, 193; Hoyos Addendum, HHS, Box 21; also in Mitis, 281; Morton, *Nervous*, 175.

68. Friedrich, *Der Kriminalfall Mayerling*, 63.

第六章

1. Rudolf to Szeps, letter of August 21, 1888, in Szeps, *Politische Briefe*, 163 – 64

2. Corti, *Empress Elisabeth*, 350.

3. Lónyay, 142; Judtmann, 21; Salvendy, 125 – 26.

4. Mitis, 127; Stephanie, 147; Margutti, 83.

5. Chlumecky, 38.

6. Rudolf, will of April 15, 1879, in Mitis, 200 – 201.

7. Mahaffy, 167 – 68; Listowel, 155.

8. Taylor, *Habsburg Monarchy*, 156 – 58; Mahaffy, 170; Jászi, 12, 103.

9. Barkeley, 66.

10. Rudolf to Szeps, letter of November 24, 1882, in Lónyay, 85.

11. Barkeley, 79 – 81; Listowel, 79.

12. Rudolf to Latour von Thurmberg, letter of December 2, 1881, HHS, Box 16; also in Mitis, 205 – 7.

13. Szeps, *My Life and History*, 51; Szeps, *Politische Briefe*, 27 – 32.

14. Cassels, *Clash*, 63; Cassels, *Archduke and the Assassin*, 14.

15. Rudolf to Franz Ferdinand, letter of November 26, 1884, in Nachlass Erzherzog Franz Ferdinand, HHS, Box 5, cited in King and

Woolmans, 18.

16. Lónyay, 87.

17. Szeps, *My Life and History*, 66

18. Listowel, 141; Morton, *Nervous*, 61 – 62.

19. Rudolf to Szeps, letter of November 19, 1882, HHS, Box 17.

20. Szeps, *My Life and History*, 35; Chlumecky, 30.

21. Judtmann, 34

22. Salvendy, 65; Lónyay, 97.

23. Listowel, 173; Stephanie, 230; Morton, *Nervous*, 10; Barkeley, 187; Judtmann, 23.

24. Mitis, 65.

25. Jászi, 151 – 52; Lónyay, 92 – 93; Mitis, 90.

26. Listowel, 62.

27. Salvendy, 131.

28. Strong, 58.

29. Cited in Salvendy, 133.

30. Margutti, 90.

31. Stephanie, 239.

32. Marie Valerie, diary entry of April 30, 1888, in Schad and Schad, 142 – 43.

33. Hamann, *Kronprinz*, 389 – 90.

34. Lónyay, 140; Salvendy, 150 – 51.

35. Cited in Salvendy, 168 – 69; Listowel, 156.

36. Cited in Salvendy, 166.

37. Morton, *Nervous*, 10, 115.

38. Listowel, 199.

39. Wilhelm II, 240.

40. Lambsdorff, 198 – 99; Listowel, 185; Morton, *Nervous*, 109.

41. Mitis, 107, 268 – 69; Listowel, 195 – 96; Barkeley, 198 – 200.

42. Morton, *Nervous*, 114 – 15, 177.

43. Quoted in Lónyay, 149; Rudolf to Szeps, letter of November 8, 1888, HHS, Box 17; also in Szeps, *Politische Briefe*, 166.

44. Salvendy, 161; Mitis, 171.

45. Rudolf to Szeps, letter of November 8, 1888, HHS, Box 17; Lónyay, 149.

46. Franzel, 81; Stephanie, 25; Mitis, 48 – 49.

47. Stephanie, 35 – 37; Listowel, 170; Markus, 90 – 91; Salvendy, 140.

48. Salvendy, 161 – 62.

49. Thiele, *Crown Prince Rudolf*, 73.

50. Stephanie, 240 – 41.

51. Corti, *Empress Elisabeth*, 373.

52. Marie Valerie, diary entry of May 4, 1886, cited in Hamann, *Reluctant Empress*, 323.

53. Marie Valerie, diary entry of August 2, 1889, in Salvendy, 179.

54. Morton, *Nervous*, 134.

55. Paget, *Linings*, 2: 468.

56. Paget, *Embassies*, 2: 454 – 55.

57. Mitis, 201.

58. Morton, *Nervous*, 65 – 66, 124.

59. Ibid., 86, 133 – 34.

60. Listowel, 187; *New York Times*, February 4, 1889.

61. Mitis, 236.

62. Larisch, *My Past*, 259 – 60.

63. Lónyay, 201; Hoyos Addendum, HHS, Box 21; also in Mitis, 282.

64. Listowel, 92.

65. *Der Polizeibericht*, 46; Corti, *Empress Elisabeth*, 390; Bibl, 176; Salvendy,

186 – 87; Markus, 78.

66. Bibl, 176 – 77.

67. Lónyay, 155.

68. Stephanie, 249.

69. *Der Polizeibericht*, 46; Corti, *Empress Elisabeth*, 390; Bibl, 176; Salvendy, 186 – 87; Markus, 78.

70. Bibl, 176; Listowel, 207; Lónyay, 152; Mitis, 226.

71. Hamann, *Reluctant Empress*, 339; Listowel, 207; Morton, *Nervous*, 177 – 79; Salvendy, 144 – 45.

72. Morton, *Nervous*, 179.

73. Marie Valerie, diary entry of December 24, 1888, in Schad and Schad, 164 – 65.

第七章

1. Morton, *Nervous*, 185 – 91.

2. Ibid. , 184.

3. Ibid. , 213.

4. Rudolf to Stephanie, letter of December 31, 1888, in Stephanie, 242.

5. Rudolf to Szeps, letter of December 27, 1888, in Szeps, *Politische Briefe*, 168.

6. Szeps, *My Life and History*, 117; Mitis, 271 – 73.

7. Morton, *Nervous*, 214.

8. Stephanie, 245.

9. Morton, *Nervous*, 221; Hoyos Memorandum, HHS, Box 21; also in Mitis, 275.

10. Stephanie, 243.

11. Louise of Belgium, 109.

12. *Der Vetsera Denkschrift*, 56 – 57, in Markus and Unterreiner, 253;

296 / 哈布斯堡的黄昏：梅耶林悲剧与王朝的终结

Barkeley, 218; Markus, 29.

13. Mary Vetsera to Hermine Tobias, letter of January 14, 1889, in *Der Vetsera Denkschrift*, 54, in Markus and Unterreiner, 252.

14. Baltazzi-Scharschmid and Swistun, 195; *Der Vetsera Denkschrift*, 57 – 58, in Markus and Unterreiner, 253; Markus, 29; Hoyos Addendum, HHS, Box 21; also in Mitis, 282.

15. Larisch, *My Past*, 227.

16. *Der Vetsera Denkschrift*, 28, in Markus and Unterreiner, 244.

17. Ibid. , 38, in Markus and Unterreiner, 247.

18. Ibid. , 42, in Markus and Unterreiner, 248.

19. Ibid. , 59 – 61, in Markus and Unterreiner, 254 – 55.

20. Ibid. , 4 – 5, in Markus and Unterreiner, 237; Baltazzi-Scharschmid and Swistun, 195.

21. Larisch, *My Past*, 256, 286 – 88; 这一事件在拉里施的回忆录中被混淆为两次不同的会面，但似乎很清楚，这件事情发生在 1 月 26 日。

22. *Der Vetsera Denkschrift*, 11 – 13, in Markus and Unterreiner, 239.

23. Paget, *Embassies*, 465.

24. Morton, *Nervous*, 222 – 23.

25. Stephanie, 35; Markus, 69; Hollaender, in Hantsch and Novotny, 151; Lambsdorff, 178, Mitis, 156 – 57.

26. Margutti, 95.

27. Sophie von Planker-Klaps, in *Neues Wiener Journal*, January 27, 1920.

28. Rudolf Püchel, in *Reichspost*, January 31, 1926.

29. Hoyos Memorandum, HHS, Box 21; also in Mitis, 275.

30. Larisch, *My Past*, 277 – 82.

31. *Der Vetsera Denkschrift*, 63, in Markus and Unterreiner, 255.

32. Ibid. , 25, in Markus and Unterreiner, 240.

33. Judtmann, 43 – 44. 路易丝在回忆录中将偶遇鲁道夫的时间错记为

1月29日下午，而实际上那时皇储已经抵达梅耶林。

34. Louise of Belgium, 110.

35. In Corti and Sokol, 117 – 18.

36. Larisch, *My Past*, 267 – 70.

37. *Le Figaro*, February 3, 1889; *Le Matin*, February 5, 1889; *Le Temps*, February 7, 1889.

38. See Lónyay, 161; Monts, 104 – 5; *Neues Wiener Journal*, June 2, 1923; Judtmann, 47, 关于这段故事和两人的言语冲突。

39. Szeps, *My Life and History*, 120.

40. *Der Polizeibereicht*, 45 – 47.

第八章

1. Rudolf Püchel, in *Reichspost*, January 31, 1926; Friedrich, *Der Kriminalfall Mayerling*, 108 – 9.

2. *Der Vetsera Denkschrift*, 17, 86, in Markus and Unterreiner, 240, 262.

3. Markus, 5, 75; Barta, 41; Larisch, *My Past*, 301.

4. Judtmann, 62, 79, 84 – 86; Larisch, *My Past*, 302 – 3.

5. Larisch, *My Past*, 304 – 5.

6. Ibid. , 306 – 12.

7. Judtmann, 74, 93.

8. Larisch, *My Past*, 312 – 13; Judtmann, 61 – 62.

9. Sophie von Planker-Klaps, in *Neues Wiener Journal*, January 27, 1929.

10. Judtmann, 91 – 93; Hamann, *Der Weg nach Mayerling*, 115.

11. Krauss on Bratfisch, report of February 2, 1889, in Loehr, 104 – 5.

12. Antonia Konhäuser statement, in Friedrich, *Das Kriminfall Mayerling*, 262.

13. Barta, 72; Franzel, 81; Haslinger and Trumler, 124; Judtmann, 115, 119 – 20; Grant, 255 – 56.

14. Friedrich, *Der Kriminalfall Mayerling*, 209.

15. Barta, 72; Franzel, 81; Haslinger and Trumler, 124; Judtmann, 115, 119 – 20.

16. Krauss report of February 2, 1889, in Loehr, 106.

17. Judtmann, 119 – 24, 140 – 41; Barta, 72; Friedrich, *Der Kriminalfall Mayerling*, 193.

18. 1889 年 1 月 29 日至 30 日夜，除了鲁道夫与玛丽之外，还有二十五人在梅耶林行宫：托马斯·阿尔布雷希特（Thomas Albrecht），警方派往梅耶林的探子；鲍姆加特纳（Baumgartner），雇工；约瑟夫·布拉特菲施；霍恩施泰纳，猎人；霍约斯伯爵；雅各布·察克（Jakob Zak），霍约斯的男仆；F. 卡特（F. Kathe），厨师；奥古斯特·基奥奈克（August Kianek），霍约斯的狩猎男仆；库比奇卡（Kubitschka），护林员；卡尔·拉菲尔（Karl Laferl），男仆；劳伦茨·莱贝特（Laurenz Lebert），来自巴登的警官；莱宁根－韦斯特堡的赖因哈德伯爵和他的妻子安娜；莫里茨·洛夫勒（Mauritz Loffler），猎人；约翰·洛舍克，门房兼任男仆；卡尔·拉奇克（Karl Ratschek），猎人；尤利乌斯·舒尔德斯（Julius Schuldes），电报员；塞德拉克（Sedlak），勤务员；F. 施特鲁布赖特（F. Strubreiter），行宫看守；N. 施特鲁布赖特（N. Strubreiter），行宫女仆；莱昂纳德·韦克勒（Leonard Weckerle），园丁；约瑟夫·韦德（Joseph Wedl），警察局派往梅耶林的警官；弗朗茨·沃迪卡，装弹手；弗里德里希·沃尔夫（Friedrich Wolfe），木匠；阿洛伊斯·茨韦格尔，行宫看守。Friedrich, *Der Kriminalfall Mayerling*, 195.

19. Ibid., 104 – 5.

20. *Der Vetsera Denkschrift*, 65 – 66, in Markus and Unterreiner, 256.

21. Larisch, *My Past*, 318.

22. Ibid., 320; *Der Vetsera Denkschrift*, 66, in Markus and Unterreiner, 256; *Der Polizeibericht*, 75.

23. *Der Vetsera Denkschrift*, 67, in Markus and Unterreiner, 256.

24. Larisch, *My Past*, 319 – 21.

25. *Der Vetsera Denkschrift*, 69 – 70, in Markus and Unterreiner, 70.

26. *Der Polizeibericht*, 8.

27. Larisch, *My Past*, 324 – 26.

28. Ibid. , 322 – 23.

29. Ibid. , 324 – 26.

30. *Der Polizeibericht*, 13 – 14.

31. Ibid. , 7.

32. Ibid. , 15.

33. Ibid. , 23.

34. Hoyos Memorandum, HHS, Box 21; also in Mitis, 274 – 75.

35. Corti, *Empress Elisabeth*, 391.

36. Rudolf Püchel, in *Reichspost*, January 31, 1926.

37. Hoyos Memorandum, HHS, Box 21; also in Mitis, 275.

38. Lónyay, 165.

39. Rudolf Püchel, in *Reichspost*, January 31, 1926.

40. Marek, 275; Salvendy, 146.

41. Stephanie, 244.

42. *Der Vetsera Denkschrift*, 75 – 76, in Markus and Unterreiner, 259; *Der Polizeibericht*, 14 – 16.

43. *Der Polizeibericht*, 18.

44. *Der Vetsera Denkschrift*, 77 – 79, in Markus and Unterreiner, 259 – 60.

45. *Der Polizeibericht*, 19.

46. Ibid.

47. Loschek, in *Neues Wiener Tagblatt*, April 24, 1932.

48. Mauritz Löffler, statement of 1943, cited in Friedrich, *Der Kriminalfall Mayerling*, 253 – 54.

49. Hoyos Memorandum, HHS, Box 21; also in Mitis, 275 – 77;

Loehr, 13.

50. Bibl, 67 – 69.

51. Loschek, in *Neues Wiener Tagblatt*, April 24, 1932.

52. Antonia Konhäuser statement, in Friedrich, *Das Kriminfall Mayerling*, 263; Baltazzi – Scharschmid and Swistun, 222.

第九章

1. Loschek, in *Neues Wiener Tagblatt*, April 24, 1932; Hoyos Memorandum, HHS, Box 21; also in Mitis, 277.

2. Loschek, in *Neues Wiener Tagblatt*, April 24, 1932.

3. Listowel, 225.

4. Mitis, 283; Judtmann, 127; Hoyos Addendum, HHS, Box 21; also in Mitis, 284; Listowel, 238 – 39.

5. Loschek, in *Neues Wiener Tagblatt*, April 24, 1932; Hoyos Memorandum, HHS, Box 21; also in Mitis, 277.

6. Loschek, in *Neues Wiener Tagblatt*, April 24, 1932.

7. Hoyos Memorandum, HHS, Box 21; also in Mitis, 277.

8. Hoyos, letter of March 1889 to his brother Ladislaus, Count Hoyos, Austrian ambassador in Paris, per Count Alexander Hübner, diary entry of March 10, 1889, quoted in Judtmann, 125.

9. Hoyos Memorandum, HHS, Box 21; also in Mitis, 277 – 78.

10. Ibid.

11. Ibid.

12. Ibid.

13. Ibid.

14. Loschek, in *Neues Wiener Tagblatt*, April 24, 1932; Slatin, *Abschrift*; Heinrich Slatin in *Neues Wiener Tagblatt*, August 23, 1931; Hoyos Memorandum, HHS, Box 21; also in Mitis, 278; Hoyos Addendum,

HHS, Box 21; also in Mitis, 284; Count Corti, manuscript copy of Marie Valerie's diary entry of January 30, 1889, per Ida von Ferenczy, quoted in Judtmann, 144; Corti, *Empress Elisabeth*, 391; Countess Zoë Wassilko-Serecki, Protocol of September 5, 1955, quoted in Judtmann, 342, 344; Bibl, 109; Lónyay, 185.

15. Loschek, in *Neues Wiener Tagblatt*, April 24, 1932.

16. Hoyos Memorandum, HHS, Box 21; also in Mitis, 278.

17. Hoyos, letter of March 1889 to his brother Ladislaus, Count Hoyos, Austrian ambassador in Paris, per Count Alexander Hübner, diary entry of March 10, 1889, quoted in Judtmann, 126.

18. Reuss, dispatch of February 9, 1889, in Hollaender, Hantsch and Novotny, 141.

19. In "Glimpses," *Royalty Digest* 1, no. 1 (July 1991): 20.

20. Prince Philipp of Coburg to Queen Victoria, letter of February 10, 1889, in Hollaender, Hantsch and Novotny, 148.

21. *Neue Freie Presse*, December 25, 1927.

22. Hoyos Memorandum, HHS, Box 21; also in Mitis, 278 – 79.

23. Ibid.

24. Judtmann, 134; Monts, 105.

25. Judtmann, 134; Monts, 105 – 6.

26. Paget, *Embassies*, 2: 466 – 67.

27. Hoyos Memorandum, HHS, Box 21; also in Mitis, 281; see also Corti, *Empress Elisabeth*, 392.

28. Corti, *Empress Elisabeth*, 392.

29. Ibid. , 393.

30. Haslip, *Emperor and the Actress*, 101.

31. Corti, *Empress Elisabeth*, 393.

32. Marie Valerie, diary entry of January 29, 1889, in Schad and Schad, 171.

33. Stephanie, 245 – 46.

34. Stephanie, diary entry of January 31, 1889, cited in Salvendy, 179 – 80.

35. Stephanie, 246 – 47.

36. Sophie von Planker-Klaps, in *Neues Wiener Journal*, January 27, 1929.

37. Schiel, 214.

38. Bibl, 105.

39. Corti, *Empress Elisabeth*, 394 – 95; Corti, manuscript copy of Marie Valerie's diary entry of January 30, 1889, per Ida von Ferenczy, quoted in Hamann, *Reluctant Empress*, 341; Bibl, 105.

40. Bibl, 104.

第十章

1. Hanslick, 2: 248.

2. *Le Figaro*, January 31, 1889.

3. *Wiener Zeitung*, January 30, 1889.

4. Cassels, *Clash*, 202; Marek, 279; *Wiener Zeitung*, January 31, 1889.

5. Margutti, 84.

6. *Le Figaro*, January 31, 1889.

7. Larisch, *My Past*, 335.

8. *Der Polizeibericht*, 25.

9. Corti and Sokol, 122 – 23; *Der Polizeibericht*, 34.

10. *Der Polizeibericht*, 34 – 35.

11. *Der Vetsera Denkschrift*, 91 – 92, in Markus and Unterreiner, 264.

12. Judtmann, 131.

13. Larisch, *My Past*, 341.

14. *Der Polizeibericht*, 77; Lónyay, 193.

15. Loschek, in *Neues Wiener Tagblatt*, April 24, 1932; Hoyos Addendum, HHS, Box 21; also in Mitis, 284.

16. Judtmann, 128; Markus, 5.

17. Slatin, *Abschrift*; Countess Zoë Wassilko-Serecki, Protocol of September 5, 1955, quoted in Judtmann, 344; Baltazzi-Scharschmid and Swistun, 208.

18. Loschek, in *Neues Wiener Tagblatt*, April 24, 1932; Hoyos Memorandum, HHS, Box 21; also in Mitis, 278; Count Corti, manuscript copy of Marie Valerie's diary entry of January 30, 1889, per Ida von Ferenczy, quoted in Judtmann, 144; Corti, *Empress Elisabeth*, 391; Slatin, *Abschrift*; Bibl, 109; Krauss, Protocol on January 31 meeting with Taaffe, in Judtmann, 156; *Wiener Zeitung*, February 2, 1889.

19. Countess Zoë Wassilko-Serecki, Protocol of September 5, 1955, quoted in Judtmann, 344; Slatin and Auchenthaler, Protocol of January 31, 1889, quoted in Lónyay, 185; Judtmann, 138; Count Corti, manuscript copy ofMarie Valerie's diary entry of January 30, 1889, per Ida von Ferenczy, quoted in Judtmann, 144; Corti, *Empress Elisabeth*, 391; Hoyos Addendum, HHS, Box 21; also in Mitis, 284; Slatin, *Abschrift*.

20. Corti, manuscript copy of Marie Valerie's diary entry of January 30, 1889, per Ida von Ferenczy, quoted in Judtmann, 144; Judtmann, 190.

21. Fugger, 198 – 99.

22. Judtmann, 360n16.

23. Slatin, *Abschrift*; Hamann, *Der Weg nach Mayerling*, 129; Judtmann, 138.

24. Loschek, in *Neues Wiener Tagblatt*, April 24, 1932; Hoyos Memorandum, HHS, Box 21; also in Mitis, 277; *Wiener Zeitung*, February 2, 1889.

25. Loschek, in *Neues Wiener Tagblatt*, April 24, 1932; Hoyos Memorandum, HHS, Box 21; also in Mitis, 277; Hoyos, Addendum, HHS, Box 21; also in Mitis, 284; see also Countess Zoë Wassilko-Serecki, Protocol of September 5, 1955, quoted in Judtmann, 344.

26. Larisch, *My Past*, 341; Judtmann, 138; Count Corti, manuscript copy of

Marie Valerie's diary entry of January 30, 1889, per Ida von Ferenczy, quoted in Judtmann, 144.

27. Slatin, *Abschrift*; Bibl, 190.

28. Slatin, *Abschrift*.

29. Ibid.

30. Loschek, in *Neues Wiener Tagblatt*, April 24, 1932; Hoyos Memorandum, HHS, Box 21; also in Mitis, 277.

31. Hoyos Memorandum, HHS, Box 21; also in Mitis, 281.

32. Corti, *Empress Elisabeth*, 397.

33. Hamann, *Reluctant Empress*, 342–43.

34. Friedrich, *Der Kriminalfall Mayerling*, 93.

35. Corti, *Empress Elisabeth*, 398; *Neues Wiener Journal*, February 18, 1937; Bibl, 69; Hamann, *Reluctant Empress*, 342.

36. Marie Valerie, diary entry of March 14, 1889, in Schad and Schad, 196.

37. Paleologue, 164.

38. Judtmann, 143.

39. Polzer, 212.

40. 据称这封信是由警察局局长费迪南德·冯·戈鲁普男爵（Baron Ferdinand von Gorup）发现的，其对梅耶林事件的叙述包含了几种明显错误的说法；戈鲁普的儿子后来将这封信视为伪造品。见 Judtmann, 151, 以及 Friedrich, *Der Kriminalfall Mayerling*, 251。

41. Judtmann, 31; Baltazzi-Scharschmid and Swistun, 220; Markus and Unterreiner, 78.

42. Österreichische Nationalbibliothek press release, August 2, 2015, Österreichische Nationalbibliothek, http://artdaily.com/news/80422/ – Sensational – find—at – the – Austrian – National – Library – reveals – passion – of – one – of – history – s – great – affairs#. Vbzsg3hLrwx.

43. *Der Vetsera Denkschrift*, 145–46, in Markus and Unterreiner, 281. 1889

年 2 月 9 日的《费加罗报》刊登了不同的版本："亲爱的妈妈，我
要同鲁道夫一起殉情了，我们对彼此的爱太过强烈。原谅我。忧伤
的玛丽跟您永别了。附：布拉特菲施昨晚吹奏了很不错的小调。"弗
里茨·朱特曼认为海伦妮·冯·维茨拉将玛丽的信展示给一位朋友，
是有意将其内容泄露给媒体。见 Judtmann, 261n25。

44. Hoyos Addendum, HHS, Box 21; also in Mitis, 285.

45. *Der Vetsera Denkschrift*, 147 – 48, in Markus and Unterreiner, 281.

46. Judtmann, 151.《皇后的殉难》（*Martyrdom of an Empress*）一书的第
229 页收录了据称是摘自第二封信的更多内容："今天他终于向我坦
承，我永远不可能成为他的妻子。……我知道会发生可怕的事情来
阻挠我们圆满相爱，于是我携带了毒药，并且打算服下。等他回来
的时候，再想救我就来不及了，我会死在他怀里，在他的陪伴下幸
福地走完最后时光。"

47. *Der Vetsera Denkschrift*, 158, in Markus and Unterreiner, 281.

48. Hoyos Addendum, HHS, Box 21; also in Mitis, 285; Judtmann, 152.

49. *Le Figaro*, February 9, 1889.

50. Fugger, 199 – 200; Judtmann, 152; Hoyos Addendum, HHS, Box 21;
以及 Mitis, 285。如今的布拉干萨家族并未将原始信件保存下来，也
不知其下落。

51. Larisch, *My Past*, 354.

52. Ibid. , 344.

53. *Le Matin*, February 3, 1889.

54. *New York Times*, February 1, 1889; *Le Matin*, February 1, 1889.

55. *New York Times*, February 1, 1889; *Le Matin*, February 1, 1889; *Le
Figaro*, February 1, 1889; *Le Temps*, February 2, 1889.

56. Corti, *Empress Elisabeth*, 396; Judtmann, 137, 380.

第十一章

1. *Neues Wiener Tagblatt*, January 30, 1889

2. *New York Times*, February 1 and February 2, 1889.

3. Barkeley, 3; Lónyay, 212; Judtmann, 192 – 94.

4. Lónyay, 180; Judtmann, 232; Ernst, 190.

5. Bibl, 105 – 6.

6. Corti, manuscript copy of Marie Valerie's diary entry of January 30, 1889, per Ida von Ferenczy, quoted in Judtmann, 144. 这里的措辞与科尔蒂在伊丽莎白传记的第 396~397 页中所写的版本略有不同。问题在于，这些所谓的对话，正如发表在 Schad and Schad 上的那样，实际上并没有出现在玛丽·瓦莱丽的日记原本中。当然，这样的细节有可能是费伦齐得知并在日后转录下来的，但科尔蒂未发表的笔记及伊丽莎白皇后传记中的内容，与玛丽·瓦莱丽的真实日记之间存在的差别仍然无法解释。

7. Corti, *Empress Elisabeth*, 396 – 97.

8. Bagger, 492.

9. Haslip, *Emperor and the Actress*, 107.

10. Corti, *Empress Elisabeth*, 398.

11. Ibid.

12. Giesl von Gieslingen, in *Neues Wiener Tagblatt*, December 8, 1937.

13. Judtmann, 266.

14. Wölfing, 51; Louisa of Tuscany, 239.

15. Corti, *Empress Elisabeth*, 398.

16. Karl Ludwig, diary entry of January 30, 1889, in Praschl-Bichler, 96.

17. Lónyay, vii.

18. *Le Figaro*, February 1, 1889; *Le Temps*, February 2, 1889.

19. Morton, *Nervous*, 260.

20. Judtmann, 250 – 42.

21. Karl Ludwig, diary entry of January 31, 1889, in Praschl-Bichler, 98.

22. Corti, *Empress Elisabeth*, 398 – 99; *New York Times*, February 4, 1889;

Judtmann, 281; *Recollections of a Royal Governess*, 163.

23. Marie Valerie, diary entry of January 29, 1889, in Schad and Schad, 170 – 71.

24. Loehr, 81.

25. Polzer-Hoditz, 434; Franzel, 61; Judtmann, 126; Fugger, 200.

26. Polzer-Hoditz, 434.

27. Judtmann, 174.

28. Hoyos Addendum, HHS, Box 21; also in Mitis, 285.

29. Judtmann, 40, 73; Markus, 103.

30. Krauss, Protocol of February 3, in *Der Polizeibericht*, 48.

31. Judtmann, 50; Corti, *Empress Elisabeth*, 390.

32. Fugger, 194 – 95; Hoyos Addendum, HHS, Box 21; also in Mitis, 285.

33. Marie Valerie, diary entry of January 29, 1889, in Schad and Schad, 170.

34. Corti, manuscript copy of Marie Valerie's diary entry of January 30, 1889, per Ida von Ferenczy, quoted in Judtmann, 146.

35. Corti, *Empress Elisabeth*, 397.

36. Stephanie, 248.

37. Ibid., 248 – 49.

38. Fugger, 188.

39. *Der Vetsera Denkschrift*, 94 – 95, in Markus and Unterreiner, 265.

40. *Der Polizeibericht*, 26 – 27.

41. *Der Vetsera Denkschrift*, 95 – 96, in Markus and Unterreiner, 265.

42. Ibid., 98, in Markus and Unterreiner, 266.

43. Ibid., 100 – 102, in Markus and Unterreiner, 267.

44. Ibid., 100 – 101, in Markus and Unterreiner, 267.

45. Barkeley, 262; Judtmann, 170.

46. *Der Polizeibericht*, 27.

47. Slatin, *Abschrift*; Lónyay, 190 – 91.

48. Gorup, in *Wiener Montagspost*, September 12, 1927.

49. *Der Polizeibericht*, 28.

50. Slatin, *Abschrift*; Lónyay, 186 – 87; Bibl, 112.

51. *Der Vetsera Denkschrift*, 106, in Markus and Unterreiner, 268 – 69; Countess Zoë Wassilko-Serecki, Protocol of September 5, 1955, quoted in Judtmann, 344.

52. Slatin, *Abschrift*.

53. *Der Vetsera Denkschrift*, 107 – 9, in Markus and Unterreiner, 269.

54. *Der Polizeibericht*, 33 – 34; Lónyay, 185.

55. Lónyay, 193.

56. *Der Vetsera Denkschrift*, 110 – 11, in Markus and Unterreiner, 270; Slatin, *Abschrift*; Larisch, *My Past*, 349 – 50; Markus, 13; Barkeley, 260; Baltazzi-Scharschmid and Swistun, 208.

57. Lónyay, 185; Slatin, *Abschrift*.

58. Slatin, *Abschrift*.

59. Ibid.; Lónyay, 185; Loehr, 54 – 55; *Der Vetsera Denkschrift*, 111, in Markus and Unterreiner, 270.

60. *Der Vetsera Denkschrift*, 113 – 14, in Markus and Unterreiner, 270 – 71.

61. Larisch, *My Past*, 349 – 40, 351.

62. Lónyay, 186.

63. Larisch, *My Past*, 351 – 52.

64. Lónyay, 191; Larisch, *My Past*, 351; Slatin, *Abschrift*.

65. Lónyay, 191.

66. *Der Vetsera Denkschrift*, 114, in Markus and Unterreiner, 271; Baltazzi-Scharschmid and Swistun, 209; Barkeley, 261; Lónyay, 191; Larisch, *My Past*, 352.

67. *Der Vetsera Denkschrift*, 118, in Markus and Unterreiner, 272

68. Judtmann, 169 – 70; Lónyay, 192; Larisch, *My Past*, 352.

69. *Le Temps*, February 7, 1889; *Le Temps*, February 14, 1889; de Weindel, 196; Judtmann, 199.

第十二章

1. Marie Valerie, diary entry of January 29, 1889, in Schad and Schad, 171.

2. *Wiener Zeitung*, February 2, 1889; Judtmann, 185; Unterreiner, *Crown Prince Rudolf*, 25.

3. Friedrich, *Der Kriminalfall Mayerling*, 277.

4. *Wiener Zeitung*, February 2, 1889.

5. Barta, 48; Judtmann, 262.

6. *Neue Freie Presse*, December 25, 1927; Empress Friedrich to Queen Victoria, letter of April 20, 1889, in Ponsonby, 371.

7. Püchel, *Reichspost*, January 31, 1926.

8. Judtmann, 181.

9. Ibid. , 260; Countess Zoë Wassilko-Serecki, Protocol of September 5, 1955, quoted in Judtmann, 344.

10. Monts, 105.

11. Robert, Baron Doblhoff, statement of 1951, quoted in Friedrich, *Der Kriminfall Mayerling*, 272; Judtmann, 267; Monts, 105.

12. *Le Gaulois*, February 4, 1889.

13. Ibid. , 98.

14. Margutti, 74.

15. Marie Valerie, diary entry of January 29, 1889, in Schad and Schad, 170.

16. Ibid. , diary entry of February 5, 1889, in Schad and Schad, 173 – 75.

17. Mitis, 166.

18. *Le Temps*, February 3, 1889.

19. *Wiener Zeitung*, February 1, 1889.

20. *Le Matin*, February 2, 1889.

21. *Wiener Tagblatt*, February 1, 1889.

22. *Le Figaro*, February 2, 1889.

23. Lónyay, 180; Ernst, 190 – 91; Judtmann, 233.

24. Mitis, 154.

25. Judtmann, 234; Listowel, 236 – 37.

26. Cantacuzène, 88.

27. Reuss, dispatch of February 5, 1889, in Hollaender, in Hantsch and Novotny, 140 – 41.

28. Judtmann, 283; Mitis, 153.

29. Morton, *Nervous*, 256 – 57; Judtmann, 281 – 82; *Le Figaro*, February 3, 1889; *Le Matin*, February 5 and February 6, 1889; *Le Temps*, February 5, 1889.

30. *Le Gaulois*, February 5, 1889; *Le Temps*, February 6, 1889.

31. Morton, *Nervous*, 258; Markus, 131.

32. Marie Valerie, diary entry of January 29, 1889, in Schad and Schad, 169 – 70.

33. Ibid., diary entry of February 4, 1889, in Schad and Schad, 173.

34. Ibid., diary entry of January 29, 1889, in Schad and Schad, 171.

35. *Revue Artistique Littéraire et Industrielle*, 1, December 1, 1896.

36. Corti, *Empress Elisabeth*, 400 – 401.

37. Marie Valerie, diary entry of February 7, 1889, in Schad and Schad, 175.

38. Thiele, *Crown Prince Rudolf*, 87; Morton, *Nervous*, 261 – 62.

39. Franz Josef to Katharina Schratt, letter of February 5, 1889, in Haslip, *Emperor and the Actress*, 109.

40. Corti, *Empress Elisabeth*, 401; *New York Times*, February 6, 1889.

41. Kugler, 3.

42. Thiele, *Crown Prince Rudolf*, 97; Judtmann, 282.

43. *New York Times*, February 6, 1889; Morton, *Nervous*, 262.

44. Barkeley, 253 – 54.

45. *New York Times*, February 6, 1889.

46. Unterreiner, *Crown Prince Rudolf*, 26.

47. Corti, *Empress Elisabeth*, 401.

48. Unterreiner, *Crown Prince Rudolf*, 26; Morton, *Nervous*, 264.

49. Barkeley, 256 – 57.

50. Bibl, 80.

51. Franz Josef to Katharina Schratt, March 7, 1889, in Bourgoing, 135.

52. Unterreiner, *Emperor Franz Joseph*, 55.

53. Marek, 288.

54. Empress Friedrich to Queen Victoria, letter of April 20, 1889, in Ponsonby, 371.

55. Bibl, 79.

56. Franz Josef to Katharina Schratt, letter of February 5, 1889, in Haslip, *Emperor and the Actress*, 109.

57. *Le Gaulois*, February 7, 1889.

58. Judtmann, 369n68.

第十三章

1. *Le Temps*, February 7, 1889.

2. *New York Times*, February 3, 1889.

3. *Der Polizeibericht*, 39 – 39.

4. *Le Figaro*, February 3, 1889.

5. *Le Temps*, February 5, 1889.

6. *Le Matin*, February 5, 1889.

7. Paget, *Embassies*, 2: 470.

8. Louise of Belgium, 114.

9. Prince Philipp of Coburg to Queen Victoria, letter of February 10, 1889,

in Hollaender, in Hantsch and Novotny, 148.

10. *Revue Artistique Littéraire et Industrielle* 1, December 1, 1896.

11. Judtmann, 369n68.

12. Prince of Wales to Queen Victoria, letter of February 12, 1889, cited in Van der Kiste, 106

13. Bibl, 114; Slatin, *Abschrift.*

14. Hoyos Memorandum, HHS, Box 21; also in Mitis, 281.

15. Loschek, in *Neues Wiener Tagblatt*, April 24, 1932.

16. Judtmann, 321.

17. Ibid., 325 – 26.

18. Ibid., 333 – 34.

19. Countess Zoë Wassilko – Serecki, Protocol of September 5, 1955, quoted in Judtmann, 343 – 44.

20. Judtmann, 315 – 16.

21. *Wiener Tagblatt*, March 9, 1926.

22. *Neues Wiener Tagblatt*, November 28, 1937.

23. Judtmann, 338 – 39.

24. Judtmann, 55; Listowel, 235 – 36.

25. Loschek, in *Neues Wiener Tagblatt*, April 24, 1932; Listowel, 254.

26. Antonia Konhäuser statement, quoted in Friedrich, *Der Kriminfall Mayerling*, 263.

27. Krauss to Taaffe, report of February 2（被误认为是 3 月 2 日），1889, in Lónyay, 209。

28. Judtmann, 358n5.

29. *Der Polizeibereicht*, 48 – 49.

30. Sokop, 223 – 24.

31. Larisch, *My Past*, 358.

32. Judtmann, 72; Larisch, *My Royal Relatives*, 222.

33. Ffoulkes, 316.

34. Stephanie, 259 – 60.

35. Ascherson, 214.

36. *Le Figaro*, February 9, 1889.

37. Reuss, dispatch of February 9, 1889, in Hollaender , in Hantsch and Novotny, 141 – 42.

38. Quoted in Friedrich, *Der Kriminalfall Mayerling*, 401.

39. http: //levantineheritage. com/testi47. htm.

40. Sokop, 237 – 38.

41. http: //levantineheritage. com/testi47. htm.

42. Barkeley, 263; Judtmann, 174.

43. Judtmann, 175 – 76.

44. Ibid. , 172 – 73; Bibl, 127.

45. Barkeley, 264; Lónyay, 212; Judtmann, 196.

46. Judtmann, 197; Marek, 285.

47. Friedrich, *Der Kriminalfall Mayerling*, 54; Judtmann, 72.

48. Lónyay, 212 – 13.

49. Judtmann, 174.

50. Markus, 35.

51. Judtmann, 177 – 78; Friedrich, *Der Kriminalfall Mayerling*, 224, 226.

52. Holler, 364.

53. Friedrich, *Der Kriminalfall Mayerling*, 237 – 39.

54. Ibid. , 226.

55. Holler, 364.

56. Ibid. , 140, 164 – 69.

57. Friedrich, *Der Kriminalfall Mayerling*, 442.

58. Markus, 56.

59. Professor Klaus Jarosch, University of Linz, report of September 11,

1991, in Markus, 72 – 73; Barta, 41; Markus and Unterreiner, 38 – 39.

60. Markus, v.

61. Professor Dr. Johann Szilvássy, Report of November 20, 1991, in Markus, 73; Barta, 41; Markus and Unterreiner, 39 – 40.

62. Markus, 76; *Neue Kronen Zeitung*, December 22, 1992; *Neue Kronen Zeitung*, December 24, 1992.

63. Friedrich, *Der Kriminalfall Mayerling*, 316.

64. Markus and Unterreiner, 45.

65. Markus, 141.

第十四章

1. Fugger, 184.

2. See Wolfson, 173 – 76.

3. See Lardé.

4. Markus, 65.

5. *Le Figaro*, February 3, 1889.

6. *Le Temps*, February 4, 1889.

7. *New York Times*, February 6, 1889; *Le Gaulois*, February 7, 1889.

8. *Neue Freie Press*, February 1, 1889; *New York Times*, February 1, 1889; Mitis, 165; Freisler, 10; Fugger, 202; Judtmann, 192.

9. *New York Times*, February 2, 1889.

10. Ibid., February 3, 1889.

11. *Le Matin*, February 4, 1889.

12. *Le Gaulois*, February 5, 1889.

13. *Le Temps*, February 5, 1889, and February 7, 1889; also *Daily News*, February 6, 1889.

14. See Friedrich, *Der Kriminalfall Mayerling*, 195, 提供了 1889 年 1 月 28 ~ 30 日所有在梅耶林的雇工的名单。

15. Stephanie, 24.

16. Margutti, 97.

17. Ibid. , 99 – 100.

18. Ibid. , 101 – 102.

19. Ketterl, 76 – 77.

20. Friedrich, *Der Kriminalfall Mayerling*, 209

21. *Le Figaro*, February 2, 1889.

22. *Le Matin*, February 2, 1889.

23. *Le Gaulois*, February 3 and February 4, 1889; *Le Temps*, February 3 and February 9, 1889; *Journal des Débats*, February 4, 1889.

24. *Der Polizeibericht*, 54 – 55; de Fontenoy, *Within Royal Palaces*, 527; Vivian, 48 – 49; Marek, 254; Listowel, 253.

25. *The Times*, December 1, 1955.

26. Judtmann, 244; Barkeley, 271.

27. Reuss, dispatch of February 9, 1889, in Hollaender, Hantsch and Novotny, 141 – 42.

28. *Le Temps*, February 15, 1889.

29. Reuss, dispatch of February 9, 1889, in Hollaender, Hantsch and Novotny, 141.

30. Ibid. , 142.

31. Judtmann, 198; Thiele, *Crown Prince Rudolf*, 101; Sinclair, 140; de Weindel, 191; Corti, *Empress Elisabeth*, 398; Ronay, 55.

32. *Corriere della Sera*, July 3, 1907; see also *Le Matin*, January 6 and January 7, 1910.

33. Judtmann, 252 – 53.

34. *Corriere della Sera*, July 3, 1907; *Le Matin*, January 6 and January 7, 1910; Judtmann, 255.

35. Louisa of Tuscany, 241; Larisch, 344; Mauritz Löffler statement, quoted

in Friedrich, *Der Kriminalfall Mayerling*, 252 – 58.

36. Cited in Friedrich, *Das Mayerling Sammelsurium*, 93; Judtmann, 277, 365 – 66n53.

37. Barta, 37 – 38.

38. *Society Recollections*, 235.

39. *New York Times*, January 30, 1910.

40. Louise of Belgium, 100.

41. Louisa of Tuscany, 239 – 42.

42. *Recollections of a Royal Governess*, 160 – 61; Vivian, 64.

43. *Neues Wiener Journal*, December 8, 1928; *Neues Wiener Tagblatt*, June 22, 1935.

44. Loehr, 174; Mauritz Löffler statement, 1943, quoted in Friedrich, *Der Kriminalfall Mayerling*, 252 – 58; Karl Albrecht statement, 1963, quoted in ibid. , 273 – 74.

45. Wölfing, 51 – 53.

46. Ibid. , 51.

47. Louise of Belgium, 131.

48. Friedrich, *Der Kriminalfall Mayerling*, 214.

49. Ibid. , 273 – 74.

50. Friedrich, *Der Kriminalfall Mayerling*, 214.

51. Graves, 219 – 20; *Society Recollections*, 235; Barta, 37 – 38; *Petit Parisien*, April 16 1933; Friedrich, *Der Kriminalfall Mayerling*, 252 – 58, 267 – 271; Vivian, 62 – 64.

52. Friedrich, *Der Kriminalfall Mayerling*, 252 – 58; *Society Recollections*, 234 – 35; Vivian, 65.

53. Friedrich, *Der Kriminalfall Mayerling*, 414.

54. Hamann, *Der Weg nach Mayerling*, 7.

第十五章

1. Mahaffy, 182 – 83; Judtmann, 25; Listowel, 84.

2. Listowel, 84.

3. Szeps, *My Life and History*, 61.

4. Judtmann, 25, 27 – 29; Lónyay, 159; Listowel, 216.

5. Palmer, 263.

6. Stephanie, 259, 256.

7. Judtmann, 25.

8. Richter, 241.

9. Polzer-Hoditz, 434 – 35.

10. Markus, 63 – 64; Brook-Shepherd, 320; *The Times*, December 20, 1983; *The Times*, January 2, 1989.

11. Listowel, 84, 216; Mahaffy, 182 – 83; Judtmann, 25 – 29; Lónyay, 159.

12. Judtmann, 55 – 56; Mitis, 185; Lónyay, 149.

13. Larisch, *My Past*, 277 – 82.

14. Ibid. , 323, 377.

15. Judtmann, 27. 鲁道夫的第一位传记作家奥斯卡·冯·米蒂斯男爵质疑，皇储是否真的会将据称装有敏感文件的盒子交给惯于敲诈勒索的拉里施。但鉴于拉里施已经深深卷入他与玛丽的私情，皇储可能已经别无选择了。见 Mitis, 182。

16. Larisch, *My Past*, 366.

17. Cassels, *Clash*, 87, 135 – 38.

18. Mitis, 81; Louisa of Tuscany, 231; de Weindel, 138 – 39; de Fontenoy, *Secret Memoirs*, 2: 82 – 83; Listowel, 179; Cassels, *Clash*, 138.

19. Judtmann, 27; Lónyay, 159; Listowel, 216.

20. Polzer-Hoditz, in *Neues Wiener Tagblatt*, June 22, 1935, Judtmann, 273;

Neues Wiener Journal, December 8, 1928.

21. Polzer-Hoditz, 434.

22. Judtmann, 271, 273.

23. Larisch, *My Past*, 366 – 69.

24. Ibid. , 317.

25. Listowel, 252; Polzer-Hoditz, 429 – 31; de Fontenoy, *Secret Memoirs*, 2: 60, 2: 82 – 83; Louisa of Tuscany, 230 – 33.

26. *Die Stunde*, September 28, 1923.

27. *Der Standard*, January 2, 1993.

28. Judtmann, 56; Mitis, 186.

29. Listowel, 3, 230.

30. Judtmann, 28 – 29.

31. Marek, 267.

32. Listowel, 1.

33. Ibid. , 236 – 39.

34. Ibid. , 238, 247.

35. Ibid. , 218.

36. Szeps, *My Life and History*, 100.

37. Mitis, 145; Bismarck, 2: 280.

38. Salvendy, 148; Wolfson, 98.

39. *New York Times*, February 2, 1889.

40. Graves, 221.

41. Grant, 17 – 19, 31.

42. Ibid. , 184.

43. Ibid. , 75.

44. Ibid. , 185.

45. Ibid. , 261, 280 – 82.

46. Ibid. , 264 – 65.

47. Ibid. , 270 – 74.

48. Wolfson, 91.

49. Ibid. , 130.

50. Grant, 194 – 95, 227.

51. Judtmann, 188.

52. Wolfson, 65.

53. *Neue Kronen Zeitung*, March 11, 1983.

54. Ibid. , November 20, 1983; *The Times*, December 20, 1983.

55. Szeps, *My Life and History*, 37 – 38.

56. Listowel, 159; Szeps, *My Life and History*, 110 – 11; Watson, 91.

57. Feigl, 7 – 65; *Neue Kronen Zeitung*, March 11, 1983.

58. Markus, 63.

59. *Neue Kronen Zeitung*, March 11, 1983.

60. Brook-Shepherd, 321.

61. *The Times*, January 2, 1989; Brook-Shepherd, 321; Hamann, *Der Weg nach Mayerling*, 142.

62. Brook – Shepherd, 321.

第十六章

1. Haslip, *Lonely Empress*, 404.

2. Eisenmenger, 31.

3. Lónyay, 2.

4. Mitis, 168.

5. Taylor, *Habsburg Monarchy*, 47; Haslip, *Mexico*, 23; Woods, 185.

6. Larisch, *My Past*, 159, 162 – 63; Vivian, 117; Radziwill, *Austrian Court*, 58, 88; Radziwill, *Secrets*, 111 – 12, 114 – 15; de Weindel, 145 – 46; de Fontenoy, *Secret Memoirs*, 2: 114; Lónyay, 35; Marek, 57.

7. Stephanie, 23.

8. Chapman-Huston, 166 – 67, 176 – 77; King, 255; Channon, 111; Tschudi, 145.

9. King, 253 – 55; Chapman – Huston, 166 – 67, 176 – 77; Channon, 111.

10. Hamann, *Reluctant Empress*, 21, 272; Corti, *Empress Elisabeth*, 3.

11. Mitis, 176.

12. Information from Dr. Stefanie Platt to the authors.

13. Barkeley, 21 – 22; Listowel, 25.

14. Barta, 6; Thiele, *Crown Prince Rudolf*, 18.

15. Corti, *Empress Elisabeth*, 288.

16. Ibid. ; Franzel, 78; Listowel, 62.

17. Haslip, *Lonely Empress*, 326.

18. Rudolf, notebook entry, December 1873, in HHS, Box 12; also in Mitis, 26 – 27.

19. Information from Dr. Stefanie Platt to authors.

20. Ibid.

21. Rudolf to Szeps, letter of August 21, 1888, in Szeps, *Politische Briefe*, 163 – 64.

22. Information from Dr. Stefanie Platt to authors.

23. Salvendy, 173.

24. Ibid. , 91.

25. Stephanie, 264.

26. Ibid. , 256.

27. Information from Dr. Stefanie Platt to authors.

28. Wölfing, 51, 64.

29. Grant, 214.

30. Ibid. , 213.

31. *Der Polizeibericht*, 46.

32. Polzer – Hoditz, 434.

33. Paget, *Embassies*, 2: 475 – 76.

34. Larisch, *My Past*, 260.

35. Louise of Belgium, 104.

36. Larisch, *My Past*, 256 – 60.

37. Baltazzi – Scharschmid and Swistun, 171; Morton, *Nervous*, 81.

38. Haslip, *Emperor and the Actress*, 73 – 74.

39. Ibid. , 91 – 95.

第十七章

1. Markus, 29; Hoyos Addendum, HHS, Box 21; also in Mitis, 281.

2. Holler, 364; Harding, 298; Markus, 61 – 62; *Wiener Morgenpost*, October 10, 1927; Haslip, *Emperor and the Actress*, 95.

3. Judtmann, 346.

4. Stephanie, 43.

5. Paleologue, 164.

6. Countess Zoë Wassilko – Serecki, Protocol of September 5, 1955, quoted in Judtmann, 342 – 44.

7. *Der Polizeibericht*, 62.

8. Haslip, *Emperor and the Actress*, 94 – 95.

9. Morton, *Nervous*, 222 – 23.

10. Judtmann, 151.

11. *Der Spiegel* 32, March 8, 1960, ; Friedrich, *Der Kriminalfall Mayerling*, 46.

12. Hollaender, Hantsch and Novotny, 160n62.

13. *Martyrdom of an Empress*, 206 – 7; Vivian, 37 – 40, 56; de Weindel, 195; *Recollections of a Royal Governess*, 158; Marek, 255; Burg, 173, 226.

14. Louise of Belgium, 111.

15. Louisa of Tuscany, 241 – 42.

16. Judtmann, 55 – 56; Mitis, 185; Lónyay, 149.

17. Slatin, *Abschrift.*

18. *Berliner Tagblatt*, February 13, 1889; *Der Polizeibericht*, 21; *Martyrdom of an Empress*, 212; de Weindel, 185; Redlich, 433; Crankshaw, 299; Haslip, *Emperor and the Actress*, 97; *Recollections of a Royal Governess*, 159; Ketterl, 75 – 76; Pöldinger and Wagner, 176; Thiele, *Elisabeth*, 677.

19. Vivian, 54; Loehr, 173

20. Louise of Belgium, 112.

21. Margutti, 94 – 95.

22. Szeps, *My Life and History*, 119.

23. Baron Robert Doblhoff, statement of 1952, in Friedrich, *Der Kriminalfall Mayerling*, 268 – 70.

24. Lambsdorff, 178, Mitis, 156 – 57.

25. Reuss, dispatch of February 5, 1889, in Hollaender, Hantsch and Novotny, 141.

26. Margutti, 95.

27. Lambsdorff, 178, Mitis, 156 – 57.

28. Stephanie, 38.

29. Sophie von Planker – Klaps, in *Neues Wiener Journal*, January 27, 1929.

30. Margutti, 98.

31. Morton, *Nervous*, 221.

32. Larisch, *My Past*, 277 – 82.

33. Ibid. , 257 – 60.

34. *Der Vetsera Denkschrift*, 66, in Markus and Unterreiner, 256.

35. Fugger, 206; see also Judtmann, 109; Vivian, 60.

36. Larisch, *My Past*, 264 – 65, 287 – 88.

37. Corti and Sokol, 118.

38. Larisch, *My Past*, 295.

39. Szeps, *My Life and History*, 120.

40. *Der Polizeibericht*, 47.

41. Information from Dr. Stefanie Platt to authors.

第十八章

1. Larisch, *My Past*, 258.

2. Mitis, 181; Judtmann, 57.

3. Judtmann, 27.

4. Rudolf Püchel, in *Reichspost*, January 31, 1926.

5. Larisch, *My Past*, 308.

6. Judtmann, 129.

7. *Der Vetsera Denkschrift*, 35, in Markus and Unterreiner, 277–78.

8. Listowel, 187; cited in Salvendy, 166.

9. Larisch, *My Past*, 250.

10. *Der Vetsera Denkschrift*, 50, in Markus and Unterreiner, 251.

11. Hoyos Addendum, HHS, Box 21; also in Mitis, 283.

12. Judtmann, 55, 111; Mitis, 185–86; Lónyay, 159–60.

13. *Le Temps*, January 31, 1889.

第十九章

1. Judtmann, 151.

2. Bibl, 67–69; *Der Vetsera Denkschrift*, 92–93, in Markus and Unterreiner, 264.

3. *Der Vetsera Denkschrift*, 52, in Markus and Unterreiner, 251.

4. Ibid.

5. Ibid., 145–46, in Markus and Unterreiner, 281.

6. Ibid., 147–48, in Markus and Unterreiner, 281.

7. Judtmann, 151.

8. Hoyos Memorandum, HHS, Box 21; also in Mitis, 276–77.

9. Loschek, in *Neues Wiener Tagblatt*, April 24, 1932; Antonia Konhäuser

statement, in Friedrich, *Das Kriminfall Mayerling*, 263; Baltazzi – Scharschmid and Swistun, 222.

10. Loschek, in *Neues Wiener Tagblatt*, April 24, 1932.

11. *Der Vetsera Denkschrift*, 153, in Markus and Unterreiner, 264.

12. Loschek, in *Neues Wiener Tagblatt*, April 24, 1932.

13. Professor Dr. Klaus Jarosch, Report of September 11, 1991; Professor Christian Reiter, undated report; and Professor Dr. Johann Szilvássy, report of November 20, 1991, in Barta, 41.

14. Ibid.

15. See Krauss notes on January 31, 1889, meeting with Taaffe, in *Der Polizeibericht*, 26 – 27.

16. Judtmann, 261.

17. Corti, *Empress Elisabeth*, 398; *Neues Wiener Journal*, February 18, 1937; Bibl, 69; Hamann, *Reluctant Empress*, 342; *Le Temps*, June 20, 1923.

18. Fugger, 194 – 95.

19. Stephanie, 248.

20. Marie Valerie, diary entry of January 29, 1889, in Schad and Schad, 170.

21. Count Corti, manuscript copy of Marie Valerie's diary entry of January 30, 1889, per Ida von Ferenczy, quoted in Judtmann, 145 – 46; Corti, *Empress Elisabeth*, 397.

22. Paleologue, 164.

23. Marie Valerie, diary entry of March 14, 1889, in Schad and Schad, 196; Corti, *Empress Elisabeth*, 398; *Neues Wiener Journal*, February 18, 1937; Bibl, 69; Hamann, *Reluctant Empress*, 342.

24. Judtmann, 143.

25. Information from Dr. Stefanie Platt to authors.

尾　声

1. Stephanie, 166.

2. Stephanie to Louise, letter of March 7, 1889, cited in Salvendy, 104.

3. Cited in Hamann, *Reluctant Empress*, 342.

4. *Society Recollections*, 236.

5. Schiel, 229.

6. Margutti, 86.

7. Listowel, 250 – 51.

8. *Recollections of a Royal Governess*, 310.

9. Markus, 135; *Society Recollections*, 232.

10. Margutti, 75.

11. Nostitz – Rieneck, 2: 130.

12. Margutti, 85 – 86.

13. Ibid., 291 – 92; Barkeley, 249.

14. Kiszling, 19.

15. Ascherson, 215.

16. Schiel, 520 – 21.

17. Judtmann, 18.

18. Weissensteiner, 142.

19. Friedrich, *Der Kriminalfall Mayerling*, 490.

20. Beéche, 202 – 3; Ascherson, 206 – 11.

21. Cassels, *Clash*, 210.

22. Larisch, *My Past*, 212.

23. Ffoulkes, 314, 323.

24. Sokop, 407.

25. Rumbold, *Final Recollections*, 374; Rumbold, *Francis Joseph*, 349.

26. Cited in Friedrich, *Der Kriminalfall Mayerling*, 97.

27. Ibid., 104.

28. Quoted in Friedrich, *Der Kriminalfall Mayerling*, 647.

29. Listowel, 2.

30. Ibid. , 254; Friedrich, *Der Kriminalfall Mayerling*, 82.

31. Franz Josef to Katharina Schratt, letter of June 7, 1890, in Namier, 72.

32. Friedrich, *Der Kriminalfall Mayerling*, 47.

33. Judtmann, 31.

34. Sulzberger, 381.

35. Greene, 22.

36. Judtmann, 82.

37. Listowel, 192.

38. Judtmann, 308; Haslinger and Trumler, 126.

39. Schiel, 319; de Fontenoy, *Within Royal Palaces*, 540.

40. Corti, *Empress Elisabeth*, 415.

41. Marie Valerie, diary entry of January 30, 1890, in Schad and Schad, 212.

42. www. Karmel-Mayerling. org; *NeueKronen Zeitung*, June 27, 2007.

43. Judtmann, 119 – 21, 311; Haslinger and Trumler, 126.

参考文献

还有更多有关梅耶林事件的文件和资料等待被发掘，这是
一个很诱人的想法：丢失的塔菲档案，秘密的报告，未知的信
件，以及其他任何能揭露在鲁道夫的狩猎行宫里发生了什么事
情的新线索。但是经过一百二十五年的广泛搜索，这些资
料——如果它们存在的话——不太可能再出现了，至少在可预
见的将来是如此。因此，分析梅耶林事件的历史学家面临着一
项看似无法克服的障碍，他们不得不从幸存的报告和隐晦的回
忆录中梳理信息，寻找先前被忽视的证据或未经辨识的线索，
以期能为这场悲剧的再评估赋予重要的意义。

有许多书籍都是以梅耶林为主题的：第一部，恩斯特·
冯·德尔·普拉尼茨（Ernst von der Planitz）撰写的《关于奥地
利皇储鲁道夫之死的全部真相》（*Die volle Wahrheit über den Tod
des Kronprinzen Rudolf von Öesterreich*），于 1889 年 5 月在柏林出
版——就在鲁道夫去世的三个月之后。奥地利官员迅速查封了
此书，或许是希望平息任何不必要的讨论，或许是因为这部书
指出玛丽·冯·维茨拉最终沦为了精神失常的皇储的牺牲品。

1928 年，奥斯卡·冯·米蒂斯男爵撰写了一部开创性的传记
《哈布斯堡皇储鲁道夫的一生》（*Das Leben des Kronprinzen
Rudolf*），有删减的英译本于 1930 年出版。米蒂斯曾是家族、
宫廷和国家档案馆的负责人，能接触到大量以前未公开的信件

和日记，它们涵盖了鲁道夫人生的方方面面。他不可避免地提及了梅耶林事件，但人们能感觉到，作为哈布斯堡王朝曾经的廷臣，这种讨论给他带来了痛苦的背叛感。他尽力对在行宫发生的事件花费最少的笔墨，过于谨慎地避免冒犯在 1920 年代涌起的对前王朝普遍的好感情绪，以及皇储尚在人世的家族。某些不受欢迎的话题，如鲁道夫的药品滥用和婚外情，都被完全跳过了；米蒂斯还审慎地删除了霍约斯声明中的某些他认为过于私密的信息，以免其变成公众的谈资。

310   在斯蒂芬妮去世几年后，她的侄子卡尔·洛尼奥伊翻阅了她的私人文件，出版了《鲁道夫：梅耶林的悲剧》（*Rudolf：The Tragedy of Mayerling*）。这部书提供了一些关于行宫事件的原始资料，再现了斯蒂芬妮在个人档案中秘藏的警方报告。然而，全书的语调是个败笔。如果说卡尔·洛尼奥伊鄙视哈布斯堡王朝，那么他对已故的伯母就是怀有明显的憎恨。洛尼奥伊歇斯底里地将斯蒂芬妮描述成了一个没有同情心的悍妇，其笔触几乎落入赤裸裸的、不理性的厌女症境地——这种非常值得商榷的、滥加非难指责的写法，此后贯穿了许多有关鲁道夫生平的作品。

        其他涉及梅耶林悲剧的文件是出于偶然才被曝光的。在希特勒的第三帝国于 1938 年占领奥地利之后，纳粹任命了党卫军官员约瑟夫·菲茨特姆（Josef Fitzthum）担任维也纳警察局副局长。显然，菲茨特姆搜检了官方档案并窃取了某些文件，在二战的最后日子里将它们带回了柏林。第三帝国灭亡后，新德国政府任命了一位名叫拜尔勒（Baierle）的市议员负责收缴前纳粹党人的财产，其中就包括菲茨特姆的财物。拜尔勒没有将维也纳的文件交给当局，而是将蒙尘的档案藏在了他自己的公寓里。在 1955 年拜尔勒去世后，当局对他的文件进行整理，发现了前维也纳警察局局长克劳斯 1889 年留下的有关梅耶林的记录。在对其合法所有权进行了一番激烈的谈判之后，该档案被交还维也纳，但在递交之前，《警方报告（梅耶林）：对新发现的维也纳警察局局长 K. K. 1889 年第 1 号原始文件留档的真实记录》（*Der Polizeibericht*：*Mayerling*：*Authentische Darstellung des soeben aufgefundenen originalaktes des K. K. Polizeipräsidiums Wien No. 1 Reservat 1889*）已经刊行于世。这一发现填补了一些空白，尽管在悲剧发生几天后，塔菲首相就迫使克劳斯结束了他的调查。两年后，历史学家阿尔贝特·霍兰德（Albert Hollaender）发现了一批英国和德国大使馆关于梅耶林的报告文件，它们是英国官员在二战后从柏林收缴并带往伦敦的。这些文件被刊载于史学文集《海因里希·贝内迪克特文集》（*Festschrift für Heinrich Benedikt*）中，它们不仅有助于理解事件的来龙去脉，而且揭示了有关悲剧的许多阴谋理论的起源。

关于梅耶林事件的其他重要著作包括维克托·比布尔（Viktor Bibl）1938 年发表的《皇储鲁道夫：沉默帝国的悲剧》（*Kronprinz Rudolf*：*die Tragödie eines sinkenden Reiches*），这部书采集了尚在人世的事件相关方的证言，包括皇储唯一的女儿伊丽莎白。理查德·巴克利（Richard Barkeley）1958 年发表的《通往梅耶林之路：奥地利皇储鲁道夫的生与死》（*The Road to Mayerling*：*The Life and Death of Crown Prince Rudolph of Austria*）虽然一味吹捧鲁道夫到了罔顾事实的地步，却包含了一些耐人寻味的档案资料。1968 年，弗里茨·朱特曼开拓性地发表了《揭开梅耶林的迷思》[*Mayerling ohne Mythos*，1971 年出版了英文译本《梅耶林：传奇背后的事实》（*Mayerling*：

The Facts Behind the Legend）]。这部书比其他任何作品都更好地做到了将真相从虚构情节中剥离出来，汇总可用的分散信息，并检视了悲剧的矛盾之处。朱特曼重新梳理了之前被隐藏在遗落文件中的许多重要陈述，对行宫里发生的事进行了冷静的分析，摒弃了许多前人的阴谋论调。尽管有着开创性的意义，但这部书仍然隐瞒了某些事实。书中对玛丽和她母亲的处理可谓相当含蓄文雅，这也许源于朱特曼与海伦妮·冯·维茨拉后代的友谊；他还选择性地编辑了一些官方文件，剔除了鲁道夫的一些更具煽动性的陈述。虽然在有些方面已经过时，但朱特曼的著作始终是梅耶林研究的重要成果，对于任何想了解这起悲剧的读者来说都是必不可少的阅读材料。

311

同年，海伦妮·冯·维茨拉的侄子海因里希·巴尔塔齐 - 沙尔施密德（Heinrich Baltazzi-Scharschmid）与历史学家赫尔曼·斯维斯顿（Hermann Swistun）合著了《维也纳帝国的巴尔塔齐 - 维茨拉家族》（*Die Familien Baltazzi-Vetsera im Kaiserlichen Wien*）。该书展示了来自家族私人收藏的重要资料，但对梅耶林的故事采取了过于轻信的态度，毫无质疑地呈现了海伦妮·冯·维茨拉的版本，而忽略了相互矛盾的证据，特别是任何能揭露玛丽与皇储不光彩的私情的证据。关于玛丽生平的更多细节出现在斯维斯顿 1983 年出版的《玛丽·冯·维茨拉：死亡伴侣》（*Mary Vetsera：Gefährtin für den Tod*）一书中，不过作者考虑到她在世的家人，叙述语调仍是缓和的。1989年，在悲剧发生一百周年之际，梅耶林的话题也迎来了一波爆发：格尔德·霍勒的《梅耶林：一个世纪后关于这场悲剧的新记载》（*Mayerling：Neue Dokumente zur Tragödie 100 Jahre danach*）；克莱门斯·勒尔（Clemens Loehr）的《梅耶林：一个真实的传说》（*Mayerling：Eine Wahre Legende*）和克莱门斯·格鲁贝尔（Clemens Gruber）的《梅耶林宿命的日子》（*Die Schicksalstage von Mayerling*）。但直至历史学家格奥尔格·马库斯在 1993 年出版的《梅耶林的罪行：玛丽·冯·维茨拉的生与死》（*Kriminalfall Mayerling：Leben und Sterben der Mary Vetsera*，有英文译本，名为 *Crime at Mayerling：The Life and Death of Mary Vetsera*）一书，事件的描述才出现了新的转折，因为在 1991 年发生了针对玛丽尸身的盗窃案件。马库斯的这本薄册子详细描述了这一非同寻常的发展，看似是为了最大限度地迎合随案件而来的公众效应而匆忙付印的。结果，马库斯错过了后来对玛丽遗骸进行的一些法医检验以及结案报告。

2014 年，马库斯与历史学家卡特琳·温特尔莱纳（Katrin Unterreiner）一道重拾这一主题，发表了《海伦妮·冯·维茨拉的原始梅耶林档案："为玛丽正名"》（*Das Original Mayerling-Protokoll der Helene Vetsera："Gerechtigkeit für Mary"*），其中不仅包括年轻男爵小姐的传记文章，还转载了她母亲的原始纪念文集。近期最知名的著作是拉尔斯·弗里德里希（Lars Friedrich）2009 年 发 表 的《梅 耶 林 理 论 汇 编》（*Das Mayerling Sammelsurium*）。弗里德里希的目标是继续并扩展朱特曼的论著，他勤勉地分析了关于梅耶林的各种理论，并收集了那些声称对该事件有所了解的人士的所有已知陈述。此外，弗里德里希将他的原始手稿《梅耶林刑事档案》（*Der KriminalfallMayerling*）以及最近的发现都发表在网络上，使他的作品成为任何有兴趣研究梅耶林事件的读者的重要资源。

鲁道夫皇储存世的著作和论文，被收集在名为"鲁道夫皇储遗作精选"（Nachlass Kronprinz-Rudolf-Selekt）的二十二只盒子里，作为皇家档案的一部分存放在维也纳的家族、宫廷和国家档案馆。与这些材料相关的引用被标注为缩写 HHS 加盒子编号。此外，感谢保罗·斯拉京的慷慨授权，我们有幸得以参阅他的祖父海因里希·斯拉京博士于 1929 年 5 月 21 日撰写的未发表手稿，里面详细记载了其与梅耶林悲剧相关的经历（在标注中引用为 Slatin, *Abschrift*）。

书 目

Aronson, Theo. *The Coburgs of Belgium*. London: Cassell & Company Ltd. , 1968.

Ascherson, Neal. *The King Incorporated: Leopold II in the Age of Trusts.* London: George Allen & Unwin, 1963.

Bagger, Eugene. *The Emperor Francis Joseph of Austria.* New York: G. P. Putnam's Sons, 1927.

Baltazzi-Scharschmid, Heinrich, and Hermann Swistun. *Die Familien Baltazzi-Vetsera im Kaiserlichen Wien.* Vienna: Böhlau, 1980.

Barkeley, Richard. *The Road to Mayerling: The Life and Death of Crown Prince Rudolph of Austria.* London: Macmillan, 1958.

Barta, Ilsebill. *Kronprinz Rudolf: Lebensspuren.* Vienna: Schloss Schönbrunn Kultur-und Betriebsges, 2008.

Beéche, Arturo E. *The Coburgs of Europe: The Rise and Fall of Queen Victoria and Prince Albert's European Family.* East Richmond Heights, CA: Eurohistory, 2013.

Belgium, Princess Louise of (Princess Louise of Coburg) . *My Own Affairs.* London: Cassell, 1921.

Beller, Steven. *Francis Joseph.* London: Longman, 1996.

Bibl, Viktor. *Kronprinz Rudolf: Die Tragödie eines sinkenden Reiches.* Leipzig: Gladius Verlag, 1938.

Bismarck, Otto von. *Reflections and Reminiscences.* New York: Harper, 1899.

Bourgoing, Jean de. *Briefe Kaiser Franz Josefs an Frau Katharina Schratt.* Vienna: Oldenbourg, 1949.

Brook-Shepherd, Gordon. *The Last Empress: The Life and Times of Zita of Austria-Hungary.* London: HarperCollins, 1991.

Burg, Katrina von. *Elisabeth of Austria: A Life Misunderstood.* Swansea, Wales: Windsor Publications, 1995.

Cantacuzène, Julia, Princess. *My Life Here and There.* Boston: Scribner's, 1923.

Cassels, Lavender. *Clash of Generations: A Habsburg Family Drama in the Nineteenth Century.* London: John Murray, 1973.

——. *The Archduke and the Assassin: Sarajevo, June 28, 1914.* New York: Stein and Day, 1984.

Channon, Henry. *The Ludwigs of Bavaria.* London: Methuen, 1933.

Chapman-Huston, Desmond. *Bavarian Fantasy: The Story of Ludwig II.* London: John Murray, 1955.

Chlumecky, Leopold von. *Erzherzog Franz Ferdinands Wirken und Wollen.* Berlin: Verlag für Kulturpolitik, 1928.

Cone, Polly, ed. *The Imperial Style: Fashions of the Hapsburg Era.* New York: Rizzoli, 1980.

Cornwallis-West, Mrs. George. *The Reminiscences of Lady Randolph Churchill.* New York: Century, 1908.

Corti, Egon Caesar, Conte. *Elisabeth, Empress of Austria.* New

Haven, CT: Yale University Press, 1936.

———, and Hans Sokol. *Der Alte Kaiser.* Vienna: Styria Verlag, 1955.

Crankshaw, Edward. *The Fall of the House of Habsburg.* New York: Viking, 1963.

Defrance, Oliver, and Joseph van Loon. *La Fortune de Dora: Une petite fille de Leopold II chez les nazis.* La Rochelle, France: Racine, 2013.

Der Polizeibericht: Mayerling: Authentische Darstellung des soeben aufgefundenen Originalaktes des K. K. Polizeipräsidiums Wien No. 1 Reservat 1889. Vienna: Wilhelm Frick Verlag, 1955.

Eisenmenger, Victor. *Archduke Franz Ferdinand.* London: Selwyn & Blount, 1928.

Ernst, Otto. *Franz Josef, As Revealed by His Letters.* London: Methuen, 1927.

Feigl, Erich. *Kaiserin Zita, Von Österreich nach Österreich.* Vienna: Amalthea, 1986.

Ffoulkes, Maude. *My Own Past.* London: Cassell and Company, 1915.

Fontenoy, Marquise de (pseudonym of Marguerite Cunliffe-Owen). *Within Royal Palaces.* Philadelphia: Hubbard Publishing, 1892.

———. *Secret Memoirs of William II and Francis Joseph.* 2 vols. London: Hutchinson, 1900.

Franzel, Emil. *Crown Prince Rudolph and the Mayerling Tragedy: Fact and Fiction.* Munich: Verlag Herold, 1974.

Friedrich, Lars. *Das Mayerling Sammelsurium.* Books on Demand, 2009.

Freisler, Camilla. *Letters from Mayerling.* Heiligenkreuz, Austria: Heiligenkreuzer Verlag, 1973.

Fugger, Nora, Princess. *The Glory of the Habsburgs: The Memoirs of Princess Fugger.* London: George G. Harrap & Co. , 1932.

Grant, Hamil, ed. *The Last Days of Archduke Rudolph.* New York: Dodd, Mead and Company, 1916.

Graves, Armgaard Karl. *The Secrets of the Hohenzollerns.* New York: A. L. Burt, 1915.

Greene, Graham. *The Third Man.* London: Penguin, 1996.

Gribble, Francis. *The Life of the Emperor Francis Joseph.* London: Eveleigh Nash, 1914.

Gruber, Clemens. *Die Schicksalstage von Mayerling.* Vienna: Verlag Mlakar, 1989.

Hamilton, Lord Frederic. *The Vanished Pomps of Yesterday.* New York: George H. Doran, 1921.

Hamann, Brigitte, ed. *Majestät, ich warne Sie. . . . Geheime und private Schriften.* Munich: Piper Verlag, 1979.

——. *The Reluctant Empress.* New York: Alfred A. Knopf, 1986.

——. *Rudolf, Der Weg nach Mayerling.* Vienna: Amalthea, 1988.

——. *Rudolf: Kronprinz und Rebell.* Vienna: Piper, 2005.

——, and Elisabeth Hassmann. *Elisabeth: Stages in a Life.* Vienna: Christian Brandstätter Verlag, 1998.

Hanslick, Eduard. *Aus meinem Leben.* Berlin: Verein für Deutsche Literatur, 1894.

Haslinger, Ingrid, and Gerhard Trumler. *So lebten Die Habsburger.* Vienna: Christian Brandstätter Verlag, 2007.

Haslip, Joan. *The Lonely Empress.* London: Weidenfeld & Nicolson, 1965.

———. *The Crown of Mexico.* New York: Holt, Rinehart and Winston, 1971.

———. *The Emperor and the Actress: The Love Story of Emperor Franz Josef & Katharina Schratt.* London: Weidenfeld & Nicolson, 1982.

Hollaender, Albert. "Streiflichter auf die Kronprinzentragödie von Mayerling." In *Festschrift für Heinrich Benedikt*, edited by Hugo Hantsch and Alexander Novotny, 129 – 166. Vienna: Verlag Notring der wissenschaftlichen Verbände Österreichs, 1955.

Holler, Gerd. *Mayerling: Die Lösung des Rätsels: Der Tod des Kronprinzen Rudolf und der Baroness Vetsera aus medizinischer Sicht.* Vienna: Verlag Fritz Molden, 1980.

Hough, Richard, ed. *Advice to My Granddaughter: Letters from Queen Victoria to Princess Victoria of Hesse.* New York: Simon & Schuster, 1975.

Jászi, Oscar. *The Dissolution of the Habsburg Monarchy.* Chicago: University of Chicago Press, 1929.

Judtmann, Fritz. *Mayerling: The Facts Behind the Legend.* London: George G. Harrap & Co. , 1971.

Ketterl, Eugen. *The Emperor Francis Joseph I.* Boston: Stratford, n. d.

King, Greg. *The Mad King: The Life of Ludwig II of Bavaria.* Secaucus, NJ: Carol Publishing, 1995.

———, and Sue Woolmans. *The Assassination of the Archduke: Sarajevo 1914 and the Romance That Changed the World.* New

York: St. Martin's Press, 2013.

Kiszling, Rudolf. *Erzherzog Franz Ferdinand von Österreich-Este.* Cologne: Hermann Böhlaus, 1956.

Kugler, Georg, ed. *Kunsthistoriches Museum Wien.* Vienna: Kunsthistoriches Museum Verlag, 1999.

Kürnberg, Joachim von. *A Woman of Vienna: A Romantic Biography of Katharina Schratt.* London: Cassell and Company, 1955.

Lambsdorff, Vladimir. *Dnevnik (1886 – 1890) .* Moscow: Gosudarstvennoye Izdatelstvo, 1926.

Lansdale, Maria Horner. *Vienna and the Viennese.* Philadelphia: Henry T. Coates & Co. , 1902.

Lardé, Enrique. *The Crown Prince Rudolf: His Mysterious Life After Mayerling.* Pittsburgh: Dorrance, 1994.

Larisch, Countess Marie von. *My Past.* London: Eveleigh Nash, 1913.

———. *My Royal Relatives.* London: John Long, 1936.

Lee, Sidney. *King Edward Ⅶ : A Biography.* 2 Vols. New York: Macmillan, 1927.

Leehner, R. *The Newest Plan and Guide of Vienna.* Vienna: Oldenbourg, 1911.

Levetus, A. S. *Imperial Vienna.* London: John Lane, 1905.

Listowel, Judith. *A Habsburg Tragedy: Crown Prince Rudolf.* New York: Dorset Press, 1978.

Loehr, Clemens. *Mayerling: Eine Wahre Legende.* Frankfurt-am-Main: Ullstein, 1989.

Lónyay, Carl. *Rudolph: The Tragedy of Mayerling.* New York: Charles

Scribner's Sons, 1949.

Mahaffy, R. P. *Francis Joseph: His Life and Times*. London: Duckworth, 1908.

Marek, George. *The Eagles Die: Franz Josef, Elisabeth, and Their Austria*. New York: Harper & Row, 1974.

Margutti, Albert, Baron von. *The Emperor Francis Joseph and His Times*. London: Hutchinson, 1921.

Markus, Georg. *Crime at Mayerling: The Life and Death of Mary Vetsera: With New Expert Opinions Following the Desecration of Her Grave*. Riverside, CA: Ariadne, 1995.

——, and Katrin Unterreiner. *Das Original Mayerling-Protokoll der Helene Vetsera: "Gerechtigkeit für Mary."* Vienna: Amalthea, 2014.

The Martyrdom of an Empress. New York: Harper & Brothers, 1899.

Monts, Anton, Graf von. *Erinnerungen und Gedanken des Botschafters Anton Graf Monts*. Berlin: Verlag für Kulturpolitik, 1932.

Morton, Frederic. *A Nervous Splendor: Vienna, 1888 – 1889*. Boston: Little, Brown, 1979.

——. *Thunder at Twilight: Vienna, 1913 – 1914*. New York: Scribner's, 1989.

Motley, John Lothrop. *The Correspondence of John Lothrop Motley*. 2 Vols. London: John Murray, 1889.

Namier, Sir Lewis. *Vanished Supremacies*. London: Hamish Hamilton, 1958.

Nemec, Vilem, and Jana Nemec-Jirak. *Twenty-Five Years in Africa: The Beginning*. London: Tate Publishing, 2011.

Nikitsch-Boulles, Paul. *Vor dem Sturm: Erinnerungen an Erzherzog*

Thronfolger Franz Ferdinand. Berlin: Verlag für Kulturpolitik, 1925.

Nostitz-Rieneck, Georg von, ed. *Briefe Kaiser Franz Josephs an Kaiserin Elisabeth, 1859 – 1898.* Vienna: Herold Verlag, 1966.

Oskar, Baron von Mitis. *The Life of Crown Prince Rudolph of Habsburg.* London: Skeffington, 1930.

Paget, Walburga, Lady. *Scenes and Memories.* New York: Charles Scribner's Sons, 1912.

———. *Embassies of Other Days.* 2 Volumes. London: Hutchinson, 1923.

———. *The Linings of My Life.* London: Hurst & Blackett, 1928.

Paleologue, Maurice. *The Tragic Empress: Intimate Conversations with the Empress Eugénie, 1901 – 1911.* London: Thornton Butterworth, 1922.

Palmer, Alan. *Twilight of the Habsburgs: The Life and Times of Emperor Francis Joseph.* New York: Atlantic Monthly Press, 1994.

Paoli, Xavier. *My Royal Clients.* London: Hodder and Stoughton, 1911.

Planitz, Ernst Edler von. *Die volle Wahrheit über den Tod des Kronprinzen Rudolf von Österreich.* Berlin: Verlag H. Piehler, 1889.

Pöldinger, W., and W. Wagner, eds. *Aggression, Selbstaggression, Familie und Gesellschaft: Das Mayerling-Symposium.* Vienna: Springer-Verlag, 1989.

Polzer, Wilhelm. *Die Tragödie des Kronprinzen Rudolf.* Graz: Verlag Oskar Karinger, 1954.

Polzer-Hoditz, Count Arthur. *The Emperor Karl.* Boston: Houghton Mifflin Company, 1931.

Ponsonby, Sir Frederick, ed. *The Letters of the Empress Frederick.*

London: Macmillan, 1928.

Praschl-Bichler, Gabriele. *Kinder Jahre Kaiser Karls.* Vienna: Amalthea, 2014.

Radziwill, Princess Catherine. *My Recollections.* New York: James Pott Company, 1904.

——. *The Austrian Court from Within.* New York: Frederick A. Stokes, 1917.

——. *Secrets of Dethroned Royalty.* New York: John Lane, 1920.

Rappoport, Angelo. *Leopold the Second, King of the Belgians.* London: Hutchinson, 1910.

Recollections of a Royal Governess. New York: D. Appleton and Company, 1916.

Redlich, Joseph. *Emperor Francis Joseph of Austria.* New York: Macmillan, 1929.

Richter, Werner. *Kronprinz von Österreich.* Zurich: Eugen Retsch, 1941.

Rudolf, Crown Prince of Austria-Hungary. *Travels in the East.* London: Richard Bentley and Son, 1984.

——. *Notes on Sport and Ornithology.* London: Gurney & Jackson, 1889.

Rumbold, Sir Horace. *The Austrian Court in the Nineteenth Century.* London: Methuen, 1908.

——. *Final Recollections of a Diplomatist.* London: Edward Arnold, 1905.

——. *Francis Joseph and His Times.* New York: Appleton, 1909.

——. *Recollections of a Diplomatist.* London: Edward Arnold, 1902.

Ryan, Nellie. *My Years at the Austrian Court*. London: John Lane, 1915.

Salvendy, John T. *Royal Rebel: A Psychological Portrait of Crown Prince Rudolf of Austria-Hungary*. Lanham, MD: University Press of America, 1988.

Schad, Martha, and Horst Schad, eds. *Marie Valerie: Das Tagebuch der Lieblingstochter von Kaiserin Elisabeth von Österreich*. Munich: Langen Müller, 1998.

Schiel, Irmgard. *Stephanie: Kronprinzessin im Schatten der Tragödie von Mayerling*. Munich: Wilhelm Heyne Verlag, 1978.

Sinclair, Andrew. *Death by Fame*. New York: St. Martin's Press, 1999.

Society Recollections in Paris and Vienna. London: John Long, 1907.

Sokop, Brigitte. *Jene Gräfin Larisch*. Vienna: Böhlau Verlag, 1985.

Stephanie, Princess of Belgium, Archduchess of Austria-Hungary. *I Was to Be Empress*. London: Nicholson & Watson, 1937.

Strong, George V. *Seedtime for Fascism: The Disintegration of Austrian Political Culture, 1867 – 1918*. Armonk, NY: M. E. Sharpe, 1998.

Sulzberger, C. L. *The Fall of Eagles*. New York: Crown, 1977.

Swistun, Hermann. *Mary Vetsera: Gefährtin für den Tod*. Vienna: Böhlau Verlag, 1983.

Szeps, Bertha. *My Life and History*. London: Cassell, 1938.

Szeps, Julius, ed. *Politische Briefe an einen Freund, 1882 – 1889*. Vienna: Rikola, 1922.

Taylor, A. J. P. *The Habsburg Monarchy, 1809 – 1918: A History of the Austrian Empire and Austria-Hungary*. London: Hamish

Hamilton, 1948.

Taylor, Edmund. *The Fall of the Dynasties.* Garden City, NY: Doubleday, 1962.

Thiele, Johannes. *Elisabeth: Das Buch ihres Lebens.* Munich: Paul List Verlag, 1996.

———. *Crown Prince Rudolf: Myth and Truth.* Vienna: Christian Brandstätter Verlag, 2008.

Tschudi, Clara. *Ludwig the Second, King of Bavaria.* New York: Dutton, 1908.

Tuchman, Barbara W. *The Guns of August.* New York: Macmillan, 1962.

Tuscany, Princess Louisa of (Archduchess of Tuscany and Crown Princess of Saxony). *My Own Story.* Toronto: Musson, 1911.

Unterreiner, Katrin. *Emperor Franz Joseph: Myth and Truth.* Vienna: Christian Brandstätter Verlag, 2006.

———. *Crown Prince Rudolf: The Imperial Apartments of the Vienna Hofburg.* Vienna: Schloss Schönnbrunn Kultur und BestriebsgesnbH, 2008.

Vacaresco, Helene. *Kings and Queens I Have Known.* New York: Harper & Brothers, 1904.

Van der Kiste, John. *Windsor and Habsburg: The British and Austrian Reigning Houses, 1848 - 1922.* Stroud, Gloucestershire, UK: Alan Sutton, 1987.

Vivian, Herbert, ed. *Francis Joseph and His Court.* New York: John Lane, 1917.

Waddington, Mary King. *My First Years as a Frenchwoman, 1876 -*

1879. New York: Charles Scribner's Sons, 1914.

Watson, David. *Georges Clemenceau: A Political Biography*. London: Methuen, 1974.

de Weindel, Henri. *The Real Francis Joseph*. New York: Appleton, 1909.

Weissensteiner, Friedrich. *Elisabeth: Die rote Erzherzogin*. Vienna: Piper Verlag, 1982.

Wilhelm Ⅱ. *The Kaiser's Memoirs*. New York: Harper, 1923.

Wölfing, Leopold (Archduke Leopold of Tuscany). *My Life Story: From Archduke to Grocer*. New York: E. P. Dutton & Co. , 1932.

Wolfson, Victor. *The Mayerling Murder*. Englewood Cliffs, NJ: Prentice-Hall, 1969.

Woods, Frederick Adams. *Mental and Moral Heredity in Royalty*. New York: Henry Holt, 1906.

Zweig, Stefan. *The World of Yesterday*. London: Pushkin, 2011.

报　纸

Dates are referenced within the specific notes.

Berliner Börsencourier, Berlin.

Berliner Tagblatt, Berlin.

Corriere della Sera, Milan.

Daily News, London.

L'Éclair, Paris.

Le Figaro, Paris.

Le Gaulois, Paris.

Le Journal, Paris.

Journal des Débats, Paris.

Kurier, Vienna.

Le Matin, Paris.

Neue Freie Presse, Vienna.

Neue Illustrierte Wochenschau, Vienna.

Neue Kronen Zeitung, Vienna.

Neues Wiener Journal, Vienna.

Neues Wiener Tagblatt, Vienna.

New York Times, New York.

Petit Parisien, Paris.

Reichspost, Vienna.

Revue Artistique Littéraire et Industrielle, Brussels.

Der Spiegel, Berlin.

Der Standard, Vienna.

Die Stunde, Vienna.

Le Temps, Paris.

The Times, London.

Wiener Morgenpost, Vienna.

Wiener Montagspost, Vienna.

Wiener Tagblatt, Vienna.

Wiener Zeitung, Vienna.

期　刊

Binion, Rudolph. "From Mayerling to Sarajevo." *Journal of Modern History* 47, no. 2 (June 1975): 280 – 316.

"Glimpses." *Royalty Digest* 1, no. 1 (July 1991): 20.

Ronay, Gabriel. "Death in the Vienna Woods." *History Today* 58, no. 9 (September 2008): 52 – 60.

网 站

Karmel Mayerling, at www. Karmel-Mayerling. org.

Der Kriminalfall Mayerling ohne Mythos: Ein neuer Tatsachenbericht zum Tode von Kronprinz Erzherzog Rudolf von Österreich und Baroness Marie Alexandrine von Vetsera am 30. Januar 1889 in Mayerling (cited as *Der Kriminalfall Mayerling*), online manuscript by Lars Friedrich, at https://mayerlingarchiv. files. wordpress. com/2015/11/das – unredigierte – mayerling – manuskript – stand – 03 – 11 – 2015. pdf.

Levantine Heritage: The Story of a Community, at http://levantineheritage. com/testi47. htm.

"Sensational Find at the Austrian National Library Reveals Passion of One of History's Great Affairs," press release from Österreischische Nationalbibliothek, August 2, 2015, at Österreischische Nationalbibliothek, Vienna. http://artdaily. com/news/80422/ – Sensational – find—at – the – Austrian – National – Library – reveals – passion – of – one – of – history – s – great – affairs#. Vbzsg3hLrwx.

索　引

(索引中的页码均为本书页边码)

图书在版编目（CIP）数据

哈布斯堡的黄昏：梅耶林悲剧与王朝的终结／（美）格雷格·金（Greg King），（美）彭妮·威尔逊（Penny Wilson）著；于筠译. －－北京：社会科学文献出版社，2022.4

书名原文：Twilight of Empire：The Tragedy at Mayerling and the End of the Habsburgs

ISBN 978 - 7 - 5201 - 8858 - 6

Ⅰ.①哈… Ⅱ.①格… ②彭… ③于… Ⅲ.①奥匈帝国 - 历史 Ⅳ.①K521.41

中国版本图书馆 CIP 数据核字（2022）第 041706 号

哈布斯堡的黄昏：梅耶林悲剧与王朝的终结

著　　者／〔美〕格雷格·金（Greg King）
　　　　　〔美〕彭妮·威尔逊（Penny Wilson）
译　　者／于　筠

出 版 人／王利民
责任编辑／沈　艺
文稿编辑／姜子萌
责任印制／王京美

出　　版／社会科学文献出版社·甲骨文工作室（分社）（010）59366527
　　　　　地址：北京市北三环中路甲 29 号院华龙大厦　邮编：100029
　　　　　网址：www. ssap. com. cn
发　　行／社会科学文献出版社（010）59367028
印　　装／三河市东方印刷有限公司

规　　格／开　本：889mm × 1194mm　1/32
　　　　　印　张：12.375　插　页：0.5　字　数：277 千字
版　　次／2022 年 4 月第 1 版　2022 年 4 月第 1 次印刷
书　　号／ISBN 978 - 7 - 5201 - 8858 - 6
著作权合同
登 记 号／图字 01 - 2019 - 2694 号
定　　价／79.00 元

读者服务电话：4008918866